I0123958

LES
MŒURS.

NOUVELLE ÉDITION,
Revue & corrigée.

Respicere exemplar vitæ morumque.
Hor. ad Pison.

A BERLIN.

M. DCC. LVII.

A MADAME M. A. T**

MADAME,

Ce n'est point à un Grand, à un Prince, ou un Ministre d'Etat, que je présente mon Ouvrage : c'est à vous, MADAME, dont le rang n'est qu'égal au mien. Mais que vous êtes amplement dédommagée de cette égalité par vos qualités personnelles! Je la vois bientôt disparoître, dès que je viens à vous apprécier par l'esprit & par le cœur : je trouve alors la belle MENOQUI *bien plus digne de mes hommages, que ces vaines idoles du peuple, qui n'ont pour elles que leurs grands noms, & la pompe qui les environne. J'ai dit quelque part, dans ce Livre, que si la vertu se rendoit visible, ce seroit Dieu que nous verrions dans tout l'éclat de sa grandeur & de sa sainteté : j'ajoûte ici,* MADAME, *que si pour ménager la foiblesse de notre vûe, elle empruntoit une forme humaine, ce seroit la vôtre qu'elle prendroit; du moins ne pourroit-elle mieux choisir, pour se rendre aimable aux hommes & les gagner par ses attraits. Je ne puis donc aussi mieux m'adresser qu'à vous, MADAME, pour dédier un travail que je consacre à sa gloire. Quel accueil ne devez-vous pas faire aux* Mœurs, *vous qui en avez de si pures ! J'ose dire, que l'Auteur même mérite aussi de votre part quelque considération. La morale qui regne dans cet Ouvrage est exacte & hors de critique : or cette morale est la mienne ; c'est l'expression sincere des sentimens de mon cœur. Quelque tendre que soit un ami qui la pratique, ne craignez rien de sa part, ce ne peut être un séducteur. Je vous laisse volontiers tout l'honneur de votre vertu : mais ne m'enviez pas la mienne. Je vous crois, MADAME, assez circonspecte pour éviter les piéges d'un amant : mais regardez-moi comme un ami assez droit pour ne vous en jamais tendre. Vous me seriez une injustice insigne, si vous me soupçonniez de n'être sage, que parce que vous l'êtes : ce seroit juger bien injurieusement du respectueux attachement avec lequel j'ai l'honneur d'être,*

MADAME,

Votre très-humble & très-obéissant serviteur, PANAGE. dessigné ou formé de deux mots grecs, παν et αγιος, qui réunis signifient Toussaint, lequel Toussaint est le véritable nom de l'Auteur.

AVERTISSEMENT.

JE ne dirai point à mon Lecteur, malgré l'uſage établi, qu'un ami m'ayant ſurpris une copie de l'ouvrage que je donne aujourd'hui, l'alloit rendre public, lorſqu'informé fort à propos du riſque que je courois d'être imprimé ſur des brouillons informes, j'ai mieux aimé donner les mains de bonne grace à l'impreſſion : parce que dans tout cela il n'y auroit rien de vrai ; & que d'ailleurs, c'eſt une coquetterie d'Auteur uſée. J'ai l'eſprit un peu tourné à la Philoſophie morale : or comme l'envie de convertir en Livre tout ce qu'on penſe de bon ou de mauvais, eſt une maladie courante dans ce ſiécle, la contagion m'a gagné : je me ſuis mis à moraliſer par chapitres. Le mobile qui m'a déterminé, eſt, ſi vous voulez, l'amour propre, car inutilement le nierois-je : mais du moins il s'y en eſt joint un autre plus noble, qui eſt l'amour de la vertu. Enflammé pour elle d'un zéle apoſtolique, je voudrois rendre tous mes Lecteurs vertueux. Je ſçai bien que je n'y réuſſirai pas : mais ſi j'étois ſûr d'en gagner ſeulement un ſur mille, quelque pénible que ſoit le métier d'Auteur, je ne ferois plus que des Livres, & tous ſur la même matiere.

Qu'on ſe rappelle le titre de celui-ci : on n'exigera point de moi ce que je n'ai pas promis. Ce ſont *les Mœurs* qui en ſont l'objet ; la Religion n'y entre qu'entant qu'elle concourt à donner des mœurs : or, comme la Religion naturelle ſuffit pour cet effet, je ne vais pas plus avant. Je veux qu'un Mahométan puiſſe me lire auſſi bien qu'un Chrétien : j'écris pour les quatre parties du Monde.

Peut-être eût-on trouvé plus modeſte que j'euſſe intitulé cet ouvrage, *Eſſais de morale* : mais c'eût été copier un Théologien du ſiécle dernier : or je déclare que je ne veux point aller ſur les briſées de ces Meſſieurs-là. Pour *Réflexions morales*, ce n'étoit pas une choſe poſſible : c'eſt un titre trop décrié depuis trente-cinq ans; je n'ai pas envie de me faire mettre à l'*Index*. Il me reſtoit de l'appeller *Eſſais ſur les Mœurs :* mais outre que les boutiques des Libraires ſont déja ſurchargées d'*Eſſais*, il me ſemble que c'eſt une impoliteſſe choquante, que d'annoncer au Public qu'on s'eſſaye à ſes dépens; je voudrois, quand on débute, qu'on fût déja ſûr de ſa marche. Je l'ai appellé ſimplement *les Mœurs*; parce que j'y peins celles qu'on a, & celles qu'on devroit avoir.

Je proteſte, ainſi qu'il convient à un Auteur qui ſe mêle de faire des portraits, contre toute clef qu'on pourroit faire, pour m'imputer des applications malignes. Dire que je n'ai eu perſonne en vûe, ce ſeroit dire une fauſſeté, & même une fauſſeté inutile, parce qu'on ne m'en croiroit pas. J'ai tracé tous mes tableaux d'après nature, j'eusse risqué sans cela de peindre des êtres idéaux : mais je n'ai désigné distinctement aucun de mes originaux, dont les noms sont un mystere impénétrable, que je me réserve *in petto*. Les traits dont j'ai peint les vices, je les ai tirés d'hommes vicieux : mais le grand nombre de ceux qui le sont, doit empêcher qu'on n'arrête ses conjectures sur tel ou tel en particulier.

En plusieurs endroits je me suis contenté de crayonner les vices, sans discourir sur leur difformité : le tableau parle de lui-même. Si j'avois peint, d'après *Virgile*, l'énorme chef des Cyclopes, aurois-je besoin d'avertir que *Polypheme* est un monstre hideux ? J'ai fait de même des vertus : j'ai souvent peint leurs graces & leurs beautés, sans ajouter aux traits par où je les caractérise, d'ennuyeux panégyriques.

Lorsque j'ai posé de ces maximes

de morale auxquelles les vicieux-mêmes font hommage, je ne me suis point mis en frais de les appuyer sur des preuves. Etoit il besoin de prouver que la calomnie, le faux témoignage & le guet-à-pens sont des crimes ?

J'ai répandu dans cet ouvrage plus de sentiment que d'esprit : premierement, parce que l'un m'étoit plus facile que l'autre ; & de plus, parce que la science des mœurs est de sa nature une science de sentiment. Lorsqu'il est question de corriger des cœurs gâtés, il vaut mieux toucher, que plaire : convaincre même n'est pas le point dont il s'agit. C'est peut-être là ce qui a fait dire fort chrétiennement à l'illustre Monsieur *Dacier**, » qu'il n'est pas de la ma-
» jesté de Dieu de prouver la né-
» cessité, la justice & la vérité de ce
» qu'il ordonne ; qu'il fait aimer ce
» qu'il commande, & que c'est plus
» faire que prouver. « Que ne suis-je

* Dans sa Préface sur *Platon*.

aussi le maître de faire aimer la vertu ! elle n'auroit pas un seul ennemi sur la terre.

Si quelqu'un de mes Lecteurs venoit me dire avec sincérité : » Vous » avez fait un bon Livre, » j'en serois flatté sans doute : mais je le serois bien davantage, s'il ajoutoit : » Vous m'avez inspiré des mœurs. »

LES

LES MŒURS.

DISCOURS PRÉLIMINAIRE

Sur la Vertu.

Ce qu'on entend communément par le terme d'honnête homme. Différence entre l'honnête homme & l'homme vertueux. Ce que c'est que les bonnes mœurs. Ne point régler ses mœurs sur l'exemple de tels ou tels. Inconvéniens de l'imitation en fa[illegible] de mœurs. Définition de la vertu. Si l[illegible] hommes, ou Dieu même, peuvent créer des vertus ou en anéantir. Quelle est la loi la plus invariable de toutes. Idée de la vertu gravée dans le cœur humain en caracteres ineffaçables. Différentes sortes de loix : quelles sont celles qui affermissent le regne de la vertu, quelles sont celles qui y donnent atteinte ; si ces dernieres en peuvent détruire le germe dans les cœurs droits. Diſtribution de ce Traité en trois Parties.

LAISSONS la qualité *d'honnête homme* à qui voudra s'en contenter : on l'acquiert à trop vil prix pour que les ames bien nées en doivent être jalouſes. Beaucoup de ſuffiſance, une fortune aiſée, des vices applaudis, voilà ce qui fait l'honnête homme : la vertu n'y entre pour rien.

L'*honnête femme* n'eſt gueres plus reſpectable que l'honnête homme : tout ce qu'a fait *Eglé* pour l'être, c'eſt de n'avoir point affiché qu'elle fait métier de galanterie.

Cependant quoiqu'il paroiſſe fort aiſé de mériter l'un ou l'autre de ces deux titres, borné au ſens que l'uſage leur a déterminé, qu'il ſe trouveroit d'uſurpateurs parmi ceux qui ſe les arrogent, ſi l'on en faiſoit la recherche !

Un malheureux, preſſé par l'indigence, [arr]ête un paſſant dans un carrefour, lui prend ſa bourſe ou la lui demande : voilà le malhonnête homme ; & ſi vous en doutez, l'échafaud en décidera.

Mais logez dans un magnifique hôtel un heureux concuſſionnaire que les beſoins de l'Etat ont enrichi ; donnez-lui un Suiſſe, des livrées, un nom de terre, il jouit de la miſere publique, ſa maiſon eſt élevée ſur les ruines de cinq cens familles : n'importe, il eſt honnête homme, puiſqu'il eſt riche & qu'il reſpire.

Une femme jeune & belle étale juſques à l'indécence les charmes qu'elle a reçus de la nature ; & les releve encore par tout l'attirail d'une parure élégante, les pompons, le rouge & les mouches : mais elle eſt à pied, & n'a point de valet qui la ſuive : c'eſt une femme ſans honneur, on la montre au doigt.

A deux pas d'elle paſſe une autre femme dans le même appareil, mais traînée par ſix courſiers orgueilleux dans un carroſſe drapé : c'eſt une femme reſpectable, une femme de la premiere conſidération.

Tous les honnêtes gens enſemble ne valent pas un homme vertueux : ceux-là ne tiennent leurs titres que de leur bonheur, de leur opulence & de leurs protections : ôtez-leur ces appuis fragiles qui les ſoutiennent ; leur honneur, qui en dépend, éprouvera les mêmes révolutions que leur fortune. Le même terme en françois ſignifie, un homme infortuné & un homme ſans honneur : on appelle l'un & l'autre malheureux ; & en effet, à ne prendre l'honneur que ſur le pied courant, que devient celui de nos honnêtes gens, quand le charme de leur grandeur eſt diſſipé ?

Pour l'homme vertueux, ce ſont les bonnes moeürs qui ſont ſes titres ; titres ſolides, auxquels l'adverſité, loin de l'en dépouiller, ajoute un nouvel éclat. Le Miniſtre Aſſyrien ennemi de la nation Juive, perd l'honneur avec la vie : mais j'eſtime *Fouquet* dans ſa diſgrace, & je révere ſaint *Louis* dans les fers.

Or qu'eſt-ce que les bonnes mœurs? C'eſt une conduite réglée ſur la connoiſſance & l'amour de la vertu. Je dis la connoiſſance & l'amour; car faute de connoître la vertu, on n'a que les mœurs du peuple; & faute de l'aimer, on n'a que les mœurs des Grands; c'eſt-à-dire qu'on n'en a point. Il faut la connoître pour l'aimer; & quand on l'aime, on la pratique infailliblement.

Mais pour vous faire une idée de la vertu, ne vous la formez pas ſur le modéle de *Cléobule*, de *Philémon*, ou de tel autre que vous imaginez vertueux. L'exemple eſt une regle dangereuſe, & qui ne manque gueres d'égarer ceux qui s'y livrent aveuglément. Il en eſt des exemples comme des conſeils : pour en tirer avantage, il faut avoir aſſez de lumieres pour les apprécier. Les mauvais exemples nuiſent, en ce qu'ils entraînent à la pratique du mal : mais les bons nuiſent auſſi quelquefois en ce qu'ils bornent dans la pratique du bien. Car ſi ceux que vous vous propoſez d'imiter, ne ſont pas des modéles en tout genre, (& où en trouverez-vous de tels ?) vous ne ſçauriez manquer en les imitant, ſouvent même en les ſurpaſſant, de reſter dans l'imperfection & la médiocrité. Voilà ſans doute pourquoi le Légiſlateur des Chrétiens n'a pas dit : Imitez tel Apôtre, tel Anachorete, tel Roi, tel Pere de famille ; mais : Soyez parfaits comme votre Pere céleſte eſt parfait. On ne va jamais au grand par l'imitation, à moins que le modéle qu'on ſe propoſe ne ſoit inimitable.

Théophile eſt pieux, il ne ſoupire que pour le Ciel, il n'a de l'ardeur que pour Dieu : mais le dédain qu'il a pour toutes les choſes de la terre, s'étend ſur tous les humains qui l'habitent : excepté le petit cercle d'élus qui le viſitent & qu'il édifie, tous les hommes ſont à ſes yeux des profanes, des mondains, des gens que Dieu hait, & qu'il doit par conſéquent haïr. Vous croiriez être un Saint en imitant Théophile : vous ſeriez un homme dur, fier & mépriſant, incapable d'affection, d'indulgence & de pitié, mauvais pere, mauvais mari, & ce qui eſt pis encore, homme incorrigible dans vos défauts, que vous eſtimeriez des vertus.

Cléanthe eſt homme d'honneur, auſſi incapable de faire une baſſeſſe que de commettre un crime : mais il eſt bruſque & ſévere, toujours en mauvaiſe humeur contre le genre humain ; toujours prêt à croire le mal; croyant à peine le bien quand il le voit; & peut-être plus piqué de la prospérité des méchans que de leurs désordres. Voulez-vous ressembler à Cléanthe? Vous serez un homme maussade, insociable: inutile ami de la vertu, vous la ferez plutôt redouter que chérir; & vous passerez pour n'être vertueux que par esprit de contrariété.

Damis est d'une espece toute opposée: c'est l'ami de tout le monde; il n'a jamais contredit personne; il est de tous les avis, fussent-ils contradictoires les uns aux autres; ce seroit le héraut de la probité, s'il ne conversoit qu'avec des gens qui en eussent; il n'aura jamais le courage d'être méchant; mais il n'aura pas non plus la force de blâmer ceux qui le sont. Vous ne vous proposez pas sans doute de prendre Damis pour modéle? Car vous ne seriez après l'avoir copié, qu'un fade complaisant, une tête foible, un cœur équivoque, rougissant d'être honnête homme avec les vicieux, autant que vous rougiriez d'être vicieux devant un honnête homme.

Jeunes beautés, qui par votre inexpérience & par votre pente prématurée à la tendresse, courez des risques en entrant dans le monde; on vous cite *Thémire* comme un merveilleux modéle de chasteté: je n'entends point révoquer sa sagesse en doute:

il y a assurément des femmes chastes ; Despréaux en a compté jusqu'à trois ; quand il en faudroit rabattre les deux tiers, Thémire pourroit être ce Phénix unique. Mais ne l'imitez précisément qu'en ce point : elle croit que la chasteté tient lieu de toutes les vertus, & qu'on peut bien, quand on fait tant que d'être fidéle à son mari, se permettre des humeurs & des criailleries, tyranniser ses enfans & harceler ses domestiques, railler, médire, & tromper au jeu. En vous modélant sur elle, vous serez sans doute d'honnêtes femmes ; mais serez-vous des femmes de mérite ? S'il y avoit quelqu'un qui dût se louer de la vertu de Thémire ; ce seroit son ma i ; mais qu'il paye cher cette vertu !

Vous rencontrerez à chaque pas de ces exemples brillans qui frappent au premier coup d'œil ; quelque trait de vertu vous gagne d'abord & vous prévient ; voilà, dites-vous, un homme vertueux. Point du tout ; on n'est point vertueux pour pratiquer une vertu, il les faut pratiquer toutes. Le Tartare est plein de demi-vertueux ; & si vous n'avez la vraie pierre de touche pour distinguer le bon or du faux, vous risquez vous-même d'en grossir le nombre. Or cette pierre de touche est la connoissance de la vertu.

Mais qu'est-ce que la vertu ? C'est la fidélité constante à remplir les obligations que la *raiſon* nous dicte. Et qu'eſt-ce que la raiſon elle-même? C'eſt une portion de la ſageſſe Divine, dont le Créateur a orné nos ames, pour nous éclairer ſur nos devoirs.

Vous me demanderez peut-être encore quels ſont ces devoirs, d'où ils réſultent, quelle eſt la loi qui les preſcrit?

Je répons que la loi qui les preſcrit eſt la *volonté* immuable de Dieu, à quoi la droite raiſon nous avertit de nous conformer; & que c'eſt dans cette conformité que conſiſte la vertu. Toute loi qui a commencé dans le tems & qui peut ceſſer d'être en vigueur, n'eſt point celle qui conſtitue la vertu; le Créateur n'avoit point aſtraint les hommes au nouveau joug qu'elle impoſe: mais il les avoit certainement créés pour être vertueux.

Les Souverains peuvent publier & abroger des loix; mais ils ne ſçauroient créer ni anéantir des vertus. Et comment feroient-ils ce que Dieu ne ſçauroit faire, la vertu étant auſſi immuable dans ſon eſſence, que l'eſt le vouloir Divin qui lui donne l'être?

Les loix du Prince enjoignent à ſes ſujets de payer certains droits, certains ſubſides; elles leur défendent de tranſporter certaines marchandiſes hors du Royaume, & d'y en introduire d'étrangeres. La fidélité à obſerver ces loix fait des ſujets obéiſſans; mais fait-elle des hommes vertueux? Et ſe vanteroit-on bien ſérieuſement d'avoir une vertu de plus, pour n'avoir jamais fait trafic de toiles peintes? Ou, s'il plaisoit au Prince d'abroger ces loix, qu'il est le maître de supprimer, diroit-on qu'il auroit abrogé des vertus?

Il en est de même de toutes les loix positives: toutes ont commencé, toutes sont susceptibles d'exceptions, de dispenses & même d'abolition. La seule loi gravée dans nos cœurs par la main du Créateur, est indispensable pour tous les hommes & dans tous les tems.

» Mais, dites-vous, le cœur humain est » un véritable Euripe*, bouleversé perpé» tuellement par le flux & reflux de mille » passions impétueuses, qui tantôt se liguent » ensemble, & tantôt se contrarient. Gra» ver des loix dans le cœur des hommes, » c'est les graver non pas sur le sable le plus » léger, mais sur l'onde la plus mobile & la » plus agitée. Quels yeux assez perçans » pourront donc lire ces caracteres sacrés? »

Déclamations de Rhéteur! Quiconque ne lit point ces caracteres, ce n'est pas qu'il ait la vûe trop foible pour les discerner, c'est qu'il n'y regarde point; ou s'il est des instans où ils paroissent effacés, ces instans ne sont que passagers.

Il y a dans le cœur deux régions distinc-

* Détroit de mer entre la Béotie & l'isle de Negrepont, fameux par ses divers flux & reflux.

tes : l'une est une isle un peu plus qu'à fleur d'eau ; l'autre est l'eau même qui baigne l'isle. La premiere a une surface plane, dure & blanche, comme seroit une table du plus beau marbre de Paros. C'est sur cette surface que sont gravés les saints préceptes de la loi naturelle. Près de ces caracteres est un enfant dans une attitude respectueuse, les yeux fixés sur l'inscription, qu'il lit & relit à haute voix : c'est le Génie de l'isle ; on l'appelle *Amour de la vertu*. Pour l'eau dont l'isle est environnée, elle est en effet sujette à de fréquens flux & reflux ; le plus doux zéphir suffit pour l'agiter ; elle se trouble, mugit & se gonfle, Alors elle surmonte l'inscription, on ne voit plus les caracteres, on n'entend plus lire le Génie. Mais du sein de l'orage renaît bientôt le calme, la surface de l'isle sort du gouffre plus blanche que jamais, & le Génie reprend son emploi.

Tant que vous supposerez les hommes obligés à pratiquer la loi naturelle, il faut aussi que vous supposiez qu'ils la connoissent. Que diriez-vous d'un Prince féroce qui voudroit qu'on suivît ses intentions, sans se donner la peine de les rendre publiques ? Les Monarques les plus despotiques ne poussent pas leurs caprices à ce point. Y a-t-il donc deux Justices, l'une pour Dieu, l'autre pour les hommes ? Ou Dieu, le plus tendre des peres, sera-t-il moins équitable qu'un tyran ?

» Mais c'eſt par juſtice que Dieu laiſſe » les hommes dans les ténébres & dans l'a» veuglement. Ce ſont leurs crimes qui ont » éteint dans leurs ames les lumieres natu» relles : ils ne doivent s'en prendre de leur » ignorance qu'à eux-mêmes. »

A la bonne heure : qu'ils ayent mérité tant qu'il vous plaira ce prétendu aveuglement : au moins depuis qu'ils l'ont encouru, la pratique de leurs devoirs leur eſt devenue impoſſible ; cependant l'obligation ne ceſſe pas ; & c'eſt un Etre infiniment bon & juſte qui continue d'exiger d'eux des devoirs auxquels ils ne ſçavent pas être obligés ! J'ai chargé mon valet d'un meſſage ; il s'eſt amuſé, au lieu de m'obéir, à ſe balancer ſur une eſcarpolette, & s'eſt rompu la jambe. Il a fait une faute ; je puis avec juſtice la lui faire reſſentir : mais ſi j'exige de lui qu'il faſſe d'autres meſſages avant que ſa jambe ait été remiſe, de quelle épithete me qualifierez-vous ?

Mais vous-même qui vous efforcez d'aſſurer aux hommes cette ignorance abſolue de la loi naturelle, je m'en rapporte à vous : il vous eſt arrivé ſans doute plus d'une fois de violer quelqu'un des articles de cette loi : ces infractions ont été ſuivies de remors, vous n'en diſconvenez pas : j'en infere contre vous que vous la connoiſſiez donc.

Quand tous les hommes ſeroient méchans, je n'en demeurerois pas moins perſuadé qu'ils connoiſſent la vertu, pourvû qu'il y eût parmi eux des hypocrites; car les tartuffes, quoique méchans eux-mêmes, rendent témoignage à la loi Divine qu'ils tranſgreſſent, en feignant de s'y conformer.

» La Loi, dit Ciceron dans ſon *IIe Livre* » *des Loix*, n'eſt point une inventon de » l'eſprit humain, ni un établiſſement arbi- » traire que les peuples ayent fait, mais » l'expreſſion de la Raiſon éternelle qui » gouverne l'Univers. L'outrage que Tar- » quin fit à Lucrece, n'en étoit pas moins » un crime, parce qu'il n'y avoit point en- » core à Rome de loi écrite contre ces ſor- » tes de violences. Tarquin pécha contre » la loi naturelle, qui étoit loi dans tous les » tems, & non pas ſeulement depuis l'inſ- » tant qu'elle a été écrite. Son origine eſt » auſſi ancienne que l'eſprit Divin; car la vé- » ritable, la primitive & principale loi n'eſt » autre que la ſouveraine raiſon du grand » Jupiter. » Et ailleurs: * « Cette loi, dit-il, » eſt univerſelle, éternelle, immuable, elle » ne varie point ſelon les lieux & les tems; » elle n'eſt pas différente aujourd'hui de ce » qu'elle étoit autrefois. La même loi im- » mortelle regle toutes les Nations, parce » qu'il n'y a qu'un ſeul Dieu qui a enfanté » & publié cette loi. »

* Fragm. de la Rép. de Cic. parmi les Œuvres de Lactance, Liv. IV. ch. 8.

Que

Que ce ſoit donc une maxime pour nous inconteſtable, que les caracteres de la vertu ſont écrits au fond de nos ames. De fortes paſſions nous les cachent à la vérité quelques inſtans, j'en ſuis convenu : mais elles ne les effacent jamais, parce qu'ils ſont ineffaçables.

Il eſt un autre obſtacle qui nous empêche quelquefois de les diſcerner, dont on ſe défie moins : c'eſt une foule de loix d'un ordre inférieur, dont on a ſuccé la connoiſſance avec le lait : on eſt accoutumé à les révérer ; & on leur donne dans ſon cœur le même rang qu'à cette loi primitive qui détermine nos obligations eſſentielles.

Les loix peuvent être de pluſieurs ſortes : ou elles contribuent à *établir* le regne de la vertu, ou elles lui ſont *étrangeres*, ou elles lui ſont *contraires*.

Dans la premiere claſſe ſont celles dont je parle, loix innées, loix connues de tous les hommes, & adoptées dans preſque toutes les Religions du monde. Révérez celles-là de toute l'étendue de votre ame : votre vertu ne pourra qu'y gagner.

Pour celles de la ſeconde claſſe, telles que celles qui dans les différentes Religions reglent la forme extérieure du culte Divin, ſi elles ne contribuent pas directement au progrès de la vertu, elles n'y nuiſent pas non plus pour l'ordinaire : mais on peut en abuser ; & on en abuse à coup sûr ; si dans le cas de concurrence avec celles de la premiere classe, on leur donne la préférence. La loi naturelle est la loi aînée devant qui toutes les Religions plus modernes doivent plier comme ses cadettes. C'est l'ignorance de cette maxime qui fait parmi nous des faux dévots & des superstitieux.

Orgon avoit pour compagnie unique sa fille *Philothée*. Il tomba en syncope : sa fille lui fit respirer de l'eau des Carmes, qui ne le soulagea point. Cependant l'heure de l'Office pressoit ; Philothée recommande son pere à Dieu & à sa servante, prend sa coëffe & ses heures, & court aux grands Augustins ; l'Office fut long, c'étoit un salut de Confrairie. Orgon meurt sans secours, sans qu'on se soit même apperçu de son dernier moment. Qu'on l'eût étendu dans son lit & réchauffé, son accident n'étoit rien. Orgon vivroit encore si sa fille eût manqué le salut. Mais Philothée avoit crû que le son des cloches étoit la voix de Dieu qui l'appelloit, & que c'étoit faire une action héroïque que de préférer l'ordre du Ciel au cri du sang : aussi de retour, fit-elle généreusement à Dieu le sacrifice de la vie de son pere, & crut sa dévotion d'autant plus méritoire qu'elle lui avoit coûté devantage.

Laïs a toute sa vie prodigué ses charmes au plus offrant ; elle est encore assez fraîche pour faire de nouvelles conquêtes ; & reposez-vous-en sur elle, elle sçait mettre à profit ses avantages. Son genre de vie ne laisse pas de lui donner des scrupules, & elle compte bien un jour faire une retraite honnête ; mais en attendant, pour le repos de sa conscience, elle fait dire une messe à la Vierge, tous les Samedis.

Mais rien n'obscurcit tant les idées de vertu que la nature avoit gravées dans nos ames en nous formant, que les faux dogmes, ou les loix d'Etat, qui sont contraires à la pureté de la loi naturelle. On a trouvé en naissant, ces loix toutes établies ; elles sont munies du sceau respectable de la Religion ou de l'autorité souveraine : le moyen de soupçonner que ce qu'elles ordonnent soit un crime, ou ce qu'elles défendent une vertu.

Un jeune Spartiate qui étoit venu à bout d'un larcin sans avoir été pris sur le fait, loin de se juger coupable, s'en estimoit davantage. Qu'il eût dérobé les faveurs d'une femme mariée, c'étoit une galanterie permise, que les mœurs du pays & l'exemple de Jupiter autorisoient.

Que de peuples, même policés, ont poussé la barbarie, par principe de Religion, jusqu'à immoler des hommes à la Divinité ! Et qu'on ne tienne pas la bride au fanatisme, Dieu, le Dieu même des Chrétiens verra tous les jours ses autels fumer du sang de pareilles victimes. Puisse-t-il avoir oublié les horribles sacrifices en ce genre que nos peres lui ont offerts.

Tant que le crime passe pour un attentat contre la police établie, il ne tire pas à conséquence ; & rarement le criminel se croit-il innocent : mais est-il accrédité par une loi ou par un usage universellement reçu ; c'est alors qu'il entame les cœurs par l'endroit le plus important ; ne se contentant pas de leur enlever leur innocence, mais, ce qui est mille fois pis encore, les rendant incapables de repentir.

Entraîner quelques Sectateurs dans son parti, c'est un léger avantage pour le vice ; mais supplanter la vertu, & en usurper le nom, c'est son triómphe le plus complet.

Que deviendra donc pour lors, direz-vous, cette science des mœurs innée, ensévelie sous les trophées du vice ? Ce que devient le soleil caché par un nuage : il luit encore assez pour éclairer ceux qui ont la vûe saine. La dépravation de la morale autorise les vicieux ; mais elle ne corrompt pas les cœurs droits ; & tel se livroit aveuglément au torrent, qui sera effrayé de l'abysme où il couroit se précipiter, si le calme de ses passions lui laisse entendre un instant la voix intérieure qui le rappelle.

Je ne doute pas qu'à Lacédémone il n'y

eût des gens qui s'abstinssent du larcin, quoiqu'il y fût permis; & je suis sûr qu'à Rome où l'on adoroit, comme à Sparte, un Jupiter impudique, l'adultere passoit pour un crime.

L'homme de bien autant que le méchant, le sage plus encore que le fou, se prêtent aux usages courans dans tout ce qui n'intéresse pas la vertu; mais l'homme sans mœurs n'est pas fâché qu'elle perde un peu de son crédit.

Irene est née de parens illustres, mais malheureux. Le sort de son enfance fut d'être releguée au fond d'un Cloître: là les germes féconds de vertu qu'elle avoit déja dans le cœur, cultivés par des mains habiles, s'accrurent & fructifierent de jour en jour. Lorsque le Maître des humains l'eut jugée suffisamment prémunie par des principes de sagesse inaltérables, contre la séduction de l'exemple, de la grandeur & des plaisirs, il l'éleva par un coup de sa providence inattendu, à un rang plus éminent encore que celui de ses peres, & la transporta sur le théâtre le plus brillant de l'Univers: écueil dangereux pour une vertu moins affermie. Irene est un roc inébranlable; environnée de flatteurs, elle est humble; dans le centre du tumulte, elle vit retirée; dans un air infecté par l'irreligion, sa piété n'est point rallentie; sous l'éclat pompeux des plus riches ajustemens, elle porte un front modeste; autour d'elle regnent la dissimulation, le parjure & la trahison, sur ses levres siégent la candeur, la droiture & la sincérité.

Il est donc vrai que le torrent de l'exemple n'a pas de prise sur un cœur vertueux par principes.

Mais placez sur ce même théâtre la jeune *Cloë* : la licence qui y regne, loin de l'effaroucher, ne fera que seconder ses vûes ; on s'y comporte comme elle entend se comporter, plus de circonspection lui seroit à charge. Connoissez Cloë d'origine, & vous ne craindrez point que l'exemple la gâte : son goût décidé pour la volupté avoit prévenu les effets de l'exemple, & son éducation n'avoit fait que fortifier son goût.

N'attribuons qu'à la violence des passions l'ignorance actuelle de nos devoirs, & la dépravation de nos mœurs ; faisons taire pour quelques instans leur murmure bruyant : la voix de la raison ne manquera pas de se faire entendre. Rendons-nous à ses tendres invitations ; elle n'attend que notre consentement pour nous rendre heureux.

Eh bien, qu'elle parle ; Qu'exige-t-elle, que faut-il faire ?

Aimer Dieu, vous aimer vous-même, aimer vos semblables, voilà toutes vos obligations. Du premier de ces trois amours naît la piété ; du second, la sagesse ; le troisiéme engendre toutes les vertus sociales.

PREMIERE PARTIE.

DE LA PIÉTÉ.

Si elle est du ressort de la Philosophie. Définition du terme de Philosophie. Existence & attributs de la Divinité. Fausses notions sur la Divinité. Division de cette premiere Partie.

PEUT-ÊTRE s'imaginera-t-on qu'il n'est pas du ressort de la Philosophie de donner des leçons sur la *Piété*. Je le passe à ceux qui font consister cette vertu dans la pratique de tel ou tel culte extérieur; mais si l'on convient de la considérer avec moi comme un sentiment naturel d'amour, de respect & de reconnoissance envers Dieu, pourquoi le Philosophe n'auroit-il pas droit d'en discourir? Tout ce qui n'excéde pas la sphere de la raison & des lumieres naturelles, est assurément de son domaine.

Il y a bien des gens dans le monde à qui le mot de Philosophe fait peur, parce qu'il y en a bien peu qui entendent ce terme dans sa véritable signification.

Chez les Grecs & les Latins, mais sur-tout chez les premiers, les Philosophes étoient en assez bonne odeur: on les regardoit comme des hommes respectables par la pénétration de leur esprit & l'étendue de leurs connoissances.

Ce terme parmi nous ne présente plus la même idée. Dans le langage des Colléges, les Philosophes sont des hommes vêtus d'une robe à larges manches, & coeffés d'un bonnet huppé, qui forment la jeunesse dans l'art d'obscurcir la raison par le raisonnement, de donner aux simples hypotheses la teinture de l'évidence, & de convertir l'évidence en problême.

Ce ne sont pas ces Philosophes-là qui font peur: on les regarde comme des gens sans conséquence; & on ne prend pas la peine de médire d'eux.

Mais il y en a d'une autre sorte, qui ne portent ni robe ni bonnet, qui croient de très-bonne foi les vérités constantes, & doutent d'aussi bonne foi de celles qui ne le sont pas.

Demandez au peuple ce que c'est qu'un Philosophe de cette espece? C'est, vous dira-t-il, un fantasque, qui contrôle toutes nos actions, qui traite de préjugés les trois quarts de nos opinions, qui ne croit ni aux esprits ni aux sorciers, & qui peut-être ne croit pas même en Dieu.

Mais faites la même question à un homme de bon ſens : Un Philoſophe, vous répondra-t-il, eſt un homme qui examine avant que de croire, & réfléchit avant que d'agir, & qui conſéquemmont, quand il eſt décidé, ne peut manquer d'être ferme dans ſa croyance & conſtant dans ſes démarches.

C'eſt ſans doute dans des hommes de ce caractere que ſe rencontre la vraie & ſolide piété. Or qui la peut mieux définir que celui qui l'a dans le cœur? Auſſi eſt-ce dans des cerveaux Philoſophes que ſont écloſes les notions ſur la piété que je vais mettre ſous les yeux de mon Lecteur.

Qu'il exiſte un Dieu, c'eſt je crois une vérité que de longs raiſonnemens ne feroient qu'obſcurcir, & qu'on ne met gueres en queſtion que dans les Ecoles. Tant-pis pour ceux qui en doutent, s'il en eſt quelques-uns : ce doute même eſt une preuve qu'ils n'ont pas la tête bien ſaine; & qu'ainſi les démonſtrations par où l'on ſe mettroit en frais de les convaincre, ſeroient en pure perte.

L'idée des ſouveraines perfections de Dieu n'eſt pas moins générale ni moins uniforme dans tous les eſprits, que celle de ſon exiſtence. On ſçait qu'il poſſede toutes les qualités louables d'un être intelligent, dans une étendue infinie, ſans alliage d'aucune imperfection, que ſa majesté, sa sagesse, sa bonté, sa justice n'ont point de bornes, & que sa puissance n'est point limitée. On le sçait : mais malgré ces notions, il est de dangereux Sophistes qui nous font de Dieu une image bien étrange.

L'impie, du tems de David apparemment, disoit dans son cœur : Il n'y a point de Dieu : mais à présent il s'est corrigé de l'Athéisme ; il reconnoît une Divinité, mais à peu près de la trempe des Dieux d'Epicure ; une Divinité oisive & dédaigneuse, qui de crainte de troubler son repos, n'entre point dans le détail des affaires de ce bas monde, qui ne se tient point offensée par les injustices des hommes, ni honorée par leurs hommages ; qui nous laisse fort indifféremment jouer sur la face de la terre un rôle passager, qui se terminera par notre anéantissement. Cette fiere Divinité mettant la créature raisonnable au niveau des brutes, n'a ni récompenses pour les vertus, ni punitions pour les crimes ; nous ne sommes à ses yeux que de vils automates, dont toute l'intelligence & l'industrie consistent uniquement dans un heureux méchanisme ; & comme ces bulles légeres que forme une pluie orageuse sur le courant des ravines, nous ne paroissons au monde un instant que pour disparoître dans l'instant qui suit.

Une pareille Divinité en effet n'est point

incommode à ceux qui regardent la pratique des bonnes mœurs comme un joug importun : elle ne se formalise point de leurs déreglemens ni de leur impiété ; & ne leur promettant rien, n'a rien à exiger d'eux.

Ce n'est pas là mon Dieu. Le mien a fait l'Univers ; il m'a tiré du néant ; tous les avantages du corps, de l'esprit & du cœur dont je jouis, c'est de lui que je les tiens : il veille à ma conservation, & sçaura pourvoir à ma félicité. Pour sa bonté, je lui dois de l'amour ; pour ses bienfaits, de la reconnoissance ; pour sa majesté, des hommages.

CHAPITRE PREMIER.

DE L'AMOUR QU'ON DOIT A DIEU.

Point d'amour désintéressé. Si Dieu aime les hommes. Comparaison de l'amour divin avec l'amour profane. Caracteres communs à l'un & à l'autre. Illusions par où l'on se persuade faussement qu'on aime Dieu : la preuve qu'on l'aime, c'est quand on fait ce qu'il ordonne, & non pas ce qu'il ne commande point. C'est mal connoître ce que Dieu exige de nous, que de croire qu'on ne le puisse aimer qu'en se haïssant. Le retour vers Dieu, quoiqu'occasionné par le dégoût qu'on a conçu du monde, peut être sincere & durable. Passage du vice à la vertu. Dieu est lui-même la Vertu personnifiée : aimer la Vertu, c'est aimer Dieu.

IL n'est point d'amour désintéressé : quiconque a supposé qu'on puisse aimer quelqu'un pour lui-même, ne se connoissoit gueres en affection. L'amour ne naît que du rapport entre deux objets, dont l'un contribue au bonheur de l'autre. Laissons le Quiétiste aimer son Dieu, à l'instant même que sa justice inexorable le livre pour toujours à la fureur des flammes : c'est pousser trop loin le rafinement de l'amour divin.

Toutes les perfections de Dieu dont il ne résulte rien pour notre avantage, peuvent bien nous causer de l'admiration & nous imprimer du respect : mais elles ne peuvent pas nous inspirer de l'amour. Ce n'est pas précisément parce qu'il est tout-puissant, parce qu'il est grand, parce qu'il est sage, que je l'aime : c'est parce qu'il est bon, parce qu'il m'aime lui-même, & m'en donne des témoignages à chaque instant. S'il ne m'aimoit pas, que me serviroient sa toute-puissance, sa grandeur & sa sagesse ? Tout lui seroit possible : mais il il ne feroit rien pour moi ; sa souveraine majesté ne serviroit qu'à me rendre vil à ses yeux ; il sçauroit les moyens de me rendre heureux, mais il les négligeroit. Qu'il m'aime au contraire, tous ses attributs me deviennent précieux : sa sagesse prend des mesures justes pour mon bonheur, sa toute-puissance les exécute sans obstacles ; sa majesté suprême me rend son amour d'un prix infini.

» Mais est-il bien constant que Dieu » aime les hommes ? »

Les faveurs sans nombre qu'il leur prodigue ne permettent pas d'en douter : mais cette preuve trouvera sa place plus bas ; employons ici d'autres argumens.

Demander si Dieu aime les hommes, c'est demander s'il est bon ; & demander s'il est bon, c'est mettre en question s'il existe ; car comment concevoir un Dieu qui ne soit pas bon ? Et le seroit-il, s'il haïssoit son propre ouvrage, s'il vouloit le malheur de ses créatures ?

Un bon Prince aime ses Sujets : un bon pere aime ses enfans. On aime l'arbre même que l'on a planté, la maison que l'on a construite : & Dieu pourroit ne pas aimer les hommes ! Dans quels esprits un pareil soupçon peut-il naître, si ce n'est dans ceux qui font de Dieu un Etre capricieux & barbare, qui avant qu'ils soient nés les destine à l'enfer, s'en réservant un tout au plus sur chaque million, qui n'a pas plus mérité sa prédilection que les autres n'ont mérité leur perte? Blasphémateurs impies, qui ne cherchent qu'à me faire haïr Dieu, en me persuadant qu'il me hait!

» Il ne doit rien aux hommes. »

Soit : mais il se doit à lui-même ; il faut indispensablement qu'il soit juste & bienfaisant ; ses perfections ne sont point de son choix ; il est nécessairement tout ce qu'il est ; il est le plus parfait de tous les Etres, ou il n'est rien.

Mais je connois encore qu'il m'aime par l'amour même que je sens pour lui : c'est parce qu'il m'aime qu'il a gravé dans mon cœur ce sentiment le plus précieux de ses dons. Son amour est le principe du mien, comme il en doit être le motif.

Qu'il me soit permis, pour donner une idée de l'amour de Dieu, de peindre l'amour que les dévots appellent profane. Ce parallèle en lui-même n'a rien d'indécent. L'amour n'est un vice que dans les cœurs vicieux. Le feu, cette substance si pure, envoye des fumées infectes & même dangereuses, s'il s'est pris à des matieres corrompues : de même si l'amour est nourri parmi les vices, il ne produit que de honteux desirs, il ne forme que des desseins criminels, & n'est suivi que de troubles, de soucis & de malheurs. Mais qu'il soit né dans un cœur droit, & allumé par un objet aussi bien pourvu de vertus que d'attraits, il est à l'abri de toute censure; Dieu, loin de s'en irriter, l'approuve. Il n'a fait les objets aimables qu'afin qu'ils soient aimés. Je choisis cette sorte d'amour pour modéle de l'amour Divin, parce que c'est de toutes les affections celle qui remue l'ame avec le plus d'empire & de vivacité.

Or, que se passe-t-il dans un cœur bien épris? Il s'élance avec impétuosité vers l'objet qui l'a charmé, tous ses mouvemens tendent à l'en approcher, tout ce qui l'en éloigne fait son supplice; il tremble de lui déplaire; il s'informe soigneusement de son goût & de ses volontés, pour s'y conformer & s'y soumettre; il aime à l'entendre louer, il en parle avec complaisance, tout ce qui lui en présente l'idée lui est cher. L'amour a, dit-on, donné naissance à la Peinture: c'est lui sans doute aussi qui a introduit le culte des Reliques; un cheveu de ce qu'on aime, est un bijou précieux.

Qu'on ne s'imagine point que l'amour de Dieu soit fort différent de celui-là: il n'y a pas deux manieres d'aimer: on aime de même son Dieu & sa Maîtresse: & ces diverses affections ne différent l'une de l'autre que par la diversité de leurs objets

& de leurs fins. Ainſi l'homme pieux pénétré pour ſon Dieu de ſentimens ſemblables à ceux d'un Amant paſſionné, voudroit le voir, le poſſéder, lui être uni; il s'en occupe avec joie, en parle avec reſpect; il étudie ſa loi, la médite & l'obſerve : c'eſt-là la preuve, auſſi-bien que l'effet, de ſon amour. Aimez-vous Dieu, vous pratiquerez ce qu'il vous commande, le pratiquez-vous, vous l'aimez.

Cléon vit dans la retraite, il a rompu tout commerce avec les hommes; il prie à des heures réglées; il eſt vêtu d'un drap commun; il ne ſe nourrit que de légumes, mange peu, ſe diſcipline beaucoup, & ne voit point de femmes.

Cléon aime-t-il Dieu? J'en doute. Je ne lui vois que des vertus de caprice. Il fait bien des choſes que la loi Divine ne lui commande pas: mais il en omet beaucoup qu'elle preſcrit.

Que Cléon revienne parmi les hommes, qu'il les aime & leur ſoit ſecourable autant qu'il pourra l'être, qu'il travaille à former ſon ame, au lieu de s'appliquer à détruire ſon corps; qu'il prie avec ferveur plutôt qu'avec méthode; qu'il ſe croie permis tout ce que ſon Dieu ne lui défend pas; qu'il prêche la vertu par ſes exemples, qu'il oſe la pratiquer au grand jour : alors je me perſuaderai plus aiſément qu'il aime Dieu.

L'homme ne sçut jamais demeurer dans un juste milieu : il faut qu'il porte tout à l'excès. Le Fondateur du Christianisme avoit dit à ses Disciples, que celui-là aime Dieu qui fait ce que Dieu ordonne : ils ont pensé que ce seroit donc l'aimer encore davantage, que de faire plus que ce qu'il commande.

Il veut qu'on le prie, qu'on l'honore, & qu'on lui rende des actions de graces : ils ont crû que la haute perfection consistoit à s'abstenir de toute autre occupation. Delà tous ces pieux fainéans qui se prétendent uniquement consacrés au service Divin, & qui en effet ne font rien de plus dans la société que des inutilités ou des crimes.

Il réprouve l'attachement aux richesses : ils se sont imaginés en conséquence que c'étoit une vertu que de ne rien avoir. Delà cette fourmilliere de mendians incommodes ; vrais frelons qui se nourrissent de la substance des laborieuses abeilles.

Il défend l'adultere, le viol & la subornation : cette défense leur a fait croire qu'une continence perpétuelle seroit fort de sont goût. Ils n'ont pas osé faire du mariage un crime : mais ce qui y revient à peu près, ils ont fait de la virginité une vertu : oubliant sans doute que leur Maître a maudit un figuier, précisément parce qu'il ressembloit à une Vierge.

Il blâme enfin la molleſſe & la ſenſualité. Quel effêt cette morale produit-elle ſur eux ? Ils entrent en fureur ; ils s'arment de fouets, d'eſcourgées & de pointes de fer ; & cruels contre eux-mêmes, ils ſe déchirent impitoyablement comme faiſoient les Prêtres de Baal en préſence d'Elie. Que feriez-vous de pis, malheureux phrénétiques, ſi vous aviez choiſi pour Dieu, cet eſprit malfaiteur que vous appellé Diable ?

Un Soldat a reçu l'ordre de ſon Commandant : il ne lui eſt pas plus permis de l'outrepaſſer que d'en rien omettre : & ſoit qu'il péche d'une ou d'autre façon, ſa faute peut être également dangereuſe, & eſt toujours également puniſſable.

Non-ſeulement on peut aimer Dieu ſans ſe haïr : mais il n'eſt pas vrai qu'on l'aime quand on ſe hait. Devons-nous avoir des ſentimens contraires aux ſiens : Il nous aime : n'eſpérons donc pas lui plaire en nous haïſſant. Il exige que nous aimions nos ſemblables comme nous-mêmes : cette loi ſuppoſe-t-elle que nous devions nous haïr ?

Soumettez la chair à l'eſprit : mais ne l'anéantiſſez pas. Soyez chaſte : mais ne vous abſtenez pas d'un commerce licite. Gardez-vous de l'amour des richeſſes : mais ne négligez pas de pourvoir à vos beſoins. Elevez fréquemment votre cœur vers

Dieu : mais tendez aussi la main au malheureux qui vous implore.

Cette prévention, qu'on ne sçauroit aimer Dieu sans contrarier tous les instincts de la Nature, même les plus innocens, est si généralement répandue, qu'on ne s'avise pas de vanter la sainteté d'un homme qui fait tous les jours ses quatre repas, qui mange indifféremment chair ou poisson, qui porte des habits propres & couche sur le duvet, qui aime tendrement son épouse, & prend plaisir à l'en assurer; quelques vertus qu'il ait d'ailleurs, quelques bonnes actions qu'il ait faites.

On canonise à Rome des Papes, des Anachoretes, des Fondateurs d'Ordres, & des squelettes anonymes, quand on ne trouve rien de mieux: mais on n'y canonise gueres de peres de famille vertueux, s'ils n'ont été Rois, ou du moins ancêtres de Rois.

Il est certains dévots qui s'imaginent que pour bien aimer Dieu, il ne faut aimer que Dieu; qu'il est jaloux, & ne veut pas qu'un époux soit amoureux de sa femme, ou un amant de sa maîtresse. Ils le peignent comme un mari fantasque & bisarre, qui feroit un crime à son épouse d'être attachée à son serin.

A force de sophistiquer l'amour Divin, on est venu à s'imaginer qu'il n'y a que des hommes extraordinaires qui soient capables d'un sentiment si relevé. On est bien éloigné de croire qu'un homme d'une vertu commune puisse atteindre jusques-là : & l'on regarderoit chez les Chrétiens comme un blasphême, de supposer qu'un Turc pût aimer Dieu.

Ariste à trente ans étoit répandu dans le monde : c'étoit l'homme à la mode ; on le chérissoit, on le couroit ; il étoit de toutes les fêtes, & il en faisoit le principal agrément. Aujourd'hui qu'il est sexagénaire, son goût est changé : il a renoncé aux compagnies ; il ne fréquente plus que les Eglises ; les plus longs offices sont pour lui les meilleurs ; il prie sans cesse, & prie avec ferveur ; il regrette le tems où dissipé par les plaisirs, il ne s'est pas occupé à honorer Dieu & à le louer. C'est, dit-on, que sa tête baisse ; on ne manque gueres par cette raison de devenir dévot à son âge. J'en conviendrai, si Ariste dans le tems même de son changement a donné d'ailleurs des marques d'imbécillité. Mais si son bon sens n'est point altéré ; je dirai que dans sa vieillesse, ses passions étant plus calmes, son amour pour la vertu en est devenu plus fort : or l'amour de la vertu ne sçauroit marcher sans piété. Ce n'est pas précisément à fréquenter nos Eglises que je fais consister la piété d'Ariste : (s'il étoit Musulman il fréquenteroit les Mosquées ; s'il étoit Protestant, les Prêches ; s'il étoit de la Religion de Job ou d'Enoch, il prieroit indifféremment en tous lieux :) mais je la fais consister dans l'élévation du cœur vers Dieu, & dans tous les actes qui en sont des témoignages : or Ariste fait de ces actes-là.

Quand une femme qui n'a plus d'amans s'adonne à la piété, c'est une hypocrite, dit-on, qui au lieu d'honorer Dieu, le joue. Eh ! pourquoi ? Son abandon la dégoûte du monde ; elle a cependant le cœur tendre : il faut bien que cette tendresse porte sur quelque objet ; elle la dirige du côté du Ciel. Elle entend dire d'ailleurs qu'il est plus noble d'aimer Dieu que les créatures : ce sentiment flatte sa vanité ; & convaincue du néant du monde, elle aime peut-être Dieu par amour propre.

Qu'importe par quelle occasion un cœur ait été rappellé à la vertu, pourvû qu'il s'y attache avec sincérité.

Valérie avoit un amant distingué : le rang de sa conquête flattoit son ambition. Le volage a porté ses vœux ailleurs. Pourra-t-elle sans déroger, redescendre jusqu'à un adorateur moins qualifié ? Non : son orgueil auroit trop à souffrir ; son parti est pris, elle renonce à tout commerce galant. Ce changement n'est d'abord qu'un dépit : mais qu'importe ? il la tire du desordre.

Sortie de l'abysme, elle en connoîtra mieux la profondeur ; & revenue aux bonnes mœurs par contrainte, elle y persévérera par goût. Cessez dès aujourd'hui de commettre le crime : & le tems vous amenera infailliblement à le détester.

On s'accoutume à voir un visage hideux sans horreur, quand on l'a sans cesse devant les yeux : mais le revoit-on après vingt ans d'absence, on lui retrouve toute sa laideur. Le vice ne plaît pas du premier coup d'œil, il faut que la vûe s'y fasse : on ne s'y livre qu'en tremblant ; & semblable à un nageur timide, qui, redoutant la fraîcheur de l'eau, n'y met d'abord que le pied, hasarde ensuite d'y enfoncer la jambe, le genou, puis la cuisse, & s'y plonge enfin tout entier ; l'infidéle qui trahit son devoir, a commis bien des lâchetés avant de consommer sa défection.

S'il est assez heureux pour en rougir un jour, qu'il prenne une route toute contraire à celle qui l'a égaré ; il n'y marchera d'abord qu'avec peine ; il la trouvera dure & escarpée en comparaison de cette pente aisée par où il couroit à sa perte : mais qu'il n'en croie pas sa répugnance & ses dégoûts, qu'il persiste. Celui qui marche contre son gré ne laisse pas d'avancer ; & ce qui étoit d'abord une fatigue pour un homme délicat, lui devient un exercice agréable lorsqu'il est parvenu à surmonter sa foiblesse. Ses yeux enf ' dessillés, verront alors le vice avec ses véritables couleurs : or on le déteste sitôt qu'on le voit tel qu'il est. Ce n'est qu'en se masquant qu'il nous gagne : c'est au contraire en se montrant sans voile que la vertu nous engage. Mieux on la connoît, plus on l'aime : on se prosterneroit devant elle, on l'adoreroit, si elle étoit personnifiée ; & elle le seroit aux yeux d'un mortel à qui Dieu se rendroit visible. Car il est le seul Etre en qui elle réside dans toute sa pureté : & je doute qu'on puisse assigner une différence réelle entre Dieu & la vertu. Nouvelle preuve d'où il résulte qu'aimer la vertu c'est aimer Dieu. Personne, je crois, ne met en question si l'on doit aimer la vertu : comment donc pourroit-on douter qu'on doive aimer Dieu ? Mais n'entassons point à ce sujet preuve sur preuve, les vérités de sentiment n'ont besoin pour convaincre, que d'être présentées. Passons à l'article de la Reconnoissance.

CHAPITRE II.

DE LA RECONNOISSANCE DUE A DIEU.

Elle est nécessairement accompagnée d'amour. Caracteres divers sous lesquels on propose de considérer Dieu pour s'exciter à la Reconnoissance.

DANS le commerce des hommes, l'amour & la reconnoissance sont deux sentimens distincts : on peut aimer quelqu'un sans en avoir reçu des bienfaits ; on peut en recevoir des bienfaits sans l'aimer ; & quoique comblé de ses faveurs, on peut ne le pas aimer sans être ingrat.

Il n'en est pas de même par rapport à Dieu : notre reconnoissance ne sçauroit aller sans amour, ni notre amour sans reconnoissance ; parce que Dieu est tout à la fois un Etre aimable & bienfaisant. J'ai déja établi qu'il est aimable : il me reste à montrer qu'il est bienfaisant.

Vous sçavez gré à votre mere de vous avoir donné le jour, à votre pere de pourvoir à vos besoins, à vos maitres d'avoir orné votre ame de connoissances utiles, à vos bienfaiteurs de leurs secours généreux, à vos amis de leur attachement : or Dieu seul est véritablement votre *mere*, votre

pere,

pere, votre *maître*, votre *bienfaiteur* & votre *ami* ; & ceux que vous honorez de ces noms, ne sont, à proprement parler, que les instrumens de ses bontés sur vous. Pour vous en convaincre, considérez-le sous ces différens rapports.

§. I.

DIEU COMPARÉ A UNE MERE.

Il l'est plus véritablement par la création, que ne l'est une femme par la conception & l'enfantement.

Sylvie est nubile, il se présente un époux riche, galant, jeune & bien fait. Sylvie rougit & le convoite ; sa pudeur enfantine la fait hésiter quelques instans : mais tant de perfections l'ébranlent à la fin ; & son tempérament la décide. Trois mots latins la rendent femme : bientôt son époux la rend mere. Qu'a-t-elle fait jusques-là pour l'enfant qui naît d'elle ? C'est Dieu qui a tout fait. Lorsqu'il posoit la Terre & les Cieux sur leurs fondemens, il avoit dès-lors cet enfant en vûe ; & disposoit déja la longue chaîne d'événemens qui devoit se terminer à sa naissance. Il faisoit plus : il le créoit, en paîtrissant le limon dont il forma son premier pere. L'instant est venu de faire éclore ce germe : c'est dans le sein de Sylvie qu'il lui a plû de le placer ; lui-même a pris ſoin de le ſomenter & de le développer.

Que cet enfant un jour honore ſa mere, j'y conſens & l'y exhorte : elle a ſouffert, ſinon pour lui, du moins par lui & à ſon occaſion, les incommodités de la groſſeſſe & les douleurs de l'enfantement. Mais qu'il porte plus haut ſa reconnoiſſance, & n'imite pas ces ſuperſtitieux idolâtres, qui voyant la terre ſe charger tous les ans de grains, de fruits & de pâturages, adoroient en ſtupides cet inſtrument aveugle des bontés du ſouverain Maître, ſans ſonger à benir le bras puiſſant qui la rend féconde.

§. II.

Dieu considéré comme Pere.

Il remplit ce titre infiniment mieux qu'aucun homme.

Dieu eſt auſſi le *Pere* de tous les hommes, bien plus que chaque homme en particulier ne l'eſt de ſes enfans.

Laiſſons de côté la part qu'a un pere à la naiſſance de ſon fils, car je ne vois pas qu'il lui ſoit dû aucune reconnoiſſance à ce titre : il avoit pour objet de ſe ſatisfaire ; & s'il faut lui tenir compte de ce prétendu bienfait, on lui doit ſans doute auſſi des actions de graces pour les mets délicats qu'il s'eſt fait ſervir, pour le champagne qu'il a bû, pour les menuets qu'il a bien voulu danser, en un mot, pour tous les plaisirs qu'il a pris.

Ce n'est point par la simple qualité de pere qu'un homme acquiert des droits sur le cœur de son fils : il n'y peut justement prétendre qu'autant qu'il remplit les devoirs que la nature attache à ce titre.

Quelle reconnoissance doivent à leur pere ces victimes infortunées que le sort barbare relegue impitoyablement au fond d'un Cloître pour grossir la fortune d'un aîné ?

Quels doux sentimens feront naître dans le cœur de ses fils, les emportemens d'un tyran fougueux qui ne les envisage qu'avec fureur, qui ne leur parle qu'en termes durs, qui ne les instruit que par des menaces, & ne les corrige qu'en les assassinant.

Quel pere que *Florimond* ! Etranger dans la famille dont il est le chef, il va & vient, boit, joue & se promene : cependant ses enfans croissent & vieillissent ; heureux s'ils se portent d'eux-mêmes à la vertu, s'ils s'acquierent des talens, & songent à se faire un état, car pour lui il n'est pas homme à s'en occuper. Il les a vû naître, leur a donné son nom : depuis il ne s'en est plus mêlé, & ne les connoit gueres que de vûe.

Mais puisqu'il s'agit ici du parallele d'un

pere avec Dieu, choisissons du moins pour rendre la disproportion moins énorme, le plus tendre & le plus parfait de tous les peres. Qu'il me soit permis de proposer ici le mien pour exemple.

Mon pere étoit d'une condition médiocre, mais d'une fortune au-dessous de la médiocre ; cependant sa tendresse industrieuse & sa sage œconomie m'ont mis dans le cas de ne point porter envie aux enfans nés dans l'opulence. Nourri sobrement, décemment vêtu, instruit dans les sciences par les plus habiles maîtres, formé à la vertu plus par ses exemples que par ses remontrances ; s'il étoit possible de changer de pere, je n'aurois pû que perdre, en voulant m'en donner un autre.

Mon pere a veillé à ma subsistance, à mon éducation, à mes mœurs ; voilà des motifs de gratitude fondés. Il a fait pour moi tout ce qu'il a pû faire ; mais ce qu'il a pû c'est Dieu qui le lui a fait pouvoir. Il faut toujours remonter à cette source primitive de tous les biens.

Lorsque mon pere veilloit à ma conservation, c'étoit Dieu qui me conservoit ; lorsqu'il s'appliquoit à m'instruire, c'étoit Dieu qui m'ouvroit l'intelligence ; lorsqu'il m'entretenoit des charmes de la vertu, c'étoit Dieu qui me la faisoit aimer.

§. III.

DIEU CONSIDÉRÉ COMME MAÎTRE.

Il l'est bien plus que ceux qui nous enseignent, puisque c'est de lui que tous les hommes tiennent d'origine leurs connoissances & leurs talens.

Si nous mettons en comparaison avec la Vérité éternelle d'où procédent toutes nos connoissances, les *Maîtres* qui nous guident & qui nous instruisent, soutiendront-ils mieux le parallele? Supposons-les plus éclairés qu'ils ne sont, plus assurés des dogmes qu'ils enseignent, plus libres de préjugés, plus désintéressés, moins passionnes; que leur science est encore bornée, si on la réduit, comme on doit, aux seules notions qu'accompagnent l'évidence ou la certitude! Or ces notions qui seules sont dignes du nom de Science, Dieu les a rendues communes à tous les hommes; chacun les posséde & peut se les rendre présentes; il n'est besoin pour cet effet que d'y réfléchir; c'est-là ce qui a fait croire à quelques Sectes de Philosophes, que toutes nos connoissances s'obtiennent par réminiscence.

Le nombre des vérités, du moins de celles qui sont vraiment utiles, n'est pas si grand que l'on croit; & ce n'est pour l'ordinaire que l'indolence ou la prévention qui nous les cache ; ou s'il en est quelques-unes de plus abstraites, qu'on ne découvre que par une étude & une application opiniâtres, ce n'est pas pour cela à ceux qui nous enseignent, ni à nos propres travaux, que nous en devons la découverte ; ce sont des trésors que Dieu a cachés plus avant que les autres, mais qui ne viennent pas moins de lui, puisqu'en creusant, nous les trouvons au fond de notre ame, & que notre ame est son ouvrage. L'ouvrier fouille la mine, le Physicien dirige ses opérations ; mais ni l'un ni l'autre n'ont fourni l'or qu'elle enferme.

§. IV.

DIEU CONSIDERÉ COMME BIENFAITEUR.

Si ce titre lui peut être disputé. Ingrats qui méconnoissent ses bienfaits ; sous quels prétextes ils le font. 1. Si les prétendus desordres qui arrivent dans le monde physique sont incompatibles avec la Providence Divine. 2. Dans quelle vûe il semble que Dieu ait assujetti le corps à des besoins. Si la distribution inégale des richesses & des honneurs est un vrai desordre. 3. Si les passions sont des vices par elles-mêmes, ou simplement par l'abus qu'on en fait. De quelle utilité elles peuvent être. S'il seroit mieux que l'homme fût parfaitement le maître de ses passions.

S'il est quelqu'un qui dispute à Dieu le titre de Bienfaiteur, je n'écris pas pour lui, & ne me mets pas en devoir de le combattre : la lumiere dont il jouit, l'air qu'il respire, tout ce qui contribue à sa conservation & à ses plaisirs, les cieux, la terre & la nature entiere, destinés à son usage, déposent contre lui, & le confondent assez. Il ne pense lui-même, ne parle & n'agit que parce que Dieu lui en a donné la faculté; & sans cette Providence contre laquelle il s'éleve, il seroit encore dans le néant, & la terre ne seroit pas chargée du poids importun d'un ingrat.

On convient, il est vrai, assez unanimement qu'on est redevable à Dieu de l'existence; mais il semble qu'on prenne plaisir à dépriser ce bienfait, pour s'exempter de la reconnoissance. L'homme est un animal plaintif : si la saison est séche, il voudroit qu'elle fût humide; s'il pleut, il demande un tems sec. Il se donne la peine de faire des plaintes & des souhaits, comme s'il sçavoit lui-même ce qui lui est le plus avantageux. Il existe & tient dans sa main tout ce qui lui est nécessaire pour se conserver l'existence, le tems qu'il plaira au Ciel qu'il en jouisse. N'importe, indifférent pour la vie, lorsqu'il est question d'en rendre des actions de graces, il lui plaît de la trouver à charge. Il oublie ce que Dieu a fait en sa faveur, pour se plaindre de ce qu'il n'a pas fait ; & voici ses principaux griefs contre sa Providence : il arrive *des desordres dans le monde physique* ; le corps a *des besoins* incommodes ; l'ame *des passions dereglées.*

Examinons donc ces trois chefs, & justifions, s'il se peut, le Tout-puissant.

1. » Une Ville est submergée par les » eaux, une caravane est enterrée sous des » sables, la terre s'entr'ouvre & creuse » d'affreux abysmes, des animaux féroces » attentent à la vie des hommes ; la famine, » la peste & mille autres fléaux terribles » leur font la guerre & les détruisent. »

Qu'y a-t-il dans tous ces événemens qui vous dispense de la reconnoissance que vous devez à Dieu ? Êtes-vous moins comblé de ses bienfaits, parce que Lima est submergé ? Les feux que vomit le Mont Gibel ou le Vésuve vous ont-ils endommagé ? Et quand le contre-coup de ces prétendus desordres atteindroit jusqu'à vous, que peut-il vous en arriver ? La mort tout au plus.

La *mort* est-elle donc un mal par elle-même ? C'est la porte qui mene de cette vie-ci dans l'autre. Or c'est de vous qu'il a dépendu de vous assurer pour cette seconde vie un sort heureux ou malheureux.

Ne jugez jamais de Dieu par les événemens : jugez plutôt des événemens par l'idée que vous avez de Dieu. Dans les affaires régies par les hommes, il n'arrive des desordres que parce que ceux qui s'en mêlent sont foibles, injustes ou ignorans. Aucune de ces imperfections ne se trouve en Dieu ; c'est lui sans doute qui régit l'Univers : comment donc pourroit-il y arriver de véritables desordres ? Je vois deux choses à cet égard, dont l'une est évidente, & l'autre obscure. Il est évident que Dieu est juste, sage & tout-puissant : il n'est pas évident que ce qui paroît un desordre le soit en effet, Dieu pouvant avoir des lumieres supérieures aux nôtres ; je décide de l'incertain par le certain, & je couclus que tout est dans l'ordre.

2. Pour les *besoins* du corps, bien loin qu'ils me fassent douter de la bonté de Dieu, j'y trouve des marques sensibles de son attention paternelle sur nous. Je les regarde comme d'utiles distractions par où il nous empêche de nous livrer trop longtems à un travail soutenu qui nous consumeroit. Et ce que j'admire encore davantage, c'est que ces incommodités apparentes sont les sources de tous nos plaisirs. Je ne bois & ne mange avec délices qu'autant que les besoins m'y ont excité par l'importunité de leur aiguillon.

L'ouvrier se leve & court à l'attelier : le seul mobile qui le remue d'ordinaire est l'espoir du gain ; son avidité ne lui laisseroit prendre aucune relâche, si Dieu qui la modere par l'impression des besoins du corps, ne le forçoit à quitter son travail. Mais son estomac affamé l'oblige au moins trois fois le jour à suspendre son pénible exercice. Il obéit à cette voix impérieuse : la fatigue lui a aiguisé l'appétit, il l'assouvit avec une volupté que la mollesse & l'inaction des Grands ne leur permet pas de goûter ; il reprend ensuite courageusement le rabot ou la lime, & va par la sueur & l'agitation de son corps, mériter un autre repas aussi délicieux que celui qu'il vient de faire.

Qui pourra exalter assez tes faveurs, ô sommeil bienfaisant, qui répares si puissamment nos forces épuisées, qui charmes nos inquiétudes, qui dissipes nos plus noirs chagrins, & calmes nos douleurs les plus aiguës ? Le nectar des Dieux avoit-il des vertus comparables aux tiennes ? Le népenthe si vanté par Homere n'étoit sans doute autre chose qu'une liqueur assoupissante. Dans quelle voluptueuse situation ne plonges-tu pas les amans heureux, lorsque près d'être anéantis par l'excès du plaisir, tu leur viens tendre un bras propice, & fais succéder à leurs transports animés une douce & molle ivresse, qui sans être aussi vive que celle dont ils sortent, n'en est gueres moins délicieuse !

Regardera-t-on aussi comme un besoin incommode cette pente insurmontable qui entraîne un sexe vers l'autre ? J'avoue qu'il est des hommes dont elle fait le supplice : mais pourquoi ? Parce qu'ils se sont follement persuadés qu'il est beau d'y résister, & qu'il est honteux de contribuer à la propagation de son espece. Est-ce donc à Dieu qu'ils doivent s'en prendre ? Faut il qu'ils mettent leurs bisarres préjugés sur son compte ? Qu'ils redescendent au niveau des autres hommes ; & que, sans aspirer à une prétendue perfection, qui n'est qu'une chimere, ils consentent à satisfaire ce besoin qui les presse ; c'est le seul moyen raisonnable pour s'affranchir de son importunité.

Pour l'homme sensé, bien loin d'imaginer que la vivacité de sa passion, les oppositions même qu'il rencontre, & les difficultés qu'il lui faut surmonter, soient de vrais malheurs dont il doive gémir, il les regarde au contraire comme destinés à piquer ses sens & à rehausser la saveur du plaisir. Otez de la jouissance les desirs & les obstacles, vous en anéantissez tous les charmes.

Alléguerez-vous en preuve contre la Providence, la dristribution inégale des *richesses* ? « L'un en regorge, dites-vous, » tandis que l'autre est dans l'indigence. »

Cet argument porte sur un principe faux ; détruisons sa base, il tombe en ruine. Il roule sur la supposition que les richesses sont le seul, ou du moins le plus grand avantage dont on puisse jouir en cette vie ; mais si c'est le moindre des présens que la Bonté Divine puisse faire aux hommes, si cet avantage, tel quel, peut être plus que compensé par d'autres ; ceux qu'elle n'en a point gratifiés sont-ils donc bien fondés à s'en plaindre ?

Mettons simplement en parallele avec ces biens fragiles qui nous sont étrangers en tout sens, puisqu'ils n'appartiennent ni au corps ni à l'ame, quelques-uns des avantages de la vie animale, une santé parfaite, une conformation de corps réguliere, des organes bien constitués ; il n'en est aucun séparément qu'on ne préférât aux richesses, si l'on étoit réduit à opter ; bien moins encore préféroit-on des richesses à tous ces avantages réunis. Que sera-ce si on les compare à des dons plus précieux, tels que la vertu, l'honneur, l'esprit, la science & les talens ? Quelles minuties que les richesses auprès du moindre de ces attributs ! Les qualités soit de l'ame, soit du corps, ont de plus cette supériorité sur les richesses, que celles-ci peuvent s'ac-

querir

querir au moyen de celles-là ; au lieu qu'avec les richesses on ne peut pas completer un corps mutilé, ni corriger une ame vicieuse.

Disons la même chose de l'inégalité des conditions : » L'un est, dites-vous, assis sur » le trône, l'autre rampe obscurément dans » la poussiere. »

Placez les *honneurs* dans le même point de vûe que les richesses ; mettez-les en comparaison avec les avantages soit du corps soit de l'ame, & vous connoîtrez leur peu de valeur. Portez votre ambition au plus haut période qu'il soit possible, (que coûte-t-il de souhaiter ?) Aspirez du premier coup au rang de Souverain ; que vos vœux même soient satisfaits : quel gain réel aurez-vous fait ? Un Roi qui fait son devoir est le plus misérable de tous les hommes : celui qui ne le fait pas est le plus odieux.

Les honneurs & les grands biens placés sur la tête d'un homme sans mérite, ont ceci de commun qu'ils le dégradent aux yeux de l'Univers, en mettant ses défauts au grand jour.

Hypsiste & *Pollion* en sont des exemples. Celui-ci aimoit le jeu, la table & les femmes ; mais il aimoit aussi la fortune. Cette derniere passion n'étouffa pas les autres ; mais elle les rendit circonspectes : elle ne fit pas de Pollion un homme de bien; mais elle en fit un hypocrite. Il sçavoit que dans le monde, tout corrompu qu'il est, on veut que le vice marche voilé; & que si l'on fait grace à l'homme sans mœurs, on ne pardonne pas de même au cynique impudent. Il composa donc ses discours & déguisa ses démarches; il grimaça le mieux qu'il put, l'air d'honnête homme devant ses Patrons, & ne leur laissa entrevoir de ses bassesses que celles dont ils pouvoient se servir utilement. Pollion arriva au comble de l'opulence; il avoit suivi la vraie route. Alors las d'une contrainte importune, il laissa tomber son masque, & lâcha la bride à toutes ses passions; il fit de son ventre sa plus chere idole; d'un tapis verd, le théâtre de ses amusemens, & de l'Opera son Serrail.

Hypsiste est parvenu aux honneurs par une conduite un peu différente. Il étoit né dans une passe médiocre; & sa capacité ne paroissoit pas le devoir mener fort loin; mais le beau sexe plus pénétrant sans doute que le nôtre, lui trouva une sorte de mérite dont il sçut se prévaloir, & qui le porta au sommet des grandeurs. Arrivé là, le talent qui l'y avoit élevé ne lui étoit pas d'une grande ressource pour y briller; aussi y fit-il un personnage vil, dont il ne pouvoit se cacher à lui-même l'ignominie, par l'air hautain & fastueux qu'il affectoit en public.

Dans une fortune & dans un rang plus médiocre, on trouve à chaque pas des hommes que le souverain Distributeur des graces a mieux partagés qu'Hypsiste & Pollion. Ce n'est point au faite des grandeurs & de l'opulence qu'on goûte le bonheur le plus assuré, c'est dans un état mitoyen. L'air qui circule terre à terre est propre à la plûpart des hommes; mais celui qu'on respire sur les hauteurs, porte au cœur & fait tourner la tête.

La Nature cette bonne mere, dont, ingrats que nous sommes, nous nous plaignons sans cesse, n'a pas mis entre les hommes tant d'inégalité qu'il semble au premier coup d'œil. Les plaisirs les plus vifs & les plus touchans sont communs à tous les humains; ceux qui sont particuliers aux Grands ne sont que des plaisirs de caprice, peu solides, & pour la plûpart mêlés d'amertume, dont ceux que nous offre la pure Nature sont exempts. C'est d'elle que viennent tous les adoucissemens de cette vie passagere; & c'est du desordre de notre imagination ou de nos mœurs que procédent la plûpart des malheurs dont nous gémissons.

3. Un autre motif dont s'autorisent pour nier la Providence, les ingrats qui la méconnoissent, est l'empire des *passions* sur le

cœur humain. Il leur semble que l'homme est fort à plaindre de ce qu'il s'éleve dans son ame des sentimens indélibérés, qu'il n'est pas maître d'étouffer : ils appuient sur les funestes effets des passions, & ferment les yeux sur les avantages infinis qu'elles produisent. Détesterons-nous donc le feu parce qu'il peut nous consumer, l'eau parce qu'elle peut nous engloutir, le fer pour les ravages dont il peut être l'instrument.

Considérons les passions en elles-mêmes, & n'en jugeons pas par ce qu'il nous plaît d'appeller leurs effets ; ou si nous considérons ces effets, mettons du moins en comparaison les bons avec les mauvais.

Les Moralistes déclament d'ordinaire avec force contre les passions, & ne se lassent point de vanter la raison. Je ne craindrai point d'avancer, qu'au contraire ce sont nos passions qui sont innocentes, & notre raison qui est coupable.

Le sentiment est l'ame des passions : or le sentiment n'est point libre, ce n'est point parce qu'on le veut, qu'on aime ou qu'on hait ; il ne peut donc être criminel.

Nos passions ne sont pas notre ouvrage : nous les éprouvons dès la plus tendre enfance, nous sentons avant de penser. Ce sont donc des présens de la Nature, ou pour mieux dire, des dons de Dieu ; car la Philosophe n'entend autre chose par la Nature, que la main bienfaitrice du Tout-puissant. Or Dieu n'a pas fait sans doute à ses créatures des présens empoisonnés.

Disons plus : non-seulement les passions ne sont point mauvaises en elles-mêmes ; mais elles sont bonnes, utiles & nécessaires.

Il est juste & naturel qu'une créature intelligente souhaite sa félicité & travaille à se la procurer : or deux choses concourent à la félicité ; l'exemption des peines, & la jouissance du plaisir ; & c'est-là précisément ce qui fait l'objet de toutes les passions. Toutes ont pour fin, ou d'écarter de nous ce qui pourroit altérer notre bonheur, ou de nous assurer la possession de ce qui peut l'augmenter.

Tout sentiment qui naît en nous de la crainte des souffrances ou de l'amour du plaisir, est donc légitime & conforme à notre instinct. Mais comme cet instinct n'est point libre, il n'est pas non plus éclairé, & n'a pas besoin de l'être, puisqu'il n'est pas fait pour se conduire lui-même. Il fuit le mal & cherche le bien ; mais il faut qu'on lui montre l'un & l'autre, il ne s'y connoît pas par lui-même ; & c'est l'ouvrage de la raison de faire pour lui ce discernement. C'est à elle qu'il appartient de régler les sentimens, en les appliquant chacun à leurs propres objets, & en les contenant dans de justes bornes; & c'est précisément à quoi elle manque souvent. On se récrie beaucoup contre la passion, & c'est la raison qui est en défaut.

L'amour, par exemple, est une passion si nécessaire au genre humain, que sans elle il retomberoit bientôt dans le néant. Le goût d'un sexe pour l'autre sert à les perfectionner tous les deux; il forme des unions délicieuses, des alliances & des sociétés aimables; mais ce n'est que lorsqu'une raison éclairée y préside & le dirige. Guidé par une raison dépravée, il peut causer, & cause en effet tous les jours, des perfidies, des parjures, des adulteres, des incestes, des meurtres & des embrasemens, & tous les maux dont une fureur aveugle est capable. Sa fin n'a rien que de conforme au vœu de la Nature; il tend à l'union d'un sexe avec l'autre, & cette union est légitime : ce n'est donc point ce goût qu'il s'agit de réprimer. Vous avez naturellement le cœur tendre; ne travaillez point à le rendre insensible; mais fixez votre tendresse sur des objets qui ne vous détournent point de la vertu, ou plutôt n'aimez que ceux qui vous y portent. Votre penchant pour l'amour n'en sera pas moins satisfait : que dis-je ? il ne le seroit jamais qu'imparfaitement sans cette précaution. Point d'amitié sans vertu. L'union de deux amans sans mœurs, n'est point de l'amour; c'est une association odieuse qui les fait entrer en commerce de vices, & établit entr'eux une complicité réciproque.

Agathon a pris du goût pour *Céphise*. Agathon est un petit noble précieux & maniéré, qui marche la tête haute & sur la pointe du pied. S'il lui faut porter ses regards sur un objet qu'il n'ait point en face, sa tête mal emboitée sur son pivot, se détourne avec peine pour le chercher, & ne fait que la moitié du chemin; sa paupiere qui roule languissamment, fait le reste, & le fait à regret. Fier de sa noblesse & de son équipage, il dédaigne les talens, & ne pardonne d'en acquerir qu'à ces hommes placés au-dessous de sa sphere, qui n'ont que cette ressource pour se tirer du néant; l'idée de Dieu l'importune, parce qu'elle lui rappelle un Etre supérieur à lui; les vertus sociales lui répugnent, parce qu'elles l'assujettissent à des déférences, l'équité même n'est pas faite pour lui, parce qu'elle borneroit ses prétentions. Aussi est-il impie, dur & intéressé; faux dans ses promesses, perfide dans ses engagemens; incapable de tendresse, de commisération & de reconnoissance. Ce n'est point un méchant, entraîné au mal par la force d'un tempérament fougueux; c'est un fat qui croit valoir assez sans se donner la peine d'être vertueux.

Céphise est vaine & impérieuse ; trente amans sont à ses pieds, & elle les y souffre comme autant de trophées érigés à ses charmes. Un seul sera couronné ; mais tous l'auront adorée. Elle commande en souveraine, ils lui obéissent en esclaves ; & pour mieux établir son rigoureux despotisme, elle a grand soin de ne dicter que des ordres capricieux & bisarres. Les plus rampans de sa Cour s'attendent à remporter la palme ; ils se trompent. Elle veut des respects sans bornes, & méprise ceux qui les lui rendent. Ignorant les caracteres du vrai mérite ; ne jugeant des talens, que par la suffisance ; de la noblesse, que par les titres ; du génie, que par les pointes ; de l'amour, que par les fleurettes : sans religion, sans morale, sans goût déterminé ; que de conformité avec Agathon ! Aussi est-ce sur lui qu'elle fixe son choix. Quel peut être le nœud d'un pareil assortiment ? L'amour ? Non ; c'est l'assurance qu'ils ont que le mérite de l'un ne fera pas honte à l'autre.

Tout n'est pas fait quand on a sçu diriger sa passion sur un objet plus digne d'attachement que Céphise ou Agathon. Quoiqu'elle soit légitime & bien placée, il est des cas où il faut la modérer & la contenir dans des bornes étroites.

Nicétas s'est lié à *Sylvanire* par un attachement tendre, mais innocent. Il n'eut pas besoin de l'étudier long-tems pour la trouver adorable. Un cœur moins sur ses gardes que le sien, & aussi connoisseur, se fût même rendu à la premiere vûe. Tout conspiroit à sa défaite; la beauté des traits de Sylvanire, la majesté de son maintien, les graces répandues dans toute sa personne, l'esprit qui brille dans ses yeux, la délicatesse qui assaisonne ses discours. Il tint bon néanmoins contre tous ses charmes réunis; mais pouvoit-il tenir jusqu'au bout contre mille autres qualités aimables, plus précieuses encore que celles-là, dont le nombreux enchaînement augmentoit de jour en jour sa surprise & son admiration: un cœur ouvert à l'amitié, bienfaisant, noble & généreux, franc sans indiscrétion, ingénu sans imprudence, une humeur vive & enjouée, mais toujours sage & circonspecte; des sentimens nobles & grands, sans fard & sans ostentation; un goût & des talens exquis, voilés d'une humble modestie; de la vertu sans pruderie, de la piété sans bigotisme.

Tant de perfections parurent suffisantes à Nicetas pour autoriser l'amour dont il se sentoit atteint; & quoique l'objet qui l'enflamme, engagé ailleurs par des liens indissolubles, ne puisse jamais le payer d'aucun retour, il est sans doute moins coupable que malheureux, & n'est pas même malheureux, si cet amour ne va point jusqu'à troubler son repos. Mais quelque chere que lui soit Sylvanire, si sa passion devenue indocile, méditoit de franchir les bornes que sa vertu lui prescrit; si elle s'émancipoit jusqu'à former des desirs; qu'il n'attende pas que l'offensée, instruite de son audace par quelque essor téméraire, puisse en faire justice; vengeur implacable de son crime secret, qu'il se bannisse de la présence de Sylvanire; & disputant dans son cœur de vertu avec elle, qu'il lui enleve par un prompt sacrifice, le triste avantage de le pouvoir prévenir. Qu'il l'aime, puisqu'elle est aimable; jusques-là ce n'est point un crime: mais c'en seroit un s'il aspiroit seulement à s'en faire aimer.

Il en est ainsi des autres passions: toutes justes & utiles en elles-mêmes, elles continuent de l'être lorsqu'on les applique à leurs propres objets, & qu'on a soin de tempérer leur vivacité. Les desordres qu'on leur impute ne viennent que de leur déplacement ou de leur excès.

La *Haine* n'est point criminelle en elle-même; il est des objets odieux: mais ne haïssez que ceux-là, & que votre haine ne s'étende pas jusqu'à la vengeance. Réglez de même l'indignation, le mépris & le dédain.

Craignez les véritables maux; vous ne pouvez gueres les éviter sans les craindre: mais s'ils sont inévitables, sçachez les soutenir avec courage. La *crainte* modérée est prudence; la *crainte* excessive est lâcheté.

La *Colere* est une émotion de l'ame qui la rend capable d'efforts violens, quelquefois nécessaires, qu'elle n'eût point faits sans être tirée de son assiette. Elle est utile à un bon pere, à un maître patient, à un supérieur indulgent, qui sans son secours pardonneroient bien des fautes qu'il est à propos de punir. Elle est inutile à un Ministre d'Etat, à un Intendant de Province, à un Inquisiteur; ces gens-là sçavent faire du mal de sang froid. Lorsqu'on s'y livre sans sujet, c'est boutade; lorsqu'on la pousse trop loin, c'est fureur.

Les besoins de la vie ont donné naissance aux arts; mais la *Curiosité* seule a produit le progrès des sciences; aimable passion, la premiere après l'amour, qui ait poli, civilisé les hommes, & amorti leur férocité. Victimes infortunées de cette fumée qu'on appelle gloire, tristes ombres descendues aux enfers, de Fontenoy, de Rocoux, de Lawfelt & d'Exiles; votre sang précieux, versé avec tant de profusion, couleroit encore dans vos veines, si l'Univers n'étoit peuplé que de Sçavans, s'il n'y regnoit d'autre passion que l'utile curiosité. Cependant cette source si féconde en bons effets ; portée sur des objets que la prudence lui interdit, devient indiscrétion ; poussée au-delà des forces de l'esprit humain, elle engendre chez les Philosophes des systêmes monstrueux, & chez les Piétistes des Religions extravagantes.

Ce n'est point par nature que les passions sont mauvaises, mais par l'abus qu'on en fait. Cependant ne chicanons point sur les termes : si par passions on veut entendre les affections vicieuses & immodérées, je passe condamnation contr'elles ; qu'on travaille à les mortifier & à les éteindre, j'y consens, on ne sçauroit mieux faire. Mais si on les prend dans leur principe, ou elles ne sont que les saillies innocentes d'un instinct né avec nous ; c'est l'ouvrage de Dieu, qu'il faut respecter ; c'est un attentat contre sa Providence que de songer à les détruire : il ne faut qu'en regler l'usage.

» Mais le peut-on faire toujours ? La rai» son, étourdie elle-même par le tumulte » des passions, n'est-elle pas quelquefois » incapable de leur tenir la bride ? Et alors » ne faudra-t-il pas avouer que l'ame est » dans un état d'imperfection, qu'on peut » sans injustice imputer à Dieu, qui cer» tainement auroit pû lui donner plus d'em» pire sur ses passions ? »

Oui, sans doute : je ne conteste ni l'un

ni l'autre. Il n'arrive que trop souvent que la raison nous manque au besoin; & que, faute d'être guidées par son flambeau, nos passions nous deviennent préjudiciables. Mais que peut-on inférer de là qui nous exempte de la reconnoissance que nous devons à Dieu? Elles ne nous sont préjudiciables qu'autant que nous le voulons; & l'empire qu'elles prennent sur nous, c'est notre raison qui le leur a laissé prendre. Mais sans chercher ce qui fait que nos passions, louables dans leur principe, dégénerent en imperfections; voyons si ces imperfections elles-mêmes sont si fort incompatibles qu'on le veut faire croire, avec la bonté d'un Dieu qui nous aime.

En parlant plus haut des besoins du corps, nous avons observé qu'ils sont la source de tous ses plaisirs. N'en seroit-il pas de même des passions par rapport à l'ame? Oui, sans doute, pour l'homme de bien, qui travaille à déraciner ses vices. Un Géometre s'applaudit lorsqu'il a pû résoudre un problême abstrait & profond; mais quelle plus douce satisfaction pour le cœur du sage, lorsqu'après de généreux combats, victorieux d'une passion opiniâtre, il peut se dire à lui-même: Je suis enfin devenu meilleur, je suis plus agréable aux yeux de mon Dieu, je lui ressemble davantage!

» Mais si l'homme étoit exempt de ces » combats, n'auroit-il pas au Ciel une obli- » gation de plus ? »

Je n'en sçai rien, & ne dois pas m'en inquiéter ; mais, en tout cas, il auroit un mérite de moins. Eh ! chercherons-nous toujours des prétextes pour nous dispenser de reconnoissance ? Un Horloger est-il répréhensible, parce que pouvant faire une pendule à secondes, il n'en a fait qu'une à minutes ? Dieu pouvoit sans doute nous créer plus parfaits que nous ne sommes, & nous égaler à ces intelligences célestes, dont on nous peint son trône environné ; mais en nous créant, il n'a prétendu créer que des hommes. S'il eût fait de vous des anges, cœurs ingrats & dénaturés, qui ne le payez de ses bienfaits que par des murmures, semblables aux démons qu'il a, dit-on, précipités dans l'abysme, vous vous plaindriez de n'être pas des Dieux.

Cessez enfin d'insulter à votre bienfaiteur ; montrez-vous sensibles aux témoignages perpétuels qu'il vous donne de sa bienveillance ; & si vous refusez de l'aimer en considération de ses souveraines perfections, aimez-le au moins parce qu'il est bienfaisant.

§. V.

DIEU CONSIDERÉ COMME NOTRE AMI.

Cette qualité ne nous dispense pas du respect & de l'hommage que nous lui devons.

Tout ce que fait un ami pour la personne sur qui s'est fixée son affection, c'est de l'aimer, de lui vouloir du bien & de lui en faire. Je crois avoir assez solidement démontré dans le cours de ce Chapitre & dans le précédent, & l'amour que Dieu nous porte, & les bienfaits que nous en recevons. Je ne m'étendrai donc point à prouver ici qu'il est notre ami. Cette proposition doit passer à présent pour avérée. Mais que cette qualité si tendre & si flatteuse pour nous, ne diminue rien du respect infini que doit nous inspirer sa grandeur suprême. Moins dédaigneux que les Monarques de la terre, ami de ses sujets, il veut que ses sujets soient les siens : mais il ne leur permet pas d'oublier pour cela qu'il est leur souverain maître ; & c'est à ce titre qu'il exige leurs hommages.

CHAPITRE III.

DE L'HOMMAGE QU'ON DOIT A DIEU.

Sur quoi est fondée la nécessité de cet hommage. Combien celui qu'on doit à Dieu est supérieur à celui qu'on doit aux Grands de la Terre.

CE n'est pas précisément parce que Dieu est grand que nous lui devons des *hommages*, c'est parce que nous sommes ses vassaux, & qu'il est notre Souverain. Le Sultan de Constantinople est un des plus puissans Monarques; mais n'étant pas ses sujets, nous ne lui devons point d'hommages. Dieu seul possede sur le monde entier un domaine universel, dont celui des Rois de la Terre n'est tout au plus que l'ombre. Ceux-ci tiennent leur pouvoir, au moins dans l'origine, de la volonté des peuples: Dieu ne tient sa puissance que de lui-même. Il a dit: que le monde soit fait; & le monde a été fait. Voilà le titre primordial de sa Royauté. Les Rois publient des édits pour la police de leurs Etats; leurs Officiers, le glaive en main, en procurent l'exécution; Dieu veut, & l'Univers prend la forme qu'il lui plaît. Nos Rois sont maîtres des corps; mais Dieu commande aux cœurs. Ils ſont agir; mais il fait vouloir. Autant ſon empire ſur nous eſt ſupérieur à celui de nos Souverains; autant lui devons-nous rendre de plus profonds hommages.

Ces hommages dûs à Dieu ſont ce qu'on appelle autrement Culte ou Religion. On diſtingue pour l'ordinaire deux ſortes de Culte, l'un intérieur & l'autre extérieur. L'intérieur eſt d'obligation, l'extérieur eſt de bienſéance; celui-là eſt invariable, celui-ci dépend des mœurs & des tems.

ARTICLE I.

DU CULTE INTÉRIEUR.

Quelle eſt la ſorte de Culte qui honore Dieu. Quel étoit celui que pratiquoient les premiers hommes. Quelle fut l'époque de ſa décadence.

Le Culte intérieur réſide dans l'ame, & c'eſt le ſeul qui honore Dieu. Il eſt fondé ſur l'admiration qu'excite en nous l'idée de ſa grandeur infinie, ſur le reſſentiment de ſes bienfaits, & l'aveu de ſa ſouveraineté. Le cœur pénétré de ces ſentimens, les lui exprime par des extaſes d'admiration, des ſaillies d'amour, & des proteſtations de reconnoiſſance & de ſoumiſſion. Voilà le langage du cœur, voilà ſes hymnes, ſes prieres & ses sacrifices ; voilà le culte dont il est capable, & le seul digne de sa divine Majesté. C'est aussi celui que vouloit rétablir dans le monde, le Destructeur des cérémonies Judaïques, comme il paroît par cette belle réponse qu'il fit à une femme Samaritaine, lorsqu'elle lui demanda si c'étoit sur la montagne de Sion ou sur celle de Sémeron qu'il falloit adorer. » Le tems » vient, *lui dit-il*, que les vrais adorateurs » adoreront en esprit & en vérité. » C'est ainsi qu'avoient adoré les premiers peres du genre humain, & ces hommes renommés dans les archives du peuple Juif, qu'on appelle Patriarches. Ils n'avoient ni temples ni oratoires, point d'heures fixées pour la priere, point de formules d'oraisons dressées, point de rites ni de cérémonies, point de prosternemens ni de génuflexions. Le cœur peut adorer en tout tems & en tous lieux, en toutes postures & en toutes situations. Toute la face de la terre étoit leur temple, la voute céleste en étoit le lambris. Quelque merveille opérée par le Tout-puissant frappoit leur vûe : c'étoit-là pour eux le moment d'admirer sa grandeur. Un bienfait, un secours, une consolation que la Providence leur envoyoit, leur marquoit l'instant de se répandre en actions de graces. Lorsque le soin de leurs affaires & les besoins du corps satisfaits, leur laissoient goûter les charmes de la solitude ; ils étoient avec Dieu ; ils s'entretenoient confidemment avec lui, le louoient, le bénissoient, lui protestoient leur attachement & leur fidélité, & ne l'ayant point enfermé dans des murailles, ils le voyoient par-tout. Debout, assis, couchés, la tête découverte ou voilée, ils étoient sûrs d'être entendus, & il les entendoit en effet.

Ce culte saint & dégagé des sens, ne subsista pas long-tems dans toute sa pureté ; on y joignit des pratiques extérieures & des cérémonies, & ce fut-là l'époque de sa décadence.

ARTICLE II.

DU CULTE EXTÉRIEUR.

Etablissement de ce Culte : son origine étoit pure & innocente : comment il dégénéra en superstition. Diversité des cultes : inconvéniens de cette diversité. 1. Si le culte extérieur est utile, & par quelle raison il peut l'être. 2. S'il est quelque sorte de culte extérieur qui soit préférable à tout autre, s'il peut y en avoir plusieurs que Dieu agrée, & s'il y en a qu'il réprouve. Si un homme qu'on supposeroit seul sur la terre, seroit obligé à un culte extérieur. Déférence qu'on doit au culte établi dans le pays qu'on habite.

Dans les premiers siécles du monde, les

hommes justement convaincus que tout ce qu'ils possédoient appartenoit à Dieu, comme étant le Créateur & le Maître de l'Univers, lui en consacrerent une partie, pour lui faire hommage du tout : de là les sacrifices, les libations & les offrandes.

D'abord ces actes de religion se faisoient en pleine campagne, par la raison qu'il n'y avoit encore ni villes ni maisons. Dans la suite l'inconstance de l'air & l'intempérie des saisons obligerent à les faire dans des cavernes, dans des antres ou dans des huttes construites exprès : de là l'origine des temples.

Chacun dans les commencemens faisoit lui-même à Dieu, son sacrifice & son oblation. Dans la suite on choisit des hommes qu'on destina singulierement à cette fonction : de là l'origine des Prêtres. Or les Prêtres une fois institués, la Religion, ou pour mieux dire, l'appareil du culte extérieur, grossit de jour en jour à vûe d'œil : ils crurent le perfectionner en l'ornant; & le rendre plus agréable à Dieu, en le surchargeant de cérémonies. Ils imaginerent donc des jeux, des danses & des processions, des impuretés légales & des expiations superflues. La Religion dégénera chez toutes les nations en de vains spectacles; ce qui n'en étoit que l'ombre & l'écorce, en parut l'essentiel aux yeux des hommes grossiers; il n'y eut plus qu'un petit nombre de sages qui en conservassent l'esprit.

L'origine du culte extérieur paroît pure & innocente; on se plaît à communiquer ses sentimens; & plus on les croit justes, plus on aime à les inspirer aux autres. Ce fut sans doute par ce motif que les premiers hommes firent en public quelques actes extérieurs de Religion. Ils comptoient par des cérémonies significatives, faire naître dans les cœurs les sentimens qu'elles exprimoient. Il en arriva tout autrement, on prit les symboles pour la chose même; on ne fit plus consister la Religion que dans les sacrifices, les offrandes & les encensemens; & ce qui avoit été imaginé pour exciter ou affermir la piété, servit à l'affoiblir & à l'éteindre.

Comme les lumieres de la raison ne dictoient rien de précis sur la maniere d'honorer Dieu extérieurement, on ne fut pas long-tems d'accord sur cette matiere. C'est à la seule Religion naturelle qu'il appartient d'être uniforme & invariable: toute autre est infailliblement sujette à des partages, des divisions & des vicissitudes. Chaque peuple se fit un culte à sa guise. De ce partage naquit un autre désordre également contraire à la sainteté de la loi primitive & au bonheur de la société: les différentes Sectes que forma la diversité du culte, conçurent les unes pour les autres du mépris & de l'animosité; celles sur-tout qui se piquerent du plus scrupuleux rigorisme, eurent grand soin d'établir, que quiconque rendoit à Dieu des honneurs qu'elles proscrivoient, ou ne lui rendoit pas ceux qu'elles avoient mis en vogue, étoit l'objet de son courroux, & le seroit un jour de ses vengeances. De là ces haines irréconciliables, qui firent tant de fois couler le sang des Sectaires, sans jamais assouvir leur barbare acharnement. On a beau faire des efforts généreux pour la paix; quoi qu'ordonne la Religion Chrétienne elle-même, la plus pacifique de toutes dans la théorie, on ne se fait point à aimer des damnés: cette méthode fanatique de dévouer des hommes vivans à l'enfer, n'est propre qu'à les faire massacrer.

Mais ne jugeons point des choses par le mauvais usage qu'on en peut faire, (car de quoi n'abuse-t-on pas?) Sans avoir égard aux inconvéniens dont la pratique d'un culte extérieur peut être suivie, examinons 1°. Si un culte de cette espece est de quelque utilité. 2°. En supposant qu'il soit utile, si le choix de tel ou tel culte en particulier, est ou n'est pas indifférent.

1. Si la piété est une vertu, il est utile qu'elle regne dans tous les cœurs. Qu'on me passe la premiere de ces deux propo-

sitions comme indubitable ; l'autre en est une suite nécessaire. Or il n'est rien qui contribue plus efficacement au regne de la vertu, que l'exemple ; les leçons y feroient beaucoup moins : c'est donc un bien pour chacun de nous d'avoir sous les yeux des modéles attrayans de piété. Or ces modéles ne peuvent être tracés que par des actes extérieurs de Religion. Inutilement par rapport à moi, un de mes concitoyens est-il pénétré d'amour, de respect & de soumission pour Dieu, s'il ne le fait pas connoître par quelques démonstrations sensibles qui m'en avertissent. Mais aussi je le quitte de toutes pratiques reglées & périodiques : elles me seroient équivoques ; il pourroit s'y asservir par contrainte ou par politique. Qu'il me donne de quelque maniere que ce soit, des marques non suspectes de son goût pour la vérité, de sa résignation aux ordres de la Providence, d'un amour affectueux pour son Dieu, qu'il l'adore, le loue & le glorifie en public : il a fait alors des actes solemnels de Religion, il a satisfait au culte extérieur ; son exemple a opéré sur moi, je me sens piqué d'une sainte émulation, que les plus beaux morceaux de morale n'auroient pas été capables de produire.

2. Parmi ces signes destinés à répandre l'esprit de piété dans les cœurs, en est-il

quelques-uns que Dieu affectionne singulierement ? S'il en est, que le Théologien se présente, qu'il parle & me convainque. Pour moi, en attendant sa décision, je me renferme dans la sphere de la saine raison; & voici la solution qu'elle me suggere à cette question.

Le culte intérieur est unique : il fut d'obligation dans tous les tems, il l'est dans tous les lieux, & par une conséquence nécessaire, il est connu de tous les hommes. Point de choix par conséquent à faire par rapport au culte intérieur. Il n'est point deux manieres d'aimer Dieu, d'être sensible à ses bienfaits, soumis à son autorité, pénétré de respect à la vûe de sa grandeur; mais il est une infinité de signes arbitraires par lesquels on peut marquer ces sentimens. Tous ceux qui sont institués à cette fin, sont innocens : s'il est un choix à faire, c'est de préférer les plus clairs & les plus intelligibles; encore ce choix n'est-il pas d'une nécessité indispensable, attendu que la seule convention suffit pour donner de l'énergie à des signes, & les rendre expressifs. Un serpent tourné en cercle, la queue rentrant dans la tête, étoit chez les Egyptiens un symbole clair de l'éternité, parce qu'ils étoient convenus de la désigner par cette figure. Le cercle ailleurs représentoit la Divinité : chez les Hébreux elle étoit figurée par

par un triangle. Les Chananéens se purifioient par les flammes; les Juifs par des ablutions. Qu'importe, en effet, qu'on peigne Dieu rond ou triangulaire; pourvû qu'on entende exprimer, soit par le cercle ou par le triangle, qu'il est le plus parfait de tous les Etres? Qu'importe qu'on exprime la pureté par l'eau ou par le feu, si l'on est persuadé également, que sans la sainteté des mœurs on ne peut jamais plaire à Dieu? Qu'importe qu'on immole à l'Etre suprême un bœuf ou un éléphant, une brebis ou un bouc, un merle ou un cygne? Qu'importe même qu'on lui sacrifie des animaux, ou qu'on ne lui offre que des légumes, pourvû qu'on reconnoisse ne rien tenir que de sa main? Qu'importe enfin qu'on le prie la face tournée vers le ciel, ou les yeux baissés vers la terre, debout ou prosterné, assis ou à genoux, pourvû que le cœur soit devant lui dans un parfait anéantissement?

La nécessité de rendre à Dieu un culte extérieur, ne prouve rien en faveur de tel & tel culte particulier. Peut-être Dieu n'est-il pas plus mécontent de la diversité des hommages qu'on lui rend dans les différentes Religions, qu'il ne l'est de ce que dans l'Eglise Romaine quelques Religieux récitent les matines à minuit, & d'autres le matin; de ce que quelques-uns les chantent, & d'autres les pfalmodient.

Mais s'il eſt quelque culte qui ſuppoſe des dogmes contraires à ceux de la Religion naturelle, c'eſt celui-là que Dieu réprouve. Il déteſtoit ſans doute les abominables expiations de ces aveugles Idolatres qui lui égorgeoient des victimes humaines, pour appaiſer ſa colere, & comptoient effacer leurs propres crimes par l'effuſion du ſang innocent. Ne point rendre à Dieu le culte public qu'on lui doit, c'eſt ſans doute une omiſſion d'un très-dangereux exemple : mais abuſer de ce culte même pour s'autoriſer dans ſes déſordres, c'eſt un excès dont on ne peut peindre l'horreur.

C'eſt par ſucceſſion de tems que la multiplicité des cultes s'eſt formée : l'uſage & l'éducation l'ont perpétuée. Qu'on me donne des hommes ſortant des mains de la nature, exempts par conſéquent des impreſſions de l'exemple & des leçons : qu'on les aſſemble de tous les coins de la Terre pour conférer en commun ſur l'hommage qu'on doit à Dieu : cette unité de Religion ſi deſirable renaîtra bientôt. Leur jugement n'étant point encore dépravé par l'aveugle prévention, mais éclairé par les pures lumieres de la raiſon ; ou ils rejetteront tous les cultes établis ; ou s'il en eſt un qui métite d'être affermi sur les ruines des autres, ce sera celui-là qu'ils choisiront unanimement. S'il est une sorte d'hommage que Dieu exige des hommes par préférence à tout autre, il faut bien qu'il ait pris soin de les en informer tous : ou croira-t-on qu'il attende après nos Prêtres & nos Docteurs, pour nous donner des idées justes en matiere de Religion ?

Un homme qui vivroit seul sur la Terre, seroit dispensé du culte extérieur : ce n'est point par rapport à Dieu qu'il a été institué ; il l'a été pour unir tous les membres de la société par la profession ouverte d'une seule & même Religion. Cette unité a été malheureusement rompue par la multitude des cultes différens. Dans cet état le devoir du sage est de s'attacher au culte intérieur qui n'est pas susceptible de diversité. Et quant au culte extérieur dans lequel il est né, s'il est compatible avec les principes de la Religion naturelle, il doit se faire une loi de n'y jamais donner atteinte, ni en le troublant, ni en l'abjurant. Je pardonne à un Turc d'être Musulman : mais je ne pardonne pas à un Chrétien de le devenir. Il y a pis que du fanatisme à alarmer les consciences pour des matieres qu'on ne juge pas intéresser la gloire de Dieu.

Ce n'est pas assez que de satisfaire à ce

qu'on doit à l'Etre ſuprême par la pratique du culte intérieur : on a auſſi des devoirs à remplir à l'égard de ſes ſemblables, dont nous parlerons dans la derniere partie de cet Ouvrage ; or la déférence pour le culte établi eſt un de ces devoirs. Mais avant de paſſer à ce que nous devons aux autres, il eſt dans l'ordre de commencer par ce que nous nous devons à nous-mêmes.

SECONDE PARTIE.

DE LA SAGESSE.

Devoirs de l'homme par rapport à lui-même, fondés sur l'amour. L'amour-propre bien entendu, loin d'être un vice, est un devoir : il a deux objets, le corps & l'ame. Apologie de l'amour-propre, les inconvéniens qu'on lui reproche, ne le doivent pas faire rejetter. Le corps doit être subordonné à l'ame ; l'ame le doit être à Dieu. En quoi consiste la sagesse. Moyens d'être heureux. Division de cette seconde Partie.

CONSIDERONS à présent l'homme en lui-même, & comme un Etre isolé ; laissons à l'écart pour quelques instans tout ce qui est hors de lui ; & examinons sous ce point de vûe, quelles sont ses obligations par rapport à lui-même.

Jusqu'ici nous l'avons considéré comme subordonné à son Créateur ; & nous avons fait dépendre sa soumission aux ordres de Dieu de l'amour empressé qu'il lui doit,

Il s'agit ici de ce qu'il se doit personnellement : & nous fonderons aussi son exactitude à remplir cette seconde classe de devoirs, sur l'amour que le droit naturel exige qu'il ait pour lui-même.

L'orsqu'un dévot se met à moraliser, ce qui lui arrive souvent ; s'il a pris pour texte l'amour-propre, sa harangue n'est pas prête de finir. Sous ombre que la Religion défend aux hommes (ce que la raison leur a interdit aussi) d'être vains & présomptueux, sensuels & efféminés ; si l'on en croit ce rigoriste impitoyable, l'homme sage & réglé, doit se cacher à lui-même, qu'il est homme de bien, le Philosophe éclairé doit se mettre de niveau avec le peuple ignorant & stupide ; on se doit mépriser soi-même, se haïr d'une haine irréconciliable ; & en conséquence gêner ses inclinations, contraindre son penchant, & mortifier son goût, quelque innocens que soient ce goût, ce penchant & ces inclinations.

Depuis que ces zélés clabaudent, l'amour-propre est si décrié, qu'on auroit honte de prendre tout haut sa défense. Il est rare qu'on soit assez courageux pour se renger du côté de l'opprimé. Faisons cependant un effort de magnanimité pour réparer son honneur flétri peut-être trop légerement.

Mais expliquons-nous d'abord ſur la ſignification du terme. Si par amour-propre on entend la préſomption, l'orgueil ou la vanité : je l'abandonne à la rigueur de ceux qui le pourſuivent ; je ſuis ſon premier ennemi. Mais ſi l'on entend avec moi, par amour-propre, cette forte affection que la pure nature nous inſpire pour nous-mêmes, je le ſoutiens innocent, légitime, & même indiſpenſable.

Nous ſommes composés d'un corps & d'une ame. Le corps eſt ſujet à des accidens qui l'endommagent ou le détruiſent ; l'ame eſt ſuſceptible d'idées, qui l'affligent & la mortifient, de ſentimens qui la dégradent, qui la déshonorent & la ſouillent : pour la conſervation de nos corps, Dieu nous a fait préſent de l'inſtinct, qui veille à leur ſûreté, les garantit de ce qui leur eſt préjudiciable, & les avertit de leurs beſoins. Pour préſerver nos ames de ce qui peut leur ravir leur bonheur ou leur innocence ; il fait marcher devant elles le flambeau de la raiſon qui les mene à la vérité, qui leur indique les vrais biens, & les moyens de ſe les procurer.

Rien n'eſt donc plus conforme de notre part à l'inſtitution divine, que de veiller au bonheur, & de nos ames, & de nos corps. Or veiller à leur bonheur, c'eſt aſſurément les aimer.

La loi naturelle exige que nous traitions nos semblables comme nous voulons qu'on nous traite ; le Législateur n'entend pas sans doute par-là, que nous maltraitions nos semblables ; concluons-en qu'il n'entend pas non plus que nous nous traitions mal nous-mêmes. Cette loi nous prescrit aussi de les aimer autant que nous : elle veut donc préalablement, que nous nous aimions nous-mêmes.

Je ne disconviens point que l'amour-propre n'ait ses inconvéniens, qu'il ne nous aveugle sur nos imperfections, qu'il ne nous rende quelquefois trop indulgens pour nos défauts. Mais l'amour conjugal & l'amour paternel lui-même, ne sont pas exempts de foiblesses : faut-il pour cela les proscrire ?

Aimez-vous vous-même avec prudence & mesure ; rangez dans l'ordre qui leur convient, l'amour du corps & celui de l'ame, l'instinct & la raison : & ne craignez plus que l'un ou l'autre puisse vous rien suggérer, dont Dieu s'irrite & vous punisse. Que la raison commande : l'instinct est fait pour obéir. Que l'amour de l'ame ait le pas : l'ame est plus noble que le corps ; il n'est paitri que de limon, l'ame est un Etre céleste. Réprimez la révolte du corps, s'il gêne ou contrarie l'ame. Domptez l'ame elle-même, & la forcez de rentrer dans ſon devoir, s'il arrive qu'elle oublie ce qu'elle doit à l'Etre divin, d'où elle tire ſon origine. Le corps doit obéir à l'ame : l'ame doit obéir à Dieu. Le bonheur de ces deux ſubſtances dépend de cette ſubordination. C'eſt donc à la maintenir que conſiſte la ſageſſe : car la ſageſſe n'eſt autre choſe qu'un juſte choix des moyens propres à nous rendre heureux.

Mépriſer, quand on a un corps, les ſatisfactions des ſens, comme inutiles au bonheur, c'eſt affecter ſans fondement une fauſſe ſpiritualité. Ne rechercher que celles-là ; & ne compter pour rien les plaiſirs dégagés des ſens, c'eſt ramper dans la claſſe des brutes. La ſubordination une fois établie de l'ame à Dieu, & du corps à l'ame ; le grand moyen pour être heureux, c'eſt de conformer ſes mœurs à la loi divine, qui en eſt la regle unique (car Dieu ne nous a rien preſcrit, qui ne tendît directement à notre plus grande félicité) : or il faut pour y conformer nos mœurs,

1. Diſcerner prudemment ce qu'elle ordonne & ce qu'elle défend.

2. Etre aſſez courageux pour y obéir, quelques obſtacles qu'on ait à ſurmonter.

3. Préférer l'honnête à l'utile.

4. Mettre un frein à ſes deſirs.

Suivons donc l'ordre que notre ſujet

ſemble indiquer de lui-même; & traitons ſéparément, de la prudence, de la force, de la juſtice & de la tempérance.

CHAPITRE PREMIER.

DE LA PRUDENCE.

Sa définition. Elle regle nos penſées, nos ſentimens, nos paroles & nos actions. On ne parle point ici de celle qui regle les penſées, parce qu'elle ne tient point directement aux mœurs. Diviſion de ce Chapitre.

LA Prudence eſt l'art de choiſir. On eſt prudent lorſqu'entre pluſieurs objets on ſçait diſcerner celui qui mérite la préférence. Or, la prudence a deux emplois. Elle éclaire l'intelligence, & regle la volonté; elle nous décide ſur les maximes de ſpéculation, & ſur celles de pratique.

Elle tient l'eſprit en garde contre les préjugés & la précipitation. Guidé par cette ſage Minerve, il ne donne aux dogmes qu'on lui propoſe, qu'un degré d'adhéſion proportionné à leur degré de certitude. Il croit fermement ceux qui ſont évidens; il range ceux qui ne le ſont pas, parmi les probabilités; il en eſt ſur leſquels il tient ſa croyance en équilibre : mais ſi le merveilleux s'y joint, il en devient moins crédule ; il commence à douter, il ſe méfie des charmes de l'illuſion.

Les loix de la prudence ſont un peu moins rigides à l'égard des dogmes de pratique. Le cœur n'attend pas pour ſe réſoudre une évidence complette : mais il lui faut du moins des motifs probables, pour ſe déterminer raiſonnablement. Deſirer des objets, qui vraiſemblablement ſeroient contraires à ſon bonheur, ce ſeroit une imprudence préjudiciable : en deſirer qui fuſſent contraires aux bonnes mœurs, c'en ſeroit une criminelle : or, ce qui eſt criminel ne peut manquer auſſi d'être funeſte ; parce qu'il eſt un vengeur au Ciel, qui tôt ou tard ne laiſſera aucun crime impuni.

La prudence, qui ne roule que ſur les dogmes de ſimple ſpéculation, n'appartient point à mon ſujet : elle eſt du reſſort des Métaphyſiciens, je la leur céde. Celle qu'il me convient de traiter ici, c'eſt cette ſage circonſpection qui regle les ſentimens, les paroles & les actions : j'en ferai trois articles dinctincts.

ARTICLE I.

De la Circonspection.

Si la prudence doit & peut couper la racine du ſentiment. Sentimens ſpontanés, Sentimens occaſionnés par les ſens, ſentimens excités par les objets extérieurs; ſont les germes de l'orgueil, des appétits corporels, de l'avarice & de l'ambition.

Le ſentiment n'eſt pas plus libre que la penſée : il naît pour l'ordinaire ſans que la volonté y ait part. La prudence la plus circonſpecte ne peut en couper la racine. D'ailleurs, vainement s'y engageroit-elle; puiſque, n'étant point volontaire, il n'eſt jamais criminel. Mais quoiqu'innocent, il eſt toujours dangereux, s'il nous porte vers des objets proſcrits par la loi divine. Nous devons craindre que renaiſſant trop fréquemment, il ne prenne un trop grand empire ſur l'ame, qu'il ne l'occupe toute entiere; & que la ſéduiſant par de flateuſes eſpérances, ou l'étourdiſſant par des clameurs tumultueuſes, il ne la rende à la fin inattentive ou ſourde aux conſeils de la raiſon.

Or, les ſentimens du cœur ſur leſquels il importe de veiller, ou partent du fond de de l'ame, ſans que le corps y ait part, ou ſont excités par les ſens, ou cauſés par des objets tout à fait placés hors de nous. Je mets dans la premiere claſſe les ſentimens vains & préſomptueux, qui ſont des ſemences d'orgueil; dans la ſeconde, tous les appétits corporels, qui ſont des germes d'intempérance; dans la troiſieme, tous les deſirs dont les objets n'ont un prix à nos yeux, qu'à cauſe de nos préjugés; tels ſont ceux qu'excitent en nous les richeſſes ou les honneurs, & qui forment avec le tems, lorſqu'ils ſe ſont enracinés, l'avarice & l'ambition; car tous ces deſirs divers, à force d'être réïtérés, deviennent des habitudes, & ce ſont ces habitudes qu'on appelle des paſſions.

Les paſſions elles-mêmes, quand elles tendroient à des fins illicites, ne ſeroient pas criminelles, ſans le conſentement de la volonté, puiſque les deſirs réïtérés qui les conſtituent, ne le ſont pas, quand le cœur qui les a formés, les déſavoue à l'inſtant. Mais il eſt à craindre qu'elles n'ébranlent l'ame par une action continue, qui l'affoibliſſant par degrés, l'amene enfin au point d'être entierement ſubjuguée, & de donner les mains à ſa défaite.

Empêchez donc, autant qu'il eſt en vous, en veillant ſur vos deſirs, la naiſſance ou le progrès des paſſions déſordonnées. Conduisez de l'œil celles-mêmes qui vous semblent innocentes, parce qu'elles cesseroient de l'être en devenant immodérées.

Il est des passions qu'on doit étouffer sans ménagement : il en est d'autres auxquelles il ne faut que tenir la bride un peu courte. Distinguons les passions qui péchent par leur objet, de celles qui ne sont vicieuses que par leur excès : & pour procéder avec ordre, commençons par celle qui prend sa source dans l'ame même : je veux dire l'orgueil ou la vanité.

§. I.

De l'Orgueil.

Sa source. Estimation juste de soi-même très-difficile, mais non pas impossible ; par quelle voie on y peut parvenir. Ne se pas considérer uniquement du côté par où l'on brille. Ne pas juger du mérite d'un homme par le bruit qu'il fait dans le monde.

L'Orgueil naît en nous de l'idée trop avantageuse que nous nous sommes formée de notre prétendu mérite. Il ne faut donc, pour remédier à l'orgueil, que s'apprécier soi-même avec justesse & précision. Mais qu'il est difficile de se peser exactement, quand on tient soi-même la balance !

Quelqu'un dont le revenu monte à quatre cens pistoles, est plus riche d'un quart, que celui qui par an ne jouit que de mille écus. Ce calcul est facile & sûr. Rousseau même auroit pû dire : je fais mieux des vers que la Motte. Quoique la comparaison ne soit pas si aisée à faire, elle étoit du moins possible. On a même vû un Poëte s'avouer vaincu par un autre, & l'en complimenter. Ce fut *Rotrôu* qui donna ce merveilleux exemple de modestie, si peu imité depuis, lorsqu'il vit ses lauriers flétris par les succès du grand Corneille. Lisez : son aveu n'est point équivoque :

» Pour te rendre justice autant que pour te plaire ;
» Je veux parler, Corneille, & je ne puis me taire.
» Juge de ton mérite, à qui rien n'est égal,
» Par la confession de ton propre Rival, &c.

Or le témoignage d'un Poëte capable de s'avouer inférieur à un autre, n'eût pas dû être suspect, si se mesurant avec quelqu'un de moindre force, il se fût jugé lui-même son supérieur ou son égal.

Cet exemple unique suffit, pour prouver qu'il est possible, quoiqu'infiniment rare, de s'estimer soi-même avec justesse : mais il faut pour cela, outre beaucoup de bonne foi, que l'estimation ne se fasse que par comparaison ; & Rotrou, tout modeste qu'il étoit, ne se seroit point imaginé être un Poëte médiocre, s'il eût vécu dix ans avant Corneille. Saisissons donc cette méthode pour rabattre de notre orgueil.

Vous croyez, vain & présomptueux *Reauverse*, être un grand Orateur, un beau diseur, un foudre d'éloquence : essayez quelque parallele ; il est quelqu'un sans doute, qu'on pourroit vous opposer. Eh ! vous ne l'avez que trop senti, lorsque sous le spécieux prétexte de servir votre client, vous poursuivîtes avec acharnement, un redoutable contendant, dont le nom seul alloit éclipser le vôtre. Mais, qu'il soit vrai pour un instant, que l'avantage vous fût resté : déja peut-être vingt autres rivaux vous attendent, dont le moindre vous terrassera. Si la crainte d'un pareil avenir ne peut déconcerter votre morgue ; cherchons dans le passé, car je voudrois vous en guérir. Remontez de quelques années ; placez-vous dans ce tems, où la carriere que vous courez étoit si belle & si brillante. Ce n'étoit point alors pour vos pareils que les palmes croissoient. Mais je veux vous mettre à votre aise : Démosthéne & Ciceron, Patru, le Maître & le Normant, ne seront rien auprès de vous ; c'étoit à vous que le Ciel réservoit le talent de la parole. Mais vous écrivez mal : convenez-en, & rendez-vous plus traitable.

Si après s'être cherché des rivaux dans le genre particulier où l'on prétend exceller, on est sorti du défi, couvert de nouveaux lauriers, on a encore quelques moïens de reste pour combattre sa vanité.

Inutilement, peut-être, représenterois-je aux orgueilleux, qu'ayant reçu du Ciel les talens par où ils brillent, c'est à tort qu'ils s'en glorifient. Je les entends me répondre, que puisque Dieu couronne nos mérites, il faut qu'ils soient à nous; & que par la même raison, nos talens nous appartiennent aussi, du moins pour les avoir cultivés. A la bonne heure : n'insistons point sur ce moyen : il en est d'autres encore qu'on peut employer avec succès contre l'orgueil & la présomption.

Zeuxis est un Prince excellent : qu'on le compare avec tous ses rivaux, la comparaison faite, on lui adjugera le prix. Voilà un point examiné : il en reste encore mille qu'il faut peser & combiner les uns avec les autres, pour fixer Zeuxis en total à sa juste valeur. Voyons l'esprit, il est épais, & n'est point cultivé; le caractere, il est féroce; l'humeur, elle est quinteuse; son cœur, il est lâche & perfide; sa conduite, elle est déréglée.

Pour contrepoids à Zeuxis, dont le mérite est de bien faire un tableau, mettez dans la balance le sage *Podalire*, bon pere, bon citoyen, ami tendre & officieux; beau génie, mais humble & modeste, Auteur sensé, mais anonyme; amateur des beaux arts, & connoisseur dans tous les genres. Le mérite de peindre est-il tout seul d'un assez grand prix, pour que le Peintre Zeuxis l'emporte sur Podalire?

C'est une injustice énorme, que de choisir, pour autoriser son orgueil, le seul endroit par où l'on vaut quelque chose, tandis que frauduleusement on soustrait du parallele vingt endroits défectueux par où l'on est inférieur à ceux à qui l'on se compare, & cent vices qu'ils n'ont pas.

J'ai pour tout bien trois cens écus sur la Ville, qu'on me paye à l'échéance; *Lycas* n'y a que vingt-cinq livres : mais il a cent arpens de bois, cinq cens de terres labourables; un moulin banal, un péage; un intérêt dans des mines; des redevances en grain, en huile, en vin, en volaille. Suis-je plus riche que Lycas?

On a une méthode d'arbitrer le mérite des hommes, très-chimérique & très-fausse; c'est de les estimer par le bruit qu'ils font dans le monde. On met la trompette au-dessus du flageolet.

Callimaque, par exemple, est le Poëte à la mode; il tourne bien un vers, & philosophe assez passablement : mais la nature, comme épuisée par la production de son esprit, n'a mis dans son cœur ni droiture ni probité.

Jenade, au contraire, sans aller cueillir des lauriers sur le Pinde, ne laisse pas de s'avancer vers l'immortalité : mais il y va plus lentement, & marche par une autre voie. Au lieu de composer des vers, espece de production que les affiches & l'impression rendent en peu de tems publique ; il fait des cures. Il laisse Callimaque courir après Euripide & Pindare : pour lui son modele est Hippocrate. Au lieu d'amuser le loisir des Lecteurs, il rend la santé aux malades : il a choisi par goût une profession où il pût être utile à ses concitoyens ; & ses succès répondent abondamment à son inclination bienfaisante.

Callimaque lui-même, qui fréquente la Cour, ou du moins quelques courtisans, ne soupçonne peut-être pas qu'on puisse raisonnablement lui comparer Jenade : & moi, je n'imagine point qu'on puisse sans injustice, ne le lui pas préférer.

L'Astronome *Uraniscope*, en voyant un moderne Archimede blanchir sur un problême abstrait, le regarde en pitié, & se dit avec complaisance : hélas ! ce pauvre rêveur, peut-être, ignore en ce moment à quelle hauteur est l'*œil du Taureau*.

Cet Alchymiste enfumé, qui prenant pour la sagesse, l'amour de l'or & de l'argent, s'adjuge exclusivement, la qualité de Philosophe; en orgueilli du titre dont il s'est décoré lui-même, regarde du haut en bas, tout homme dont le cabinet n'est pas meublé de creusets.

Descendrai-je jusqu'à parler de ces ames de boue, qui n'ayant d'autre ressource pour flater leur vanité, que leur faste & leur opulence, ne laissent pas d'en tirer avantage? Je ne pardonnerois pas même à quelqu'un, qui humble dans l'aisance, croiroit par ce sentiment, mériter qu'on l'estimât. C'est faire encore trop de cas des richesses, que de s'imputer à mérite, de ce qu'on ne s'en prévaut pas. Est-ce donc être sage que n'être pas extravagant?

§. II.

Des Appétits corporels.

Nous les tenons de la Nature, il les faut satisfaire, loin de les combattre, mais seulement leur donner des bornes. Les plaisirs modérés ne sont point interdits à l'homme; bien plus, ils lui sont nécessaires. Les sensualités mêmes ne sont point incompatibles avec la plus habile vertu.

Pat appétits corporels, j'entends les desirs qu'excitent en nous les besoins du corps ; tels que l'envie de manger, de boire, ou de prendre du repos ; quand le corps est pressé par la faim, la soif ou la lassitude. J'ai déja dit plus haut que ces desirs sont innocens ; que ce sont des avertissemens que nous donne la nature pour la conservation de nos corps : j'ajoute ici, par une conséquence nécessaire ; que loin de les combattre, il est juste de les satisfaire. Il y a de la vertu à s'abstenir de ce que la droite raison nous défend : mais je n'en vois point à s'abstenir d'une chose licite. Mais aussi ne faut-il précisément que les satisfaire. Tout ce qu'on donne au corps au-delà de son besoin, est un excès qui le détruit : les plaisirs même les plus doux, s'ils sont outrés, cessent d'être plaisirs, & dégénerent en supplices, dont la douleur est d'autant plus importune, qu'il s'y joint le remors de se l'être procurée.

N'exigez point de moi un tarif déterminé, qui fixe la quantité de nourriture ou de repos qu'on peut accorder au corps : elle doit être réglée sur le besoin même qui l'exige. Rester dans l'inaction, quand la fatigue est passée, c'est paresse ; se gorger d'alimens lorsque la faim est appaisée, c'est gourmandise.

Quant au choix de la boisson ou des viandes, la premiere attention qu'on y doit apporter, c'est de s'interdire celles qui ſont nuiſibles à la ſanté. Les chairs, prétendues impures, que Moïſe proſcrivit, étoient toutes en effet de mauvaiſe digeſtion. Mais par rapport à celles qui ſont ſaines, on peut conſulter ſon goût; & rien ne défend au Palais d'en déterminer le choix.

J'en dis autant de tous les appétits du corps. Evitez l'excès; il eſt funeſte & criminel: mais en vous renfermant dans les bornes du beſoin, l'honneur ne vous preſcrit pas de renoncer au plaiſir. Le plaiſir même eſt une ſorte de néceſſité: c'eſt une eſpece de repos & d'intermede, pendant lequel l'homme reſpire, & reprend des forces pour ſe remettre à ſouffrir. Les ſenſualités ne ſont dangereuſes & n'amolliſſent que quand par l'habitude, elles ont dégéneré en beſoins. Elles ne peuvent pas corrompre celui qui ſçait s'en priver ſans chagrin. Les Héros, (j'entends les Héros en fait de mœurs, car je n'accorde pas ce titre aux deſtructeurs du genre humain,) les Héros ne ſont point des Anachoretes qui aient abjuré le plaiſir, mais des hommes qui ſçavent s'en ſévrer auſſi-tôt que leur honneur ou le bien de la Patrie l'exige.

§. III.

DE L'AVARICE ET DE L'AMBITION.

1. Amour des Richesses, criminel seulement par son excès : n'est pas toujours Avarice. Portrait d'un Avare. 2. Ambition de deux sortes ; premiere sorte, description de ses effets : seconde sorte ; comparaison de celle-ci avec la premiere.

1. Ainsi que la plûpart des passions, l'amour désordonné des richesses, n'est un vice que par son excès : corrigé par une sage modération, il redeviendroit une affection innocente. L'or ou l'argent étant en conséquence d'une convention générale, la clef du commerce & l'instrument de nos besoins, il n'est pas plus criminel d'en desirer, que de souhaiter les choses mêmes qu'on acquiert avec ces métaux. Mais comme trop d'alimens chargeroit l'estomach d'un superflu de nourriture nuisible à leur digestion, l'abondance des richesses cause aussi une espece de réplétion plus dangereuse par ses suites, parce que, pour l'ordinaire, elle déprave les mœurs.

Tout amour immodéré des richesses est vicieux, mais n'est pas toujours *Avarice*. Un avare, à proprement parler, est celui qui pervertissant l'usage de l'argent, fait pour nous procurer les nécessités de la vie, aime mieux se les refuser, que d'altérer ou ne pas grossir un trésor qu'il laisse inutile.

En cherchez-vous un modéle : vous l'avez dans *Chrysolatre.* Parcourez toute sa personne ; il est de la tête aux pieds tout couvert de haillons dégoûtans, mal-adroitement rapetassés, mais rapetassés par ses mains. Entrez dans son appartement : tout y répond au délabrement de sa personne ; son lit, ses fauteuils, sa tenture, sont, par leur vétustité, de curieux monumens des modes les plus surannées. Il a grand soin, ainsi que sur ses habits, d'y laisser une crasse épaisse, qui les pénétre & fait corps avec l'étoffe. La propreté n'est, dit-il, faite que pour des dissipateurs. Suivons-le des yeux : il va se mettre à table. C'est une regle chez lui qu'avant le *Benedicite*, les portes soient verrouillées. Après les filous, les parasites sont les hommes qu'il redoute le plus : quant aux emprunteurs, il ne les craint pas, depuis long-tems il a sçû s'en défaire. Sur deux ais vermolus & mal joints, posés sur un pied chancelant, paroît un bouilli rechauffé, noyé dans un potage clair ; un bout de pain noir & rassis ; une aiguiere ; & rien de plus.

Mais qui frappe à sa porte avant la fin de son repas ? C'est son neveu, son héritier, qui, par estime pour son bien, lui fait assiduement sa cour. » Eh ! mon neveu, lui

» crie-t-il

» crie-t-il du plus loin qu'il l'apperçoit, » n'eſt-il pas d'autre tems pour venir m'im- » portuner que celui où je dîne? J'aime à » manger ſeul; c'eſt mon humeur, & je » n'en changerai pas pour vous.... Mais » quoi? qu'examinez-vous donc? Venez- » vous me voler? Il m'en coûte à vous le » dire: mais enfin vos mains, vos regards » m'inquiétent. Tenez, mon neveu, croyez- » moi, épargnez-vous la peine de me viſi- » ter ſi ſouvent. Je ſuis sûr que vous me » croyez bien riche, car c'eſt-là la folie » des héritiers. Tenez-vous dit pour une » bonne fois que je ne le ſuis point. Je ſuis » ruiné, je n'ai plus rien, ce qui s'appelle » rien. »

Voyons avant de quitter Chryſolatre, ce qu'il s'en faut qu'il n'ait dit vrai.

Le jour baiſſe, l'heure approche qu'il va faire hommage à ſon Dieu, compter ſon or, le careſſer, & le remettre au fond du coffre-fort..... Il a fini ſon calcul. Que marmote-t-il à préſent? C'eſt juſtement le montant de ſa ſomme: » Cent-vingt-cinq » mille écus; deux livres & quatre ſols.... » On a bien de la peine, ajoûte-t-il, en » refermant le coffre, à ſe faire un petit pé- » cule honnête! »

Je ne dirai rien ici de ces prodigues forcenés à qui d'amples revenus ſont toujours inſuffiſans, gens que l'opulence appauvrit, qui plus ils s'enrichissent, plus ils tendent à leur ruine ; leurs desirs & leur dépense excédant toujours leur fortune, quelque immense qu'elle puisse être : j'aurai ailleurs occasion d'en parler.

2. Il est des cœurs insatiables d'autres biens que des richesses : ce sont les ambitieux. L'objet de leur passion est beaucoup plus fantastique ; mais en revanche, ils le croyent plus noble.

Il est deux sortes d'*ambition*. La premiere inspire à l'homme qu'elle possede, l'envie de parvenir à un rang élevé, lui fait envisager ce desir comme la passion des grands cœurs, & lui leve tous les scrupules qui pourroient traverser sa carriere. Tous moyens lui sont bons, s'ils le peuvent conduire au but. Qu'il n'ait de digues à surmonter que de la part de sa conscience ; ses succès sont assurés, il sçaura bien la faire taire. La cause de ses forfaits lui paroît si belle, qu'il est persuadé qu'elle leur doit servir d'excuse. Quiconque se laisse ébranler par l'horreur du crime & par les remors, ou n'étoit pas né ambitieux, ou ne l'étoit qu'à demi ; ce n'est point sur lui que pleuvront les graces & les dignités.

L'homme de bien peut être utile à l'Etat ; mais, quels que soient ses talens, il est rare que l'État prenne soin de sa fortune. Il a tout le zéle qu'il faut pour servir digne;

ment son Prince ; mais il n'a pas la souplesse qu'il faudroit pour ramper sous ses favoris ; & c'est-là néanmoins le talent essentiel, sans lequel on reste en chemin.

C'est cette sorte d'ambition qui forme des conquérans inhumains, qui les rend ennemis des Etats voisins, qui leur fait violer le droit des Nations, & la sainteté des traités ; qui les rend les fléaux des étrangers & les tyrans de leurs sujets.

C'est elle aussi qui forme de lâches Magistrats, vendus aux passions des Grands ; trop foibles pour leur donner des avis salutaires, assez injustes pour prononcer sans discernement des arrêts dictés par le despotisme, oppresseurs des peuples dont ils devroient être le refuge.

C'est elle encore qui dans le cœur même des Prêtres, des Cœnobites & des Moines, verse la soif des honneurs ; qui profane souvent par d'indignes flatteries, des bouches destinées à célébrer les grandeurs de Dieu ; qui transforme en vils courtisans les chefs de la Religion, qui les fait aspirer à des dignités de caprice, aux livrées humiliantes d'un Souverain étranger.

Paradoxe étonnant, mais vrai : on n'a gueres une ambition démesurée, sans y joindre une extrême bassesse. Curieux de grandeur, sans sçavoir ce qui est véritablement grand, l'ambitieux rampe pour s'élever, à la maniere des ſerpens, qui ne s'élancent qu'en preſſant la terre de leur ventre.

Orgaſte eſt bruſque & féroce, voluptueux, vain & méchant; il ne ſçait rien, mais il décide. Il ne connoît ni juſtice ni loix; mais ſon caprice lui en tient lieu. Il avale paiſiblement les affronts; mais il ſçait s'en dédommager, en outrageant les malheureux.

Un poſte vaquoit; poſte odieux, qui ne donne du pouvoir à celui qui le remplit que pour le malheur de ſes concitoyens: Orgaſte en eſt revêtu; c'étoit l'homme qu'il falloit pour le remplir. Il y faut prendre un ton impérieux; il eſt fier & hautain. Il y faut châtier; il eſt dur & inflexible. Il y faut juger militairement; quelle maniere de procéder peut être mieux aſſortie aux lubies d'un Juge quinteux?

Vous vous étonneriez ſans doute, ſi avec tant d'aptitude pour l'emploi qu'on lui a confié, Orgaſte en étoit dépouillé. Peut-il mieux répondre qu'il ne fait, aux vûes de ceux qui l'ont mis en place? Ne fait-il pas tout le mal qu'on exige de lui? Ne le fait-il pas avec fermeté, avec goût, ſans trouble & ſans remors? Quel homme mérite donc mieux d'être conſervé dans ſon poſte, ou de n'en être dépoſſedé que pour être porté plus haut?

Il est de regle que ceux qui tiennent les rênes du gouvernement, récompensent mieux les Ministres qui travaillent sous leurs ordres, des mauvaises actions qu'ils leur font faire, que des bonnes. Et cet usage paroît juste & raisonnable : l'honneur étant au-dessus de la vie, celui qui le foule aux pieds pour le service d'un Grand, a plus fait pour son maître, qu'un brave qui n'auroit que versé son sang pour le défendre. Celui-ci ne risque que son corps : l'autre fait plus, il perd son ame.

Pourquoi *Polydamas* est-il fait Chevalier ? C'est pour avoir eu la complaisance de commettre un assassinat. Peut-être que sa conscience alarmée a été vingt fois sur le point de faire manquer le coup ; mais enfin il a sçu la dompter, & triompher de ses répugnances. Est-il un prix assez grand pour un si grand sacrifice ? Ne voudriez-vous pas qu'on vous récompensât de même pour avoir sauvé la vie à un citoyen ? Quel effort vous en a-t-il coûté ? Vous en êtes assez payé par le plaisir inexprimable de l'avoir fait. Vous souhaiteriez sans doute retrouver tous les jours mille occasions semblables. N'enviez donc pas le sort de Polydamas : vous avez gagné bien plus que lui ; & vous n'avez rien hasardé en comparaison de ce qu'il a perdu.

L'autre sorte d'ambition est moins criminelle, mais plus puérile & plus ridicule. Elle ne s'enhardit pas jusqu'à briguer le rang des hommes qualifiés ; elle se contente d'en affecter les manieres & de les copier comme elle peut.

Le peuple est si persuadé qu'il est de la dignité d'un Grand d'être vain & arrogant, que quand un homme sorti du néant s'est mis en tête de faire oublier son origine, il ne croit pas pouvoir mieux faire que de s'annoncer daus le monde par des fatuités. Ce seroit peut-être en effet le moyen d'en imposer, s'il imitoit mieux ses modeles.

Chryses entiché de cette manie, est parvenu à se donner un regard méprisant, un abord glacé, un ton rogue, un soûris dédaigneux ; il se fait présenter des placets, ne les lit point, & les répond d'un *je verrai cela*. Il a des Auteurs à sa table, des Prêtres & des Comédiens : il les met aux prises & les raille ; s'ils se déconcertent, il ricane. Dans ses discours, dans sa démarche, dans ses gestes & ses attitudes, il est fat autant qu'un Marquis, mais il l'est avec moins d'aisance. Tous ses ridicules sont étudiés, on y voit l'art. De plus il ne bat ni ses vassaux ni ses valets ; il paye exactement ses dettes, & compte avec son Intendant ; il a lui-même évalué son patrimoine, il ne touche qu'au revenu, & n'entame point le fonds, qu'il compte un jour transmettre à ses enfans. Tant il est vrai que l'esprit de roture perce toujours par quelque coin ! Un vrai Noble descendroit-il dans ces détails d'œconomie bourgeoise ?

ARTICLE II.

DE LA CIRCONSPECTION DANS LES PAROLES.

Son utilité, sa facilité lorsqu'une fois les sentimens désordonnés sont réprimés. Division de cet Article en quatre paragraphes.

Sçavoir régir sa langue est une science rare, mais nécessaire & utile. On est déja bien sçavant dans cet art, on y a fait bien des progrès, lorsqu'on a commencé par discipliner son ame, qu'on en a réglé les pensées, les desirs & les sentimens ; car la langue n'est que son interpréte. Ce qui reste à faire est peu de chose, en comparaison de ce qu'on a fait : mais tout n'est pas fait cependant ; car il est telles pensées, tels desirs & tels sentimens, qui, quoique innocens tant qu'on les renferme en soi-même, seront indécens & blâmables, si la bouche les divulgue.

Je puis avoir appris sans que ma conscience en souffre, les galanteries de *Phæ-*

dime; mais je suis coupable, si je viens à les publier.

Il m'est permis d'appercevoir qu'*Atys* est un fat ennuyeux : mais je cesse d'être innocent, si je décoche contre lui des railleries trop sanglantes. *Polydore* m'a confié un secret volontairement, je ne le lui ai pas arraché ; l'honneur n'est point blessé par-là : mais il le seroit si je trahissois Polydore.

Enfin je suis instruit, & je puis l'être sans crime, du détail des privautés usitées entre des époux, ou entre des amans qui vivent sur le même pied ; je sçai ma carte d'amour mieux encore que ma mappe-monde : si cependant j'en parlois en termes trop clairs, sur-tout devant le sexe délicat sur ces matieres, j'offenserois l'honnêteté, la pudeur & les bienséances.

§. I.

DE LA MÉDISANCE.

Ce que c'est précisément que médire. La médisance devenue plus rare par l'usage où l'on est de ne faire gueres dans des cercles autre chose que jouer. Le ton de la médisance varie suivant le génie du médisant.

Donner atteinte à la réputation de quelqu'un, ou en révélant une faute qu'il a commise, ou en découvrant ses vices secrets, est une action de soi-même indifférente. Elle est permise & quelquefois même nécessaire, s'il en résulte un bien pour la personne qu'on accuse, ou pour celles devant qui on la dévoile. On fait bien d'informer un pere des déportemens d'un fils libertin; un Abbé ou Prieur claustral des déreglemens d'un Moine vagabond; l'Etat ou le Prince des projets téméraires d'un sujet factieux; le Public même, des noirceurs que cache au grand jour un hypocrite dangereux: sur-tout après qu'on a vainement essayé de corriger les coupables par de charitables remontrances. Ce n'est pas là précisément médire.

On entend communément par médisance, une satyre maligne lâchée contre un absent, dans la seule vûe de le décrier & de l'avilir. On peut étendre ce terme aux libelles diffamatoires, médisances d'autant plus criminelles, qu'elles font une impression & plus forte & plus durable: aussi chez tous les peuples policés en a-t-on fait un crime d'Etat qu'on y punit sévérement.

On médit moins à présent dans les cercles qu'on ne faisoit les siécles passés, parce qu'on y joue davantage: les cartes ont plus sauvé de réputations, que n'eût pû faire une légion de Missionnaires attachés uniquement à prêcher contre la médisance. Mais enfin on ne joue pas toujours; &

par conséquent on médit quelquefois.

Tout le monde, ou peu s'en faut, se mêle de médire; mais chacun prend le tour le plus conforme à son caractere.

Le misantrope *Ergaste* médit fort ingénuement. Nomme-t-on quelqu'un devant lui: il débite aussi-tôt avec la plus scrupuleuse exactitude tout le mal qu'il en sçait, & supprime avec autant de soin tout le bien qu'on en pourroit dire; ce n'est jamais que par le côté difforme qu'il saisit l'original qu'il veut peindre.

La coquette *Hermione* s'acharne moins sur un sujet. Sa riche imagination lui en présente une foule dont sa malice indulgente ne fait qu'esquisser les portraits. En un quart d'heure elle aura peint vingt originaux différens, qui chacun ne lui coûtent qu'un mot, qu'un trait, qu'un leger badinage. L'admirable fille qu'Hermione pour médire!

La pieuse *Dorothée* est encore plus réservée: elle sçait que c'est un péché que de dire du mal de ses freres, du moins sans nécessité: aussi rarement en dit-elle; au contraire, elle voudroit pouvoir louer tout le monde. A-t-elle à parler de quelqu'un; d'abord elle détaille tout ce qu'il a de bonnes qualités, & lorsqu'elle est arrivée aux mauvaises, elle arrête tout court; c'est-là où l'on connoît la délicatesse de sa consciente ; on sent bien qu'elle supprime des traits désavantageux au tableau, mais on ne peut les suppléer que par conjecture.

Elle est tombée sur la personne d'*Hélene* : » C'est, dit-elle, une femme très-aimable, » très-spirituelle, élevée dans les bons prin» cipes, mais.... Elle en demeure là. Quelqu'un, moins circonspect, auroit peut-être dit tout cruement : mais elle en a mal profité. Dorothée en reste à son *mais*. On la questionne, on la presse : elle est impénétrable. » Non, dit-elle, ce n'est rien : ne » vous ai-je pas dit qu'elle est aimable & » spirituelle ? »

§. II.

DE LA RAILLERIE.

Raillerie, moins criminelle que la médisance, mais ordinairement plus piquante : quelquefois innocente ; quelles personnes elle doit respecter ; & dans les cas où elle est permise ; quels caracteres elle doit avoir pour n'être point offensante.

La raillerie blesse moins l'équité naturelle & le droit des gens, que la médisance ; par la raison que celui qu'elle attaque, étant présent, est pour l'ordinaire à portée de se défendre. Mais si elle est moins criminelle, elle est souvent plus offensante, parce qu'elle porte deux coups à la fois ; l'un à l'honneur, & l'autre à l'amour-propre : elle flécrit & déconcerte. Le tour malin qu'elle prend, ajoûte presque toujours au chagrin qu'on ressent d'être taxé d'un défaut, d'un travers ou d'une foiblesse, le dépit humiliant de n'avoir pas repoussé à l'instant le trait moqueur par une saillie plus mordante. On aimeroit mieux être décrié absent, que d'être raillé en face.

Cependant la raillerie n'est pas toujours un outrage, ni par conséquent un crime : il en est d'innocentes, qu'un bel Esprit * du siécle dernier comparoit à des éclairs qui éblouissent sans brûler.

Si l'esprit & la prudence marchoient toujours de compagnie, tout railleur seroit circonspect, car un railleur n'est jamais un stupide. Mais bien loin que l'esprit, & sur-tout cette sorte d'esprit qui forge des traits mordans, soit prudent & réservé : plus il est vif & fécond en saillies, plus aussi pour l'ordinaire est-il inconsidéré. On a tant de peine à sacrifier un bon mot, qu'on ne tient gueres, quand il se présente, contre la démangeaison de briller, dût-on, en le lâchant, perdre un ami, dégoûter un bienfaiteur, ou aliéner un patron.

Je ne défends point de railler : ce seroit trop affadir les conversations ; ce seroit mettre trop à l'aise les vices & les ridicules. La raillerie est un sel agréable, quand la

* Mademoiselle de Scuderi.

dose

est modérée; mais âcre, quand on la prodigue. Raillez, si l'humeur vous y porte; mais raillez avec prudence.

Epargnez ceux que l'âge ou le caractere a placés au-dessus de vous: c'est une impudence odieuse que de railler un homme à cheveux blancs, un Pere, un Maître, un Magistrat.

Ménagez aussi ceux qui sont au-dessous, si vous n'avez sur eux aucun droit de correction: votre supériorité leur imprimant un respect timide, vous les livre sans défense. C'est attaquer avec trop d'avantage; c'est tirer des coups de feu sur un homme nud & sans armes; c'est terrasser un enfant.

Mais s'ils vous sont subordonnés, l'usage de la raillerie ne vous est pas interdit: c'est un moyen souvent très-efficace pour les plier au joug de la vertu & des bienséances. On s'abstient plus facilement des actions dont on rougit, que de celles dont on appréhende les suites. La jeunesse téméraire s'étourdit souvent sur ses craintes; mais l'amour-propre, piqué par une sanglante ironie, en ressent toute l'amertume. On se corrige quand on ne peut pas se venger.

C'est sur-tout entre les égaux que la raillerie est permise. C'est alors un jeu d'esprit innocent, un ingénieux combat, dont le sort changeant & mobile amuse agréablement, pourvû que les combattans soient à peu près de même force ; car c'est une lâcheté que de railler quelqu'un qui n'a pas reçu du Ciel le don de la repartie.

La raillerie, même entre égaux, doit être rare, délicate & modérée.

Un esprit bien fait, qui sçait entendre raillerie, se lasse pourtant à la fin de plaisanteries perpétuelles : il entre en défiance, il soupçonne qu'on le méprise, qu'on veut le rendre ridicule. Cette idée qui le trouble, lui ravit son enjouement : ce n'est plus qu'en esquivant qu'il soutient encore la joûte : sa défaite est assurée pour peu que vous le pressiez, mais gardez-vous de le faire. Dans un combat d'esprit, sur-tout avec des amis, on doit craindre de remporter un avantage trop complet.

La raillerie, pour être délicate, doit ne toucher qu'à de foibles défauts, ou qui du moins passent pour l'être, ne relever que des fautes légeres, dont la conviction n'entraîne point avec soi le deshonneur & l'infamie, & ne fasse pas à l'amour-propre une plaie trop sensible.

Raillez *Memnon* sur son air gauche & décontenancé lorsqu'il se prête à danser un menuet : vous ne l'offenserez point, il en rira comme vous ; c'est un sage, qui par conséquent ne se fait pas un point d'honneur de sauter méthodiquement.

Raillez *Lucile* sur la durée de sa toilette :

au fond de l'ame elle s'en applaudit, intimement persuadée que le tems qu'elle a mis à rehausser l'éclat naturel de ses charmes, n'a pas été un tems perdu.

Raillez l'indévot *Alcandre* sur son irreligion : vous le flattez, il s'en fait gloire.

Mais ne raillez point un Auteur sur la chûte d'un ouvrage qu'il vient de rendre public ; ménagez la coüardise devant le poltron *Casenove* ; laissez en paix le cocuage devant le commode *Eugamete*.

Même sur des sujets légers, ne raillez que modérément. C'est un procédé injuste que de lancer pour de simples minucies, des sarcasmes inhumains. Les rieurs seront pour vous : on prend plaisir à vos malignités, mais on vous redoute en secret ; vous excitez les ris, mais vous ne gagnez point les cœurs.

§. III.

DE L'INDISCRÉTION.

Indiscrétion, injuste autant qu'imprudente, n'est pas moins une faute, quand on n'auroit pas promis le secret. Garder soi-même son secret. Inconvéniens d'être confident d'un indiscret. Ne jamais déceler le secret d'autrui, sous quelque prétexte que ce soit ; se le cacher s'il est possible à soi-même, ou du moins se comporter comme si on l'ignoroit.

L'indiſcrétion eſt un crime où l'injuſtice ſe joint à l'imprudence. Révéler le ſecret ou d'un ami ou de tout autre, c'eſt diſpoſer d'un bien dont on n'étoit pas le maître, c'eſt abuſer d'un dépôt : & cet abus eſt d'autant plus criminel qu'il eſt toujours irremédiable. Si vous diſſipez des fonds qu'on vous avoit donnés en garde, peut-être ne ſera-t'il pas impoſſible de les reſtituer un jour ; mais comment faire rentrer dans les ténebres du myſtere, un ſecret une fois divulgué ?

Qu'on ait promis de garder le ſilence, ou qu'on ne l'ait pas promis, on n'y eſt pas moins obligé, ſi la confidence eſt telle qu'elle l'exige d'elle-même : l'écouter juſqu'au bout, c'eſt s'engager à ne la point révéler.

Recommander à ſon confident la diſcrétion, s'il eſt prudent & circonſpect ; c'eſt une précaution de trop, il ſçauroit bien ſe taire ſans cela : la recommander à un ſot, c'eſt un ſoin auſſi ſuperflu ; ſa promeſſe ne met pas votre ſecret plus à l'abri. Il ne croit pas, s'il ne l'a point promis, être obligé à ſe taire : & ſi par hazard il ſe taît, ce ſera faute de mémoire ou d'occaſion. Mais ſi malheureuſement il a promis d'être diſcret, l'occaſion & la mémoire ne pourront pas lui manquer. Sa promeſſe lâchée, il la peſe & l'examine, ce qu'il n'avoit pas fait avant :

il sent qu'il s'est trop avancé ; il voudroit bien retenir sa parole. Quel pesant fardeau qu'un secret, pour un homme sans jugement ! Il n'a garde d'oublier ce que vous lui avez confié : peut-on porter, sans y songer, un poids aussi accablant ? Il croit que chacun s'apperçoit de l'embarras qu'il éprouve au-dedans, qu'on pénetre au fond de son ame, & qu'on y lit votre secret ; & pour s'épargner le chagrin d'être à la fin deviné, il se résout à vous trahir ; mais après avoir averti le nouveau confident de songer que ce qu'il lui découvre est de la derniere importance.

Croyez-moi, rien n'est plus sûr que de garder soi-même son secret : mais si c'est une charge qui vous importune & vous pese, est-ce à vous de trouver mauvais qu'un autre veuille à son tour s'en débarrasser aussi ?

Aphrosyne me tire à part d'un air mystérieux & me chuchotte à l'oreille. » Vous » connoissez bien, *me dit-elle*, ce Mylord » qui fréquente ici : eh bien, demain il me » fait Mylady ; les articles sont tous dres- » sés : mais de la discrétion s'il vous plaît ; » ce seroit un homme à rompre tout net, » s'il sçavoit que j'eusse parlé. »

A peine l'ai-je quittée, que vingt autres confidens viennent en foule m'instruire de ce que je sçai comme eux. Aphrosyne apprend elle-même que c'eſt la nouvelle du jour : & me voilà confondu, bien à tort, avec un tas de cauſeurs déſœuvrés. J'aimerois preſque autant garder des effets volés, que d'être dépoſitaire du ſecret d'un babillard.

Cependant ſoyez ſur vos gardes ; quoiqu'unique confident vous pourriez trouver ſur vos pas des curieux ruſés, qui feignant de l'être auſſi, s'inſtruiroient par votre bouche de ce qu'auparavant ils ne faiſoient que ſoupçonner. C'eſt un ſtratagême commun, un piége preſque uſé, mais où cependant des dupes viennent encore ſe prendre tous les jours.

Je dis plus, quand il ſeroit vrai que celui qui vous donne ſa confiance, l'auroit partagée avec d'autres, ce n'eſt pas une raiſon qui vous diſpenſe du ſecret : vous le devez toujours garder inviolablement, ſans vous ouvrir même aux autres confidens qu'on vous a aſſociés. Que ſçavez-vous s'il n'eſt pas important que les uns vis-à-vis des autres vous paroiſſiez ne rien ſçavoir.

» Mais, *dites-vous*, quelques-uns d'entr'eux ont parlé. » Qu'en prétendez-vous inférer ? L'infidélité d'autrui autoriſe-t-elle la vôtre. Encore un coup vous êtes chargé d'un dépôt ; nul ne peut vous libérer que celui qui vous l'a remis. La perſonne de qui vous tenez le ſecret, eſt ſeule en droit de vous délier la langue.

Une rupture même, survenue entre deux amis, n'est point un titre qui éteigne l'obligation du secret : on n'est pas quitte de ses dettes en se brouillant avec son créancier. Quelle horrible perfidie que d'employer à son ressentiment des armes qu'on auroit tirées du sein même de l'amitié ! Quoiqu'on ait cessé d'être unis par cette tendre affection, est-on affranchi pour cela de la droiture & de la bonne foi ?

En vain allégueriez-vous que c'est précisément par son indiscrétion, que l'ingrat que vous détestez, a mérité votre haine. Étrange projet de vengeance ! Quoi, pour punir un traître, vous consentez à devenir aussi perfide que lui !

On doit, pour ainsi dire, loger le secret d'autrui dans un recoin de sa mémoire où l'on ne fouille jamais : il faut, s'il est possible, se le cacher à soi-même, dans la crainte d'être tenté d'en tirer quelque avantage. S'en prévaloir au préjudice de celui de qui on le tient, ou pour sa propre utilité, ce seroit user d'un bien dont on n'est pas propriétaire ; usurpation, que le desir de la vengeance, déja criminel par lui-même, n'est pas capable d'excuser.

Vous connoissez *Asponde :* il occupe un poste éminent ; peut-être ne doutez-vous pas qu'il n'y soit parvenu par ses talens & sa capacité. Non : c'est par une trahison,

Son ami *Philoctete* briguoit ce poste avant lui : ses mesures étoient bien prises ; ses concurrens étoient tous écartés ; il alloit l'obtenir, lorsqu'il vint trouver Asponde, pour lui faire part de sa joie. Le lendemain Asponde étoit en possession du poste. » J'employerai, » dit-il alors à Philoctete, qui, malgré l'évidence, doutoit encore de cette affreuse perfidie, » j'em-» ployerai de tout mon cœur, pour vous » rendre service, les amis & le crédit que » mon nouveau rang me donne ; mais ne » m'en veuillez point, cette place me con-» venoit, je l'ai prise pour moi-même ; » n'en eussiez-vous pas fait autant ? « » Non, traître, lui dit Philoctete, si j'eusse » été ton confident. «

Combien seroit-ce un attentat plus énorme, de s'armer des bienfaits mêmes dont on s'est vû combler, pour trahir son bienfaiteur ! Il est des faveurs de nature à demeurer toujours secrettes : autant la reconnoissance oblige à publier les autres, autant doit-elle se taire plus scrupuleusement sur celles-là. Mais celles qu'on devroit publier, on s'en taît par ingratitude ; & celles qu'on devroit taire, on les publie par vanité.

Corylas est un aimable, un galant fait pour les bonnes fortunes. Voulez-vous sçavoir le détail des siennes ? vous n'avez qu'à le mettre sur ce chapitre, il n'en fait mystere à personne. Je ne garantirois pas qu'il n'en exagere le nombre : mais enfin, il ne fait qu'exagerer tout au plus ; & le Public lui rend justice sur quelques-unes qu'il n'a pas, dit-on, supposées. Il a compté *Nerine* au nombre de ses conquêtes : Nerine en porte un témoin, qui le justifiera dans quelque mois. Il s'est loué des complaisances de *Clytie* : elles ont été si connues, qu'on ne lui voit plus d'amant qui les mette encore à l'épreuve. Il a tympanisé *Aminte* : la belle, dans le fond d'un Cloître, pleure à présent sa foiblesse, dont ses larmes sont la preuve. Il s'est vanté d'avoir séduit *Léonore* : les fureurs de l'époux, bien convaincu de son affront, n'ont que trop attesté le triomphe de l'amant.

§. IV.

DES DISCOURS LIBRES.

La modestie dans les discours est sur-tout nécessaire d'un sexe à l'autre. On peut parler de tout en faisant choix d'expressions honnêtes. Garder encore plus de retenue devant les filles que devant les femmes. Quelle est l'école où l'on apprend cette retenue dans les paroles.

Je n'entends point exclure des conversations, les matieres galantes : je ne veux qu'indiquer le ton sur lequel il convient d'en parler.

Sans tomber dans l'obscénité, on prend ses coudées un peu plus franches dans les assemblées, qui ne sont composées que de personnes d'un même sexe. Et des gens qui se prétendent bien informés, soutiennent que les Dames ne nous cédent en rien pour la naïveté du discours, lorsque libres du soin gênant de se guinder par rapport à nous, elles n'ont à parler que devant des témoins femelles.

Pour s'exprimer sur les matieres dont la pudeur peut s'alarmer, il est deux langues tout-à-fait différentes. L'une est celle des Médecins, des Matrones & des Rustres: ses expressions sont crues, énergiques & choquantes. L'autre a des mots choisis, des périphrases mystérieuses, des tournures énigmatiques, des termes entortillés. Elle donne aux sujets un fard qui les embellit, ou qui du moins leur ôte ce qu'ils avoient de rebutant: elle les couvre d'une gase légere, qui sans les cacher aux yeux, en rend la vûe plus supportable. C'est cette langue que les gens bien nés parlent devant le beau sexe. Quoiqu'elle puisse sembler obscure, au fond elle ne l'est pas; on est convenu de s'entendre à demi-mot. Nos Dames ont l'intelligence aisée & l'oreille délicate: ce seroit leur faire injure que de s'exprimer, devant elles, avec trop de clarté; leur imagination, *dit un Ecrivain moderne* *, aime à se promener à l'ombre.

Ce sexe aimable est partagé en deux bandes : l'une comprend ce qu'on appelle les filles, c'est-à-dire, les Vierges, ou du moins celles qui sont réputés l'être : l'autre est la classe des femmes, c'est-à-dire, de celles qui sont, ou qui ont été engagées dans le mariage. Celles-ci nous gênent moins : on peut parler de tout avec elles : il n'est question que du choix des termes pour ne les point offenser. Mais pour les autres, elles sont supposées ignorer une infinité de choses dont les femmes sont instruites : or il seroit messéant que nous les entretinssions, du moins en termes intelligibles, de ce qu'il leur sied d'ignorer. On ne peut donc en leur présence porter trop loin la réserve dans le langage & les expressions.

La maxime d'un galant homme est de ne jamais hasarder aucun discours licentieux, dont les Dames, qui l'entendent, puissent rougir & s'offenser. Dans le monde poli, un Cynique est un vrai monstre.

Mais quelles sont, me direz-vous, ces expressions trop libres dont la pudeur est blessée ? Quelles sont celles qu'il y faut

* L'Editeur de Marot, Edit. de la Haye, 1731

substituer ? Et quand après une étude pénible, je sçaurai les discerner toutes, qui me répond qu'un même mot dont *Aspasie* ne s'effarouche point, ne fera pas monter la rougeur au front de *Lise* ?

Pour bien sçavoir une langue, il la faut étudier chez le peuple qui la parle : & c'est chez ce même peuple qu'il faut aussi la parler, si l'on veut se faire entendre. Or ce langage circonspect, purgé d'expressions sales, de détails impertinens & d'équivoques indécentes, c'est la bonne compagnie qui seule le fait parler : ce n'est que là qu'on peut l'apprendre, & s'exercer à le parler à son tour. Mais il me reste à définir ce que j'entends par la *bonne compagnie*.

Retranchez d'abord les grossiers & les impolis, les gens sans moeurs, sans délicatesse & sans goût : écartez aussi les dévotes & les précieuses, les pédans & les petits-maîtres : ce qui vous restera pourra former la bonne compagnie. Ce sera une société de gens de bien, d'une humeur facile & liante, où la vertu, le bon ordre & les bienséances seront toujours respectées. On y fera un fonds comme d'enjouement, d'esprit, de gaieté, ou chacun des membres contribuera pour sa part. La liberté y aura place ; la licence en sera exclue : on y admettra le plaisir, mais sans en bannir la sagesse.

AR-

ARTICLE III.

DE LA CIRCONSPECTION DANS LES ACTIONS, OU LES BIENSÉANCES.

De quelles actions il est ici question. Ce qui rend cette circonspection nécessaire. En quoi consiste l'art des bienséances.

Ce n'est pas ici la place de tracer à mon Lecteur un plan général de conduite : je n'ai pas dessein de renfermer dans cet Article, un traité de morale complet. Je suppose ici, comme j'ai fait dans l'Article précédent, où je traitois de la circonspection dans des paroles, que les dispositions du cœur, les desirs & les sentimens sont déja réglés & contenus dans de justes bornes : or dans cette supposition, je n'ai plus à craindre ni des désordres ni des crimes ; il n'est plus question que de proscrire certaines actions messéantes, qui, sans partir d'un fond vicieux, ne laissent pas d'être répréhensible.

Si nous n'avions que Dieu pour témoin de nos actions, le cœur étant sans reproche, nos démarches le seroient aussi ; car c'est sur le cœur qu'il nous juge : mais les hommes au contraire ne nous voyant que par dehors, c'est par nos actions qu'ils jugent de nos sentimens ; c'est sur le rapport de leurs ſens qu'ils nous peſent & nous apprécient. Il faut donc, *par intérêt* & *par devoir*, ne point donner lieu volontairement à des ſoupçons dont notre gloire ſoit bleſſée. Je dis *par intérêt*, parce qu'ayant beſoin ſans ceſſe du ſecours de nos ſemblables, il nous importe de nous en faire eſtimer; car ils régleront leur bienveillance & leurs bons offices ſur l'eſtime qu'ils auront conçue pour nous. Je dis auſſi *par devoir*, parce que c'en eſt un en effet, que de contribuer à la perfection de nos ſemblables, par une conduite qui leur inſpire du goût pour la pratique du bien.

Il ne ſuffit donc pas d'avoir la vertu dans le cœur, il la faut rendre viſible : il faut qu'elle répande ſur toutes nos actions, un coloris ſi lumineux, qu'elles ne ſoient point équivoques, ni ſuſceptibles d'interprétations ſiniſtres.

Euſebe craint Dieu, l'honore & le ſert: cependant il paſſe pour impie. Eh pourquoi? C'eſt qu'il fronde imprudemment le culte que l'uſage a établi chez ſes concitoyens. Il n'encenſe point le Dieu de ſon pays : on en conclut qu'il eſt Athée.

Evergette eſt compatiſſant, libéral & officieux : mais il a l'abord froid, la parole breve & le regard impoſant. Les malheureux, que leur miſere rend timides, n'oſent franchir ces dehors effrayans : ſi quels que infortuné l'eût osé faire, il ne s'en fût pas retourné sans remporter des consolations & des soulagemens réels. Mais Evergette cache son humeur bienfaisante sous un accueil rebutant; on le croit dur & inhumain.

Adelaïde est vertueuse, attachée à son époux, & fidelle à ses devoirs : mais sa parure est recherchée, sa conversation est libre, & ses cotteries décriées. On n'ira pas fouiller au fond de son ame, pour s'assurer de ses mœurs : son procès est tout fait, elle est réputée coquette.

Le grand art des bienséances consiste dans deux points : 1°. Ne rien faire qui ne porte avec soi un caractere distinct de droiture & de vertu. 2°. Ne faire même ce que la loi naturelle permet ou ordonne, que de la maniere & avec les réserves qu'elle prescrit.

Le premier de ces deux points est la source des bons exemples ; l'autre, de l'honnêteté publique.

§. I.

DES BONS EXEMPLES.

Nécessité des bons exemples ; leur utilité ; leur efficacité, plus grande encore dans la personne des Grands, que dans celle des particuliers.

La maniere d'aimer nos semblables est

de leur souhaiter les biens que nous jugeons les plus propres au bonheur de l'homme, & de les leur procurer, s'il est en notre pouvoir de le faire. Rien n'y étant plus propre que la vertu; le premier & le plus important devoir de la société est donc de la montrer dans tout son éclat, à ceux qui nous environnent, pour leur en inspirer l'amour. Or l'exemple est le moïen le plus efficace pour opérer cet effet; & c'est souvent le seul qu'on ait en main. Tous les hommes ne font pas des Livres, des Sermons ou des Loix, tous n'en ont pas le talent, le loisir ou l'autorité; & ce ne sont-là d'ailleurs que des tableaux sans vie qui remuent rarement le cœur, & ne présentent de la vertu que des images imparfaites & tronquées: la plume & la parole même, ainsi que le crayon ou le pinceau, ne peignent que la superficie des sujets, ne leur donnent qu'une face, qu'une attitude unique; & ne sçauroient imprimer le mouvement à des portraits.

L'exemple est un tableau vivant, qui peint la vertu en action, & communique l'impression qui la meut, à tous les cœurs qu'il atteint. Or chacun peut donner des exemples de vertu; puisqu'il ne faut, pour le faire, qu'agir en homme vertueux.

Admirons la Sagesse divine, qui de tous les moyens capables de contribuer à la sainteté des mœurs, a rendu pratiquable à tous les hommes, précisément celui dont l'effet est le plus sûr. Quelques-uns à la vérité y contribuent plus que d'autres : mais enfin tous peuvent y contribuer plus ou moins.

Tous les astres sont radieux : mais tous n'ont pas une sphere également étendue. Il en est de même des modéles de Vertu. Chacun d'eux dans le cercle qu'il occupe, éclaire & vivifie ce qui l'approche : mais un Monarque ou un Prince, s'il est vertueux, répand ses influences salutaires beaucoup plus loin, qu'un citoyen isolé, qui vit dans un état obscur. Ce n'est pas que l'homme vertueux, placé sur le thrône, soit un astre par lui-même plus lumineux que l'homme privé : mais c'est que ses rayons partent d'un lieu plus élevé.

§. II.

DE L'HONNÊTETÉ PUBLIQUE.

Ce que c'est qu'offenser l'honnêteté publique. Si la pudeur est une vertu d'invention humaine; pourquoi la Nature a inspiré ce sentiment. Différence entre la pudeur & la chasteté. Actions qui blessent l'honnêteté publique.

Offenser l'honnêteté publique, c'est manquer à des bienséances d'une étroite obligation.

Vous êtes l'époux d'*Agathe*; & en cette qualité vous avez des droits sur elle, qu'elle ne vous conteste pas : mais le Temple où on vous les a accordés, n'est pas le lieu où on vous permet d'en jouir ; & les témoins de votre engagement solemnel ne doivent pas l'être de vos tendres embrassemens.

Thisbé souhaite ardemment d'être dans les bras de *Pyrame*, ce desir n'est point un crime : mais il ne faut pas qu'elle s'y jette. Qu'elle soupire en secret après l'instant heureux qui doit l'unir à son amant; qu'alors elle se prête sans scrupule à ses innocentes caresses, à la bonne-heure, son devoir n'en souffrira pas : mais qu'elle n'aille point au devant par un empressement trop lascif.

La réserve & la modestie sont, dans le beau sexe, des perfections très-réelles : & la pudeur n'est assurément point un sentiment d'invention humaine.

L'homme étant le plus bel ouvrage de la Nature, elle a apporté un soin singulier à sa conservation ; & pour en perpétuer l'espece, elle a attaché aux moyens de la reproduire, des plaisirs si vifs & si délicats, qu'ils tentent même & séduisent, comme les autres, ces Philosophes altiers, qui se prétendent d'ailleurs fort supérieurs aux impressions des sens. Or la pudeur qu'elle inſpire au beau ſexe, eſt un de ces charmes attrayans, qui répand ſur la jouiſſance une nouvelle doſe de volupté, en y ajoûtant du myſtere.

Qu'on ne croye point cette ſin indigne de la majeſté du Créateur, & qu'on ne ſe perſuade pas qu'il ſe ſoit dégradé en pourvoyant à nos plaiſirs. Ouvrez les yeux, & promenez vos regards ſur toute la face de l'Univers; deſcendez au fond des fleuves & des mers; pénétrez juſqu'aux entrailles de la terre : parmi les ouvrages du Tout-puiſſant, vous n'en rencontrerez pas une millieme partie eſſentiellement néceſſaire à nos beſoins; tout le reſte eſt fait pour nos plaiſirs.

Ne confondez pas cependant la pudeur avec la chaſteté. La pudeur eſt, ſi l'on veut, une ſorte de vertu; mais qui, j'oſe le dire, n'eſt pourtant que de bienſéance, & fondée uniquement ſur l'honnêteté publique. J'en apporte pour preuve, qu'il eſt des cas, où elle peut licitement rabattre de ſa rigueur, au lieu que la chaſteté ne ſouffre point de diſpenſe : or c'eſt là le caractere de la véritable vertu. La ſincérité, par exemple, en eſt une : elle eſt toujours indiſpenſable.

La pudeur & la chaſteté ſont deux choſes ſi différentes, que telle femme ne laiſſeroit pas voir ſon bras nu, qui, au fond du cœur, brûle d'une flamme adultere. Telles sont singulierement les Dames Orientales, qui, pour la plûpart, n'ont pas moins de lubricité, que de pudeur.

L'obscurité, la nuit & la solitude, dispensent de la pudeur, & ne dispensent pas de la chasteté.

Mettez en général au nombre des actions sur lesquelles il convient d'étendre un voile épais, toutes celles que l'instinct naturel nous fait dérober au grand jour. Je n'en détaillerai aucune : ce seroit blesser moi-même cette honnêteté publique, dont je traite, qui ne doit pas moins être respectée dans les écrits que dans les actions.

CHAPITRE II.

De la Force.

De quelle sorte de force il est ici question : quand & à quoi elle est nécessaire. Division de ce Chapitre.

On s'attend bien sans doute qu'il ne sera pas ici question de la force du corps. Cette qualité n'influant pas sur les mœurs, est étrangere à mon sujet. Je ne traite ici que de celles qui portent le nom de vertus : or il n'y a pas plus de vertu à être aussi fort que *Samson* qu'à être aussi grand que *Goliath*. La force dont j'entends parler, est cette noblesse de sentimens qui éleve l'ame au-dessus des craintes vulgaires, & lui fait braver, quand il en est besoin, le danger, la douleur & l'adversité. Je dis, *quand il en est besoin*; car s'y jetter tête baissée & sans nécessité, c'est plutôt folie que grandeur d'ame.

Or quand est-il besoin de se résoudre à souffrir? C'est sans doute lorsque le mal est inévitable, ou lorsqu'il en résulte un plus grand bien. Supporter un mal qu'on ne sçauroit empêcher, c'est *patience*: s'exposer volontairement à souffrir pour le bien qui en reviendra, c'est *courage*.

ARTICLE I.

DE LA PATIENCE.

Maux de quatre sortes, auxquels la patience est nécessaire: pour quelle raison elle l'est.

On peut réduire à quatre classes, les peines dont notre vie est traversée: 1. Les *maux naturels*; c'est-à-dire, ceux auxquels notre qualité d'hommes & d'animaux périssables nous assujettit. 2. Ceux dont une conduite vertueuse & sage nous auroit garantis, mais qui sont des suites inséparables de l'imprudence ou du vice; on les appelle *châtimens*. 3. Ceux par lesquels la constance de l'homme de bien est exercée : telles sont les *persécutions* qu'il éprouve de la part des méchans. 4. Joignez enfin les *contradictions* que nous avons sans cesse à essuyer, par la diversité de sentimens, de mœurs & de caracteres, des hommes avec qui nous vivons.

A tous ces maux la patience est non-seulement nécessaire, mais utile. Elle est *nécessaire*, parce que la loi naturelle nous en fait un devoir, & que murmurer des événemens, c'est outrager la Providence. Elle est *utile*, parce qu'elle rend les souffrances plus légeres, moins dangereuses & plus courtes.

Abandonnez un Epileptique à lui-même : vous le verrez avec effroi se frapper, se meurtrir & s'ensanglanter. L'épilepsie étoit déja un mal, mais il a bien empiré son état par les plaies qu'il s'est faites. Il eût pû guérir de sa maladie, ou du moins vivre en l'endurant : il va périr de ses blessures.

§. I.

Des Maux naturels.

Ce que c'est que ces maux naturels; s'ils sont en grand nombre, quels sont les plus sensibles. Motifs de patience dans tés maux : soumission à la volonté de Dieu, qui, en nous créant, nous y a assujettis.

J'ai déja dit que les maux naturels sont ceux que le Créateur a inséparablement attachés à la condition humaine : or ces maux ne sont pas en si grand nombre qu'on pense. Les incommodités de l'enfance, les douleurs de l'enfantement, la perte des personnes qui nous sont cheres, les infirmités de la vieillesse, & la mort : voilà, je crois, tous les maux naturels. Tous les autres, ou sont des maux chimériques, ou sont les fruits ameres des desordres du genre humain. Je n'en excepte pas même les maladies, parce qu'elles sont aussi pour l'ordinaire, l'ouvrage de l'homme, & ne doivent gueres leur origine qu'à son imprudence, à sa mollesse ou à son intempérance.

Or de tous les maux naturels, je ne vois de sérieux que la mort des personnes qui nous sont cheres, & la nôtre. Ce sont là les deux seuls cas qui exigent quelque fermeté d'ame. Pour tous les autres, il ne faut qu'une vertu très-commune, ou il n'en faut point du tout.

J'ai oublié depuis plus de trente ans, quels sont les maux de l'enfance : mais, quels qu'ils soient, ils n'appartiennent point à mon sujet, parce qu'il n'est point d'argumens sur la patience, qui soient à la portée de cet âge. D'ailleurs qu'un enfant au berceau soit patient ou ne le soit point, ce sont choses, je crois, fort indifférentes pour les mœurs : on n'en exige pas de quiconque n'a encore que de l'instinct. Saint Augustin n'est pas le seul qui ait battu sa Nourrice : mais il est peut-être le seul qui se soit reproché sérieusement de l'avoir fait. Ce pieux Docteur avoit assurément la conscience bien timorée.

Pour les douleurs de l'enfantement, je ne sçais pas jusqu'à quel point elles sont aigues : mais je me persuade qu'elles sont supportables, par l'intrépidité des veuves qui se remarient, & par l'exemples des bêtes qui les souffrent patiemment.

Quant aux vieillards, je ne les trouve pas non plus fort à plaindre, parce qu'à mesure que leurs infirmités s'accroissent ou se multiplient, leur sentiment s'affoiblit aussi; & que le plaisir qu'ils ont de vivre, les dédommage des peines de la vie. Le grand chagrin pour un vieillard, c'est de mourir : un jeune homme s'y résout beaucoup mieux.

Mais perdre un ami, un fils, un pere, une épouse tendrement chérie, voilà des coups violens; de ces coups qui attaquent le le cœur, la partie la plus sensible de nous-mêmes : c'est alors qu'il faut rappeller toutes les forces de son ame pour en soutenir la rigueur.

Telle plaie, faite sur un corps sain, eût été guérissable, qui ne le sera pas, s'il est malade ou cacochyme. Il en est de même des blessures de l'ame : quelque bien constituée qu'elle soit, elle en ressent une douleur aigue ; mais la bonté de son tempérament, c'est-à-dire, sa vertu, (car c'est-là la santé de lame) prévient au moins les défaillances & l'abattement, & referme enfin la blessure, dont il ne restera tout au plus qu'une légere cicatrice.

Dans les grandes douleurs, soit de l'ame, soit du corps, il est deux écueils à éviter, l'impiété & la foiblesse. Appliquons cette maxime à un cas particulier.

La mort vous a ravi une épouse aimable, accomplie de tous points, qui réunissoit dans sa personne, les sept qualités que le grand Henri *, bon connoisseur assurément, vouloit trouver dans une femme. Elle étoit belle, sage, douce, spirituelle, féconde, riche, & d'extraction noble. Est-ce une raison pour attaquer le Ciel, pour accuser le destin de cruauté, c'est-à-dire, la Providence d'injustice? Est-ce une raison pour vouloir cesser de vivre, pour

* Mém. de Sully ; Lib. ix. Ed. Lond. 1717.

abandonner vos emplois, & négliger vos devoirs ; pour vous livrer à des emportemens furieux, ou pour vous laisser aller à un engourdissement stupide ?

Votre impatience est un mal de plus, qui ne remédie pas à celui dont vous gémissez ; & ce qui est pis encore, c'est une révolte injuste & criminelle contre l'autorité suprême du Monarque universel.

Votre épouse étoit née mortelle, vous l'aviez prise sur ce pied-là ; sa mort, que vous avez dû prévoir, & que vous avez même prévue, est arrivée : qu'y a-t'il dans tout cela qui puisse justifier vos plaintes ? Dieu vous l'avoit prêtée seulement pour un tems, sans vous en désigner le terme ; ce terme est expiré : quelle injustice vous fait-il en vous la retirant ? Vous ne vous attendiez pas à la perdre si-tôt. Et pourquoi ? puisqu'il ne vous avoit pas assuré que vous la posséderiez long-tems. Est-ce à lui qu'il faut s'en prendre, si vous vous êtes flaté sans fondement ? On s'accoutume trop à jouir, & l'on se fait, de sa possession actuelle, un titre pour l'avenir. Il étoit au moins aussi probable, que votre épouse mourroit avant vous, qu'il l'étoit qu'elle vous survécût : & vous trouvez fort étrange qu'elle ait passé la premiere ! Si la mort fût venue vous enlever avant elle ; est-il bien sûr que vous n'eussiez pas encore trouvé des prétextes pour vous plaindre ? Ne vous seriez-vous pas fait une peine de celle que vous supposez que votre mort lui eût causée ? Il à pourtant fallu nécessairement, ou que l'époux mourût avant l'épouse, ou que celle-ci le devançât dans le tombeau. Ou bien eussiez-vous desiré mourir tous deux au même instant ? Mais en le desirant acquériez-vous le droit de l'exiger ?

J'opere enfin quelque effet sur votre ame : vous voilà résolu à ne plus insulter Dieu par des murmures impies. Mais ce n'est point encore assez : vous avez fait un pas du côté de la vertu ; rapprochez-vous aussi de la raison. Vous respectez la main qui vous afflige : mais vous succombez encore sous le poids de l'affliction.

Les larmes qui vous roulent dans les yeux, vous grossissent les objets, ou vous les font voir du moins sous des formes qu'ils n'ont pas. Vous pensez être le plus malheureux des hommes ; il n'est point de situation que vous ne croyiez préférable à la vôtre : cependant la perte que vous avez faite, ne vous met pas dans un état de souffrance, ce n'est qu'une privation de plaisir. Je ne sçai s'il ne seroit pas moins dur d'être séparé par la mort, d'une épouse qu'on aimoit, que d'être obligé de vivre avec une qu'on haïroit. Ce supplice est du moins plus long, plus égal & plus soutenu, au lieu que les regrets, quelque violens qu'ils soient, vont toujours en s'affoiblissant.

Mais c'est encore sur quoi l'on se fait illusion : on se persuade qu'on sera triste toute sa vie. On s'imagineroit manquer de délicatesse dans le sentiment, si l'on osoit présager, qu'un jour on se consolera : on se croit en proie pour toujours à un desespoir accablant; & pour aigrir sa douleur, on accumule en quelque sorte l'avenir avec le présent. Avant de posséder l'objet que vous regrettez, éprouvez-vous ce vuide affreux que sa perte vous fait sentir? Hé bien, rapportez-vous-en au tems, son effet est infaillible : vous vous retrouverez précisément dans l'état où vous étiez alors. Après un long intervalle, avoir perdu, ou n'avoir jamais possédé, sont presque une même chose. Vos regrets se transformeront en un souvenir tendre, qu'un nouvel engagement pourra même un jour effacer. Ma conjecture vous offense : mais dans dix ans elle vous paroîtra plus vraisemblable & moins injurieuse.

Mais voici un autre spectacle qui attire ma pitié. Ce n'est plus un époux en larmes sur la tombe de son épouse : c'est le vieux *Zozime* mourant. Son visage have & tiré, son teint livide, ses yeux ternes, assurent déja l'espoir de ses avides héritiers. Son Médecin l'abandonne : que faire sur un corps usé dont tous les ressorts se détraquent ? Un Prêtre est à son chevet, qui tâche au moins de sauver l'ame. » Eh, » quoi ! *dit tristement Zozime*, n'en puis- » je donc pas réchapper ? *Polychrone* a » cinq ans plus que moi : il vient de se » retirer d'une maladie toute semblable. » Non, je n'en mourrai point, je me sens » bien, j'ai le cœur encore bon.

On lui insinue cependant qu'il est plus près de sa fin qu'il ne pense : il s'en irrite, & n'en croit rien encore. On insiste ; le mal augmente : enfin il commence à son tour à n'être plus si rassuré. Sa frayeur le trouble & l'agite : il crie, pleure & se desespere ; il appelle à son secours, son Crucifix, son Patron & son Ange gardien. Tout est sourd à sa voix. Que faire en cette extrémité ? Il chicane avec la mort, & lutte, comme il peut, contre elle. S'il faut mourir, on ne lui imputera pas du moins d'y avoir consenti.

Eh ! quoi, Zozime, qu'avez-vous donc fait sur la terre, depuis près d'un siécle que vous l'habitez ? Vous n'y étiez que pour apprendre à mourir : & vous n'avez fait qu'y prendre du goût pour la vie ! Que gagneriez-vous à reculer ? Quelques années de souffrances & de regrets, peut-être encore plus vifs à l'expiration du tépit. La mort est une dette qu'il faut payer : vous n'êtes né qu'à cette condition. Au lieu de gémir à l'approche du terme fatal, rendez graces à Dieu, de ce que la rupture d'une fibre, d'un filet plus menu cent fois que n'est le cheveu le plus délié, suffisant pour vous mettre au tombeau, vous n'avez pas laissé de vivre jusqu'à ce jour.

Un Chrétien zélé donneroit plutôt sa tête, que de se laisser circoncire, un bon Juif se feroit brûler à Rome, plutôt que de se laisser baptiser : c'est que le Chrétien & le Juif sont persuadés chacun, que leur conscience exige d'eux cette fermeté. Cependant l'un des deux au moins est dans l'erreur ; & ni l'un ni l'autre assurément n'a pour lui l'évidence. Mais vous que Dieu frappe d'une maladie mortelle, vous êtes certain de sa volonté : c'est une vérité démontrée, qu'il veut que vous soyez malade, puisque vous l'êtes, & qu'il est tout-puissant. Vous damneriez quiconque adopteroit les dogmes de *Confucius* ou de *Mahomet* ; & vous faites pis, en murmurant de la fiévre qui vous dévore.

Que seroit-ce donc si vous n'espériez rien après la mort ? Vous comptez être heureux dans l'autre vie ; & vous gémissez du coup qui vous y mene.

» Aussi n'est-ce pas tant, dites-vous, la » perte de ma vie, qui m'alarme, que mon

» incertitude sur l'état qui la doit suivre. » Qui sçait s'il est digne d'amour ou de » haine? On dit des choses si effrayantes » de l'autre monde, qu'il y a de quoi trem» bler pour les plus hardis. «

Eh! reposez-vous de votre sort sur Dieu. On vous l'a présenté peut-être comme un maître dur & injuste, qui redemande ce qu'il n'a point prêté, qui veut recueillir où il n'a point semé. On ne le peint en effet que trop souvent sous ces couleurs odieuses. En croirez-vous ces portraits blasphématoires, que des cerveaux noirs & mélancholiques, ont pris plaisir à tracer, plutôt que les témoignages assidus qu'il vous donne de sa bonté. Dieu est un pere tendre, bon à tous ses enfans; prodigue de ses faveurs pour ceux qui lui sont soumis, indulgent & flexible pour ceux qui l'ont offensé.

§. II.

DES CHATIMENS.

Ce sont des suites infaillibles de nos désordres; chaque vice traîne le sien avec lui; ce ne sont point des vengeances, mais des corrections.

Il est d'autres maux, naturels aussi en quelque sorte, parce qu'en conséquence d'un ordre constant de la Nature, ils sont les suites infaillibles du déreglement des mœurs : tels sont l'ignominie qu'atire une bassesse ; l'indigence, qui suit la prodigalité ; la perte des forces & de la santé, que produit l'intempérance.

Œnophile à quarante ans est déja un vieillard caduc : son corps chancelle, ses mains tremblent, sa tête branle, il balbutie ; un feu caché dans ses entrailles, le dévore & le desséche. Mais ce feu, c'est lui qui l'a allumé, qui l'a fomenté & nourri, par l'usage immodéré du vin & des liqueurs fortes.

Lémarque est tourmenté par des accès cruels de goute, dont il est redevable aux talens de son Cuisinier, à la somptuosité de sa table, & peut-être à d'autres excès qui n'énervent pas moins le corps.

Dans quel triste état vois-je *Asote* ! Un cabinet étroit & nud, forme tout son logement, dont un grabat délâbré occupe à peu près les deux tiers. Le froid, la nudité, la honte, l'obligent d'y rester couché, bien avant dans la journée. Le soir venu, une lampe assortie au lieu, une vraie lampe sépulchrale, en augmente plutôt l'horreur qu'elle n'y répand la clarté. C'est à la foible lueur de ce funébre luminaire, qu'il mange un peu de pain grossier, à quoi se réduit son repas ; encore n'est-il point assuré que ce chétif ordinaire ne lui manquera pas dès demain.

Que sont donc devenus ses grands biens, ses revenus immenses, qui paroissoient suffisans pour l'entretien d'une Province entiere? Ce que devient l'eau, dans un crible; la cire, dans une fournaise. Sa table, son jeu, ses maîtresses, ses emprunts & son Intendant, voilà les gouffres sans fond où s'est perdue son opulence.

Mais, de tous les amis qu'il eut, ne lui en reste-t-il pas un, qui, dans son infortune lui tende une main secourable?

S'il lui en reste? En a-t-il jamais eu? S'il en eût eu, il les auroit encore. Quoi qu'on en dise, l'adversité n'écarte point les amis; elle dissipe seulement ceux qui feignoient de l'être: & si elle est bonne à quelque chose, comme il n'en faut pas douter, c'est assurément là un de ses premiers avantages; car c'est gagner que de perdre de faux amis. Si Asote est à plaindre, c'est seulement pour n'en avoir point eu de vrais.

Philocerde est flétri pour ses vols, *Aphistas* pour ses trahisons, *Phriné* pour son impudicité. Tous les vices traînent après eux quelque genre de punition. Le tyran qui se fait craindre, tremble à chaque instant pour lui-même. Un pere qui, dans sa maison, laisse régner la licence, verra bientôt ses enfans l'en punir cruellement, par les affronts que leurs désordres feront rejaillir sur lui. L'humeur coquette de la mere passera dans le sang de ses filles ; & leurs honteuses aventures la couvriront d'ignominie. L'artificieux hypocrite a beau cacher au public l'horreur de ses vices secrets : c'est assez qu'il les connoisse lui-même, pour en porter le châtiment ; ses remords seront ses bourreaux. Ou, si la Justice divine laisse quelques coupables jouir, tant qu'ils sont sur la terre, d'une trompeuse impunité ; c'est parce que la mort ne peut pas les lui soustraire, tôt ou tard elle aura ses droits.

Dieu, sans doute, châtie en pere ; & ses châtimens ne sont vraisemblablement que des moyens de nous améliorer : j'ose le dire, de ceux-mêmes d'après cette vie, s'ils ne sont point éternels ; or la raison, loin de m'apprendre qu'ils le soient, m'insinue tout le contraire. Je ne crois pas que, semblable à un mortel vindicatif, il afflige ses créatures, même coupables, pour le plaisir barbare de les voir souffrir. S'il les punit, c'est pour les détourner du vice, par l'expérience des maux qu'il entraîne à sa suite : mais j'ai peine à concevoir, qu'un Dieu, juste & bon, puisse punir par esprit de vengeance ; & bien moins encore qu'il se venge éternellement. La vengeance ne seroit pas interdite à l'homme, si Dieu se la permettoit, puisque l'homme est son image.

Quoi qu'il en ſoit, il eſt au moins certain, par rapport aux châtimens de cette vie, que ce ne ſont que des corrections paternelles, qui n'ont d'autre fin, que de nous ramener dans les voies de la vertu ; & c'en eſt aſſez pour le ſujet que je traite.

Si, appeſanti par un ſommeil létargique, il n'étoit d'autre moyen pour vous rappeller à la vie, que de réveiller vos ſens engourdis, par la piquure d'une lancette ; pourriez-vous juſtement vous plaindre du Chirurgien qui vous auroit piqué ? C'eſt-là préciſément ce que Dieu fait, en châtiant nos vices & nos imprudences. Les plaies qui ſuivent nos crimes, ne ſont rien auprès de celles qu'elles ſont capables de guérir. Mais pour qu'elles puiſſent opérer leur effet, ce n'eſt pas aſſez que Dieu puniſſe en pere : il faut auſſi que nous recevions ſes utiles corrections, en enfans ſoumis & dociles.

§. III.

DES PERSÉCUTIONS.

Les amateurs de la vertu ſujets à l'infortune ; perſécutés ſous de faux prétextes ; avec quelle confiance ils doivent ſupporter ces perſécutions ; avec quelle indifférence ils doivent voir la proſpérité des méchans.

Les amis de la vertu ne ſont point des

rivaux ombrageux, qui cherchent à se détruire : rien au contraire ne les charme davantage, que de voir augmenter le nombre de ceux qui l'aiment. C'est de la part de ses ennemis seuls qu'on a des traverses à craindre : mais aussi elles sont inévitables ; on y doit compter.

Suivant l'idée qu'on se forme communément du bonheur ; la vertu, loin d'être toujours heureuse, ne l'est presque jamais. Les richesses, les honneurs & les emplois distingués, sont rarement son partage. C'est une Vierge orpheline, abandonnée, méconnue & sans dot. Quelques amans de tems à autres, prennent du goût pour elle : mais la plûpart d'entr'eux, la trouvant si dénuée des avantages de la fortune, se réfroidissent bientôt. Un autre obstacle encore rallentit leur passion : les avenues du palais qu'elle habite, sont bordées de ronces & d'épines, & gardées par des génies malfaisans, qui en écartent ceux qui l'approchent ; les uns, par les menaces ; d'autres, par des promesses ; ceux-ci, à force ouverte, ceux-là, par des piéges adroits.

Mais il est une circonstance, qui doit flater ses amateurs, & les rendre persévérans : c'est qu'ils sont sûrs de leur conquête, si leur amour est sincere. L'aimer, c'est déja la posséder, elle n'échappe qu'à ceux

ceux qui la trahissent par inconstance ou par foiblesse : or quand on l'aime, on ne la trahit point.

On ne lui devient infidéle que par avidité pour quelques prétendus biens qu'elle eût fait perdre ou manquer : la tranquillité, l'aisance, le faste, l'amitié des Grands. Or, préférer à la vertu, ou simplement lui comparer, aucuns des avantages dont on peut jouir ici-bas, fussent des mitres ou des tiares, des sceptres & des couronnes : non-seulement, c'est ne la pas aimer, c'est même ne la pas connoître. Au niveau de la vertu, placer du vent, de la fumée, des brillans, quel injurieux parallele ! leur donner la préférence, quelle profanation !

Les vicieux, qui par leur nombre sont dans le monde, le parti dominant, n'ont point proscrit ouvertement la vertu, & ne la combattent jamais sous ses véritables noms : pour avoir droit de la persécuter, ils lui en substituent d'odieux, affectent de la méconnoître, & canonisent les vices, décorés de ses livrées. Ils nomment imbécillité, la droiture & la bonne foi ; lâcheté, le pardon des injures ; gravité pédantesque, la sage circonspection ; le mépris de l'or, folie ; la générosité, foiblesse. L'ambition, au contraire, est transformée dans leur bouche, en noble émulation ;

la ruse & les tromperies, sont de l'industrie, de l'adresse; la bigote hypocrisie prend le nom de piété; la duplicité, celui de fine politique; la feinte, les détours & la dissimulation, sont des chef-d'œuvres de prudence; l'emportement n'est que vivacité; l'orgueil, grandeur de sentimens; l'ardeur de se venger, un point d'honneur indispensable; & la férocité, bravoure. Leurs éloges sont des outrages : efforcez-vous de vous en rendre indigne. Leurs faveurs sont empoisonnées : gardez-vous de les mériter : on ne les peut obtenir qu'aux dépens de la probité.

Lorsqu'on médite une entreprise dont on pourroit s'abstenir, il est permis, & même nécessaire, d'en combiner tous les inconvéniens : mais il n'en faut connoître aucun, lorsqu'il s'agit de remplir son devoir. Un soldat est commandé pour monter à l'assaut : ce n'est point là le cas d'examiner les risques qu'il courra; qu'il marche sans délibérer, dût-il y trouver la mort : l'ordre s'étend jusque-là. Marchons de même sous l'étendard de la vertu sans envisager le péril : quel qu'il soit, si c'est un mal, c'en est un nécessaire, dès qu'on ne peut s'en garantir que par une infidélité. Se lasser de souffrir pour la vertu, c'est approcher bien près du vice.

On ternit votre gloire par d'indignes

calomnies : eh bien, réjouissez-vous, de ce qu'on ne peut vous décrier que par de fausses imputations.

On vous traduit devant des Tribunaux; on vous condamne injustement ; la passion a guidé vos accusateurs & vos Juges: il vous paroît bien amer d'être flétri quoiqu'innocent. Vaudroit-il mieux que vous fussiez coupable ? Le plus grand de tous les malheurs pour l'homme vertueux, seroit-il donc pour vous une consolation ? Et seroit-ce un moyen pour adoucir votre peine, que d'y joindre des remords ?

L'opulence d'un méchant, les postes où on l'éleve, les hommages qu'on lui rend, excitent votre jalousie, vous molestent & vous chagrinent. Quoi ! dites-vous, c'est donc pour de pareils hommes que sont réservées les richesses, les emplois & les dignités ! Cessez votre injuste murmure : si ces biens que vous regrettez en étoient de véritables, les méchans qui en jouissent, en seroient dépouillés, vous les posséderiez. Que diriez-vous d'un grand homme, d'un Vendôme ou d'un Maurice, qui, après avoir sauvé la patrie, se plaindroit qu'on paye mal ses services, parce qu'en sa présence, on distribueroit à des enfans, quelques sucreries, dont on ne lui feroit point part. Votre plainte n'est pas mieux fondée. Dieu n'a-t-il donc pour vous récompenser que des richesses périssables, & des honneurs vains & fragiles?

§. IV.

DES CONTRADICTIONS.

Plier son humeur & supporter celle des autres. Diversité d'humeurs, même parmi les gens de bien : sujets qui donnent le plus ordinairement matiere à des vivacités. Supporter avec patience les génies même les plus défectueux.

Autant la Nature a répandu de variété sur les visages, autant elle en a semé dans les goûts & les caracteres : & comme il seroit déraisonnable d'exiger, dans tous les visages, la ressemblance du sien, il ne l'est pas moins de prétendre, que l'humeur de tous les hommes se plie au gré de la nôtre.

Chacun pense & agit selon le siécle & le climat où il vit, selon son âge, son sexe, son instinct particulier, & l'éducation qu'il a eue ; & ne songe gueres à examiner s'il pense ou agit bien ou mal.

On n'imagineroit pas combien il y a peu d'hommes sur la terre qui s'étudient eux-mêmes, & travaillent à se rendre meilleurs. On se pardonne tout ; & l'on ne passe rien aux autres : on voudroit réformer le genre humain ; & l'on s'excepte tout seul de la réforme.

Commencez par rendre votre humeur souple ; & vous éprouverez bien moins de contrariétés.

Rosine avoue qu'elle est vive : & le public moins ménagé dans ses expressions, appelle sa vivacité, rage, fureur, phrénésie. Jamais il ne lui est venu à l'esprit, que l'Univers entier n'est pas fait pour lui complaire ; ce qu'elle souhaite, elle se le croit dû, & prend pour autant d'outrages tout ce qui la contrarie. Un enfant crie, voilà Rosine excédée : » La sotte engeance qu'un » enfant ! vîte, vîte, qu'on me l'emporte. » Un valet casse un verre : » Le mal-adroit, » le balourd ! retirez-vous, voilà vos ga- » ges. » Le hasard fait qu'elle se trouve seule, & sa solitude l'ennuie : aussi-tôt ses amis absens sont durement apostrophés : » Où » donc est l'ingrate *Doris* ? Qu'est devenue » la nonchalante *Agathe* ? Où s'amuse le » traître *Euphorbe* ? Que fait le perfide *Syl-* » *vandre* ? Quels froids amis ! Dans quel » abandon ils me laissent ! je ne les veux » plus jamais voir. » Capricieuse, changeante, ne voulant jamais aujourd'hui ce qu'elle vouloit hier ; tout ce qu'elle veut constamment, c'est seulement qu'on la devine. On s'y essaye, mais en vain : presque jamais on ne rencontre juste ; encore moins arrive-t-il, lorſqu'on ſçait ce qu'elle deſire, qu'on s'en acquitte à ſon gré. On s'eſt toujours mépris en quelque choſe, on a été ou trop prompt ou trop lent, on l'a fait de mauvaiſe grace. Qu'on la careſſe, on eſt trop libre ; qu'on la reſpecte, on la dédaigne : qu'on la voye rarement, elle s'en plaint avec aigreur ; qu'on la viſite aſſiduement, on la fatigue, on l'importune : & lorſqu'on l'a mécontentée, on en eſt inſtruit ſans délai ; un torrent d'invectives, de reproches & de cris aigus annoncent à l'inſtant ſon dépit. Laiſſez-la exhaler ſa rage : vouloir la calmer, c'eſt l'aigrir. Dans les momens où elle eſt de ſang-froid, vous riſquerez un peu moins à lui faire des remontrances : mais vous n'y gagnerez pas plus. » Au fond, avois-je tort, *vous dira-t-elle?* » Que ne s'y prend-t-on mieux? J'avoue » que je ſuis un peu prompte : mais ce n'eſt » pas-là un grand mal ; il faut me prendre » comme je ſuis. »

Quand tous les hommes ſeroient également attachés à la vertu, ils ne laiſſeroient pas de différer en bien des points. Le fond des principes de morale & des ſentimens ſeroient le même dans tous ; mais ils ne ſe copieroient pas pour cela dans les choſes indifférentes aux bonnes mœurs ; & rien en effet ne les y oblige. Dieu nous a donné ſa loi pour regle de conduite, & non pas nos semblables pour modéles. On peut fort bien être aussi vertueux qu'un autre, sans lui ressembler de caractere. Supposons donc une société composée de tous gens de bien : on y rencontrera encore de quoi exercer sa patience. L'esprit fin & pénétrant ne supportera qu'avec peine des génies lourds & pesans : un plaisant, un facétieux ne sympathisera pas avec un mélancolique. Que l'un soit posé, l'autre vif; l'un grand parleur, l'autre silentieux : que de sujets de rupture pour des humeurs impatientes ! Mais dans ma supposition, tous sont des hommes vertueux, qui tous par conséquent méritent quelques égards. Cherchez premierement cette qualité essentielle, dans ceux avec qui vous vous liez : elle est assez précieuse, assez rare, assez excellente, pour effacer ou couvrir quelques légers défauts. Passez tout à un homme en qui vous connoissez des mœurs & de la probité : vous le devez ménager avec soin; vous perdriez un trésor, si jamais il vous échappoit. Rien ne ressemble plus à Dieu, qu'un homme juste & vertueux: donc ce seroit insulter Dieu, que d'outrager son image.

Tymon est froid & taciturne : les ris & l'enjouement ne dérident jamais son front plissé; les assemblées où l'on se les permet, sont pour lui des pays perdus, où il porte un visage sombre, un air triste & déconcerté. Lorsque par des raisons de bienséance, il s'est cru obligé d'y venir, on l'y trouve de trop, on voudroit bien qu'il s'en fût dispensé. Mais en revanche, Tymon a le cœur droit, l'esprit bien fait & l'ame généreuse. Ayez besoin de son secours : c'en est assez ; c'est un titre suffisant auprès de lui, pour le mériter. Il est grave & sérieux ; mais il n'est ni soupçonneux ni caustique. Il s'abstient des plaisirs permis ; mais il ne les condamne pas. Vous ne l'entendrez point ni censurer ni médire. Il parle peu ; mais il est véridique ; sa bouche est un organe pur, que n'ont jamais souillé le mensonge ni l'équivoque. Traitez sans rien craindre avec lui : vous n'aurez pas besoin, pour assurer l'exécution de ses engagemens, de témoins ni de garantie. Où pourriez-vous trouver des cautions plus sûres que Tymon lui-même ?

Ceux qui donnent le plus souvent matiere à des vivacités, sont sur-tout les enfans, les domestiques & le bas peuple. Ce n'est pas que ces gens-là soient d'une espece plus vile en soi que le reste des hommes, ni qu'ils ayent le cœur plus gâté : c'est seulement que n'ayant point appris par ce qu'on appelle l'usage du monde, à se voiler sous des apparences trompeuses, leurs défauts étant plus visibles, en sont aussi plus choquans.

Damaris, ainsi que la plûpart des meres,

a des enfans badins, folâtres & inappliqués. Elle a beau s'épuiser en leçons, en réprimandes : on ne l'écoute pas, ou l'on oublie qu'elle a parlé, dès qu'elle a fermé la bouche. L'impatience enfin l'emporte, elle crie, tonne, menace, & frappe à coups redoublés. La tendresse maternelle suspendue, fait place au courroux. Qui de vous, ou de vos enfans, Damaris, est plus condamnable ? La légereté les entraîne : la colere vous transporte. La prudence est-elle plus de leur âge, que la modération du vôtre ? » Ils doivent au moins m'obéir, » dites-vous. » Et vous, à la raison, qui vous interdisoit ces violences déplacées. Châtier par emportement, c'est moins punir, que se venger.

Quel démon agite *Aphronie* ? Je l'entends gourmander sans cesse ses femmes & ses valets. Se sont-ils donc tous ligués pour aigrir sa bile amere ? Non, ce sont d'innocentes victimes de ses fureurs capricieuses. Qu'Aphronie rabatte un peu de sa fougueuse pétulance, tous leurs forfaits disparoissent : ils ne lui semblent coupables, que parce qu'elle est emportée. Son humeur impatiente lui grossit tous les objets dont sa fantaisie est blessée, & transforme à ses yeux en crimes, les fautes les plus légeres.

Nos domestiques sont des hommes : c'est une cause infaillible pour qu'ils ne soient pas sans défauts ; & c'est aussi une raison pour nous, d'user avec eux d'indulgence.

Vous méprisez le bas peuple : & vous avez raison, si vos mépris ne tombent que sur sa grossiereté, son ignorance & la bassesse de ses sentimens. A en juger par ces côtés hideux, ce n'est qu'une vile fourmilliere, qui se remue & se tremousse sans connoissance & sans dessein ; un corps sans yeux, qui marche sans voir où il va, ou qui n'est guidé tout au plus que par l'appat d'un gain sordide, & ne connoît presque jamais ses véritables intérêts : ennemi de la sagesse & de la modération ; turbulent, séditieux, féroce quand on le ménage, lâche & rampant quand on l'opprime ; vain, inconstant & superstitieux ; amateur des nouveautés, en proie à la prévention ; s'arrogeant le droit de juger ceux qui l'instruisent & le gouvernent, & les jugeant toujours mal.

Mais de cette classe ignoble, tirez quelques sujets dociles, & d'un âge encore susceptible de leçons & d'enseignemens : c'est peut-être un diamant brut, qui, mis en œuvre par une main habile, vous surprendra par son éclat éblouissant ; la sagesse & la vertu, fruits de l'éducation, le discerneront de la foule ; les richesses & les honneurs seuls n'auroient pas empêché qu'il n'y demeurât confondu. La plûpart des Grands sont peuple.

Dédaignez, tant qu'il vous plaira, la populace en général : mais dans chacun de ceux qui la composent, envisagez des hommes comme vous : aimez-les à ce titre, & supportez leurs défauts. Soyez sur-tout indulgent pour ceux que l'infortune humilie : vos hauteurs & vos duretés leur rendroient encore plus cuisant le sentiment de leurs malheurs. Comme on pardonne à un malade, ses caprices & ses humeurs : on doit aussi passer aux misérables, tous les égaremens dont leur misere est la cause.

Vous n'êtes point parfait, sans doute ; traitez donc vos semblables, comme vous avez intérêt qu'ils vous traitent. N'eussiez-vous même aucuns défauts, vous n'auriez point acquis par-là le droit d'insulter ceux qui en ont ; c'est seulement une raison pour les plaindre davantage. *Adonis*, quoique le plus beau des hommes, n'auroit pas été excusable, s'il eût outragé *Thersite*.

ARTICLE II.

DU COURAGE.

Définition du courage. Division du présent article en deux paragraphes.

J'appelle courage, la vigueur nécessaire à l'ame pour exécuter des actions vertueuses, qui par les obstacles qu'il faut braver, seroient impraticables à des cœurs pusillanimes. Or ces obstacles sont au fond de notre cœur, ou naissent du dehors. De-là deux sortes de courage : l'un par lequel devenus forts contre nous-mêmes, nous parvenons à nous vaincre ; je l'appellerai grandeur d'ame : l'autre, qui agissant au dehors, renverse les barrieres qui s'opposoient à nos desseins ; je l'appellerai héroïsme.

§. I.

De la Grandeur d'Ame.

Elle nous porte à la recherche du beau ; ce que c'est que ce beau. Mépris des biens périssables, source des vertus ; émulation, source des talens. Paresse, préjudiciable à l'ame & au corps. Emulation, distincte de l'envie & de l'ambition.

J'entends par grandeur d'ame, ce sentiment noble, qui nous montrant le vrai beau, nous y fait tendre avec empressement. Mais où le chercher ce vrai beau? Quelles en sont les sources ? Ce sont, à mon avis, la vertu & les talens : tout le reste n'est que clinquant, parade & décoration. Or la vertu naît du mépris des biens périssables ; & les talens, de l'émulation.

Le cœur humain est naturellement vertueux & grand ; ôtez-lui les basses affections qu'il contracte, lorsqu'il se laisse entrainer traîner par les sens ; il reprendra de lui-même sa noblesse originaire.

1. La grandeur d'ame ne consiste pas à négliger ses propres intérêts, mais à ne tourner ses desirs que sur des biens solides & réels. Le juste n'a pas moins d'ardeur pour sa félicité que le méchant ; mais il connoît mieux les moyens de se la procurer, & les pratique plus volontiers. Il sçait que la vertu seule peut suffire à le rendre heureux ; & que si d'autres avantages y contribuent aussi en quelque chose, ce n'est qu'autant qu'elle les accompagne. Si sans blesser la pureté de ses mœurs, il peut jouir d'une vie aisée & tranquille, exempte d'amertumes & de douleurs, & assaisonnée par d'innocens plaisirs, il la préférera sans doute à une vie traversée par des revers, des désastres, des vexations, ou empoisonnée par la souffrance, les opprobres ou les regrets. Mais donnez-lui à choisir entre une action vertueuse, qui ruine sa fortune ou mette sa vie en danger ; & une action lucrative, mais qui flétriroit sa vertu : quelque grand, quelque immense que soit le gain qu'il en puisse espérer, son choix est fait, il n'hésitera pas ; la vertu est bien d'un autre prix à ses yeux, que son repos, son plaisir ou sa vie.

Sophrone & *Pulchérie* sembloient être nés l'un pour l'autre ; la conformité de leur goût, de leur génie & de leur caractere, est établi entr'eux une union inaltérable: mais elle a disposé de sa main. Il l'aime cependant: s'il la voit, son amour croîtra, & sans doute aussi sa foiblesse. Pour éviter sa chûte, il est un moyen assuré, dur à la vérité, mais unique: c'est de ne plus voir Pulchérie. Sophrone s'y résout: voilà sa vertu sauvée. L'amour est un ennemi qu'on ne peut vaincre qu'en fuyant.

Un innocent est accusé devant *Eaque*: les accusateurs sont puissans; on lui dicte le jugement qu'on attend de sa complaisance; la sentence qu'il portera va décider de sa propre ruine ou de son élévation. Mais pour un Juge integre, qu'est-ce que la fortune en comparaison de l'équité?

Callisthene est dépositaire d'une ample succession, qu'un oncle, dont il s'est crû l'héritier, l'a chargé de remettre à un fils qu'il dit avoir, mais que la loi ne connoît pas. Callisthene a promis, sans témoins, sans écrit, tout ce que l'oncle a exigé de lui. Cependant, frustré d'un bien sur lequel il comptoit, il gémit dans l'accablement de la plus affreuse indigence. » Quel si grand » mal, dites-vous, s'il se l'approprioit, ou » qu'il en détournât du moins une partie à » son profit? Qui le sçauroit? » Dieu, qui sçait tout, & Callisthene qui ne pourroit pas l'ignorer. Quoi, sortir de l'indigence, pour tomber dans la perfidie ! Ce n'est pas là se délivrer, c'est se perdre.

Garotté sur un bûcher par ces zélés qui font mourir les gens sous prétexte de Religion, votre vie est dans vos mains : les barbares consentent à vous délier, si vous consentez à mentir, à trahir vos sentimens. Quelle étrange clémence ! Ce qu'ils exigent de vous est bien pis, que le mal qu'ils vouloient vous faire.

2. L'activité de notre esprit, la structure de nos organes, leur vigueur & leur mobilité, & plus encore que tout cela, nos besoins toujours renaissans, nous avertissent que la main qui nous a formés, nous a faits pour une vie agissante & exercée : or la fin à laquelle le Créateur nous destine, est toujours la meilleure de toutes celles où nous pourrions tendre.

C'est un sentiment bas & inventé par la mollesse, que de regarder comme châtiment, la nécessité du travail : c'en seroit fait de nous au contraire, si Dieu nous l'eût interdit. L'inaction est une sorte de léthargie également pernicieuse à l'ame & au corps.

Rhatyme en fournit la preuve : ce qui l'occupe, lui déplaît : ce qui l'exerce, le lasse ; c'est même une fatigue pour lui que d'exister ; sa félicité souveraine seroit d'être anéanti. N'imaginant pas que Dieu puisse mieux récompenser ceux qu'il aime, c'est-là le Paradis qu'il attend; & dès cette vie, il anticipe son bonheur, en prolongeant tous les jours son sommeil bien avant dans la matinée. Le moment de son réveil est un instant fatal pour lui : il l'écarte autant qu'il peut; & forcé de s'arracher enfin du lit, il laisse voir encore long-tems sur son front farouche & ridé, qu'il n'est debout qu'à regret. Il s'habille à vingt reprises, les bras lui tombent, il n'y sçauroit suffire. Par où va-t-il commencer sa journée? » Qu'on » me donne à manger, dit-il. » Ce n'est pas qu'il ait faim, ni peut-être qu'il soit gourmand; mais c'est qu'un homme désœuvré remplit toujours par-là quelques quarts-d'heure de vuide, sans que sa nonchalance en souffre; pendant douze heures qu'il va être sur pied, il aura souvent recours à ce même expédient. Les intervalles que lui laissent ces petits repas de caprice, sont remplis par quelques frivolités qui se succédent promptement l'une à l'autre, parce qu'aucune ne l'amuse. Rien n'est si peu sensible au plaisir qu'un paresseux : c'est une ame engourdie que rien ne pique ni n'éveille. A charge à lui-même, il voudroit pouvoir se fuir, & n'en a pas la force : cet éternel ennui qu'il traîne par-tout, prend mille formes différentes, pour son supplice & pour celui des autres. Tantôt c'est lassitude; il se sent lourd, pesant, il ne sçauroit remuer le bout du doigt: tantôt c'est incommodité; il a je ne sçai quel mal, qu'il ne peut pas définir: d'autres fois il est chagrin, sans sçavoir ce qui l'attriste: dans tous les tems il a l'humeur inégale, difficile & cauteleuse. A l'entendre, on ne le sert jamais bien; on n'a pour lui aucuns égards, on ne le plaint point quand il souffre, on est dur, on le voudroit voir mort. En tout cas, ce seroit lui vouloir du bien: sa sombre imagination, son indolence, sa paresse réaliseront bientôt tous ses maux imaginaires. Il sera demain, s'il ne l'est pas dès aujourd'hui, cacochyme, hypocondriaque, langoureux, étique & débile. Est-ce un bonheur que la vie pour qui la conserve à ce prix?

La nonchalance & la mollesse ont ruiné plus de tempéramens, que n'ont jamais fait les travaux les plus excessifs: & l'exercice moderé, loin de nuire à la santé, l'affermit & la fortifie.

Membres d'une societé dont les secours nous sont nécessaires, nous devons, pour les mériter, la servir aussi nous-mêmes, & la servir avec zéle. Remplir un devoir froidement, c'est ne s'en point acquitter; & ce qu'on fait à regret, on le fait toujours mal.

Il est mille emplois différens, qui tous concourent au bien commun: choisissez parmi ceux qui ſont à votre portée ; étudiez votre goût, conſultez votre capacité, & décidez-vous pour l'état qui vous plaira davantage. Votre choix une fois arrêté, faites-vous un point d'honneur d'exceller dans la profeſſion que vous aurez préférée.

L'émulation paroît voiſine de l'envie & de l'ambition ; mais néanmoins elle ne tient rien ni de l'une ni de l'autre. Loin de s'attriſter du mérite d'autrui, elle s'en fait un motif pour tendre à la perfection avec plus d'empreſſement : c'eſt l'honneur, c'eſt l'amour du devoir qui l'excite, & non pas la ſoif des grandeurs, ou l'aiguillon de l'envie.

Phliſtène hait ceux qui proſpérent, qui brillent, qui ſe diſtinguent. Tous les avantages qu'il voit poſſédés par d'autres, il les croit déplacés : c'eſt à lui qu'ils étoient dûs, on ne ſçait pas connoître ce qu'il vaut. C'eſt l'*envie* qui dévore Philſtène.

Philotime, ébloui par l'éclat des dignités, en fait l'unique objet de ſes deſirs & de ſes ſoins ; plus curieux de les obtenir que de s'en rendre digne. Les honneurs qu'il a brigués lui deviennent inſipides, dès qu'une fois il en jouit : ou, pour mieux dire, il ne jouit d'aucuns ; ſon cœur toujours hors de lui-même, ne s'attachant qu'à ceux où il n'a pas encore atteint. C'eſt l'*ambition* qui le ronge.

Mais pour *Eudoxe*, il eſt viſible qu'une

noble *émulation* eſt le ſeul mobile qui l'anime. L'art oratoire eſt celui qu'il embraſſe, art qu'un ambitieux n'eût point aſſurément choiſi : dans le pays qu'habite Eudoxe, le talent de la parole n'eſt pas fort conſidéré. Joignez-y, ſi vous voulez, de la juſteſſe & de la préciſion dans l'eſprit, une étude profonde des mœurs, des loix, des uſages & des coutumes ; en un mot, tant de talens qu'il vous plaira lui ſuppoſer : tout cela n'eſt rien, & ne ſçauroit le mener loin, s'il n'a point d'argent dans ſes coffres. Dans ce pays, tout eſt vénal : on y a mis à l'encan tout ce qui de ſa nature étoit fait pour encourager les talens. On y vend le droit de diſpoſer des biens & de la vie même des citoyens ; celui d'expoſer la ſienne à la tête d'un régiment ; celui de manier les revenus de l'Etat & les rentes des particuliers, de préſider dans un tribunal, d'en rédiger les jugemens ; ou de les faire exécuter ; on y vend juſqu'à de vains titres, des noms, des armoiries, & je ne ſçai quelle diſtinction, qu'on appelle de la nobleſſe. Cette odieuſe vénalité, qu'en vain on eſſayeroit de juſtifier, ôtant donc au mérite tout eſpoir de récompenſe, l'émulation n'y peut être que fort rare : mais en revanche, elle y brille dans toute ſa pureté. Eudoxe en s'adonnant à l'éloquence du barreau, ne ſera pas ſoupçonné d'aſpirer aux premiers emplois de l'Etat; puisqu'il est sûr que ne les pouvant point acheter, il n'y parviendra pas. Son objet seul est d'exceller dans l'art auquel il s'est borné, de tirer la vérité du sombre cahos où la chicane l'enveloppe, de la présenter aux Juges en termes clairs & lumineux, & de les forcer, par l'évidence, a rendre justice au bon droit. Qu'un autre en fasse autant, Eudoxe n'en est point piqué : que lui importe par qui le bien se fasse, pourvû qu'il soit fait ? Un innocent alloit périr, c'est *Callideme* qui le sauve; un pupille étoit opprimé, c'est *Euphrade* qui le défend : n'importe, puisqu'ils ont réussi, il n'est rien fait de plus sans doute, leur succès en est un pour lui.

Si l'on n'avoit en vûe dans l'exercice de ses talens, que le bien public & l'honneur, on seroit inaccessible à la basse jalousie.

§. II.

DE L'HÉROÏSME.

Idée de l'Héroïsme. 1. Fermeté, distincte de l'opiniâtreté. 2. Intrépidité, distincte de la brutalité. 3. Eloge de la valeur. Portrait d'un homme vaillant, opposé à celui d'un homme féroce. Funestes effets de la guerre. Caracteres qui distinguent la fausse valeur de la véritable bravoure. Si la vengeance, & singulierement les duels, sont les effets du courage ou de la lâcheté.

La grandeur d'ame est comprise dans l'Héroïsme : on n'est point un Héros avec un cœur bas & rampant : mais l'héroïsme differe de la simple grandeur d'ame, en ce qu'il suppose des vertus d'éclat, qui excitent l'étonnement & l'admiration. Quoique pour vaincre ses penchans vicieux, il faille faire de généreux efforts, qui coûtent à la nature : les faire avec succès, est, si l'on veut, grandeur d'ame ; mais ce n'est pas toujours ce qu'on appelle héroïsme. Le Héros, dans le sens auquel ce terme est déterminé par l'usage, est un homme *ferme* contre les difficultés, *intrépide* dans les périls, & *vaillant* dans les combats.

1. La fermeté & l'opiniâtreté ont quelques traits qui se ressemblent ; mais dans les deux tableaux qui suivent, vous distinguerez aisément l'une de l'autre.

Thymocrate embrasse un sentiment, dès-lors quiconque a le malheur de vivre sous sa dépendance, sera forcé de l'adopter aussi. Lui représenter qu'il se trompe, c'est une audace, une révolte : le lui prouver, c'est un outrage impardonnable. Il a fait un réglement de caprice, qu'il prend pour un chef-d'œuvre de prudence & de politique : on l'informe par d'humbles requêtes, des inconvéniens qui en rendent l'exécution impraticable ; avis & requêtes perdus. Thymocrate n'a jamais sçu ni penser ni réfléchir; il ne sçait que vouloir. Modérer son ordonnance, ou la supprimer, eût été le parti le plus sage; mais ce n'eût pas été le plus despotique. » Un Intendant de Provin-» ce, un Magistrat de ma sorte, doit-il pren-» dre la loi d'une vile populace? *Mon ordon-» nance est une nouveauté*: eh bien, qu'on » s'y conforme; & dans dix ans ce n'en » sera plus une. *On la censure, on en releve » les abus*: que m'importe la critique de » gens faits pour m'obéir? *C'est*, dit-on, » *compromettre mon autorité, que de com-» mander l'impossible.* Je la sçaurai bien » mettre à couvert, en châtiant ceux qui se » plaignent. Reculerai-je après m'être » avancé si loin? L'ordre est lâché; juste » ou non, il faudra bien qu'on s'y soumette. » *Le pays, si je m'obstine, est prêt à se sou-» lever*: qu'il se souleve; on le sçaura bien » réduire. »

Voilà de l'opiniâtreté: & voici à présent de la fermeté.

Choregue a servi sa patrie en qualité de Ministre, d'homme de guerre & de finance: le bien public fut en tout son unique objet: rien de ce qui pouvoit y concourir ne lui sembloit indifférent. Avoit-il formé un dessein qui tendît visiblement à ce but; l'exécution en étoit sûre, pourvû qu'il n'eût à surmonter que la critique des esprits faux, que les piéges qu'ils lui tendoient, que les traverses qu'ils lui suscitoient. Les inconvéniens d'un projet pouvoient le rebuter, mais non pas ses difficultés. Favori de son Roi, loin de descendre pour lui complaire, à d'indignes flatteries, il osoit lui présenter la vérité sans voile, & la lui faire envisager. Cent fois ses libres remontrances l'exposerent à perdre son poste : mais le bonheur de l'Etat lui parut toujours préférable à son avantage particulier. Il se faisoit honneur plutôt de servir son Prince, que de posséder sa faveur, & songeoit moins à éviter sa disgrace, qu'à ne la pas mériter. » J'ai bien » pû, *disoit-il*, hasarder ma vie dans les » combats, pour la gloire de mon maître » & la mienne : & je craindrois de risquer » ma fortune ! »

Heureux le Monarque à qui le Ciel propice auroit accordé un pareil Ministre ! Mais, sans doute, mon Lecteur ne prendra celui que je peins, que pour un être imaginaire : & je me garderai bien moimême d'en affirmer l'existence. Quelque rares que soient les *Alexandres* & les *Césars*, on en trouve bien plus encore que de Ministres désintéressés, dont l'unique point de vûe soit le bien de l'Etat & l'honneur de leur Souverain.

L'opiniâtreté est un entêtement aveugle pour un sujet inutile ou injuste : elle part pour l'ordinaire d'un esprit sot ou méchant, ou méchant & sot tout ensemble, qui croiroit sa gloire ternie, s'il revenoit sur ses pas, lorsqu'on l'avertit qu'il s'égare.

La fermeté au contraire est la résolution constante d'un homme sensé, qui persiste dans un dessein qu'il sçait être juste & utile, malgré les oppositions qu'il rencontre, ou les travaux qu'il lui en coûte. C'est l'honneur, c'est la vertu, c'est l'amour du bien public, qui inspirent la fermeté. Je dis *l'amour du bien public*; car celui qui ne s'obstine à poursuivre une entreprise, que par la considération de son propre avantage, n'est qu'une ame intéressée, dont la constance a plutôt pour principe, la bassesse, que l'héroïsme.

Pour l'honneur & pour la vertu, on ne sçauroit trop faire : mais on fait trop pour la fortune, lorsqu'on lui sacrifie sa santé, son repos, sa maîtresse ou son ami.

2. L'intrépidité est une sorte de fermeté, mais éprouvée par la présence du danger, des peines & des souffrances : elle caractérise plus particulierement le Héros. Distinguons-la de la brutalité, qui peut produire à peu près les mêmes effets, mais ne part point du même principe.

Penisandre ne craint rien : les gouffres, les précipices, le fer, le feu, la foudre même sont des bornes impuissantes contre ses hardis attentats. Il se croit, sans doute, intrépide,

intrépide, & tranche du héros : ce n'est qu'un scélérat, qu'une fureur brutale aveugle ; il s'étourdit sur le péril, plutôt qu'il ne le méprise ; il succomberoit lâchement, s'il osoit le considérer. Un méchant ne le brave que faute de le connoître, ou par l'espoir d'en échapper. Qu'on ne s'y trompe point : tout homme sans vertu, est au fond de l'ame, un lâche, qui n'a pour se défendre de la poltronnerie, que l'emportement & la rage.

C'est dans *Cratere* qu'il faut chercher l'homme intrépide. Avant de commencer, il a d'abord examiné si ce qu'il entreprend est possible & digne d'un homme d'honneur. Alors le danger n'a plus rien qui l'effraye : il le voit d'un front serein, & lui fait tête sans se troubler. S'il y succombe, ce sera la force qui lui aura manqué, & non pas le courage ; & de quelque maniere qu'il s'en tire, ayant combattu jusqu'au bout, il en sort couvert de gloire.

Souvent entre l'homme intrépide & le furieux, il n'est de différence visible, que la cause qui les anime. Celui-ci pour des biens frivoles, pour des honneurs chimériques, pour de véritables riens, qu'on acheteroit encore trop cher par un simple desir, sacrifiera ses amusemens, sa tranquillité, sa vie même. L'autre au contraire connoît le prix de son existence, les charmes du plaisir & la douceur du repos : il y renoncera cependant, pour affronter les hasards, les souffrances & la mort même, si la justice & son devoir l'ordonnent; mais il n'y renoncera qu'à ce prix. Sa vertu lui est plus chere que sa vie, que ses plaisirs & son repos : mais c'est le seul avantage qu'il préfere à tous ceux-là.

3. Mais allons chercher l'Héroïsme sur les théâtres sanglans, où le vulgaire le place; dans les camps, dans les armées, sous les murailles des villes assiégées; car le commun des hommes ne connoît point d'autres Héros que les Guerriers. Voyons si ces triomphateurs, pesés dans la balance de la raison & de l'équité, sont dignes des grands noms qu'on leur prodigue.

La valeur est, sans doute, une vertu d'un grand prix; puisque c'est de toutes, celle qui exige les plus grands sacrifices.

Polemiste, du sein de l'abondance, entouré des ris & des jeux, qu'elle mene toujours à sa suite, entend les sons perçans de la trompette guerriere : aussi-tôt il se leve, part & vole aux combats. Amours, festins, spectacles, danse, plaisirs de toute espece, vous n'étiez pour lui que des passetems frivoles : vous amusiez son loisir, mais vous n'occupiez pas son cœur : ce n'est que depuis qu'il vous a quittés qu'il vit dans son élément... Mais est-ce lui que je vois? La poussiere, la sueur, le sang, les plaies, la faim, la soif & la fatigue ont défiguré tous ses traits; je ne le reconnois qu'à la vigueur de son bras, à la grandeur de ses exploits. Tout plie, tout céde sous ses coups; la mort a remis dans ses mains ses droits & son arme homicide. Les bataillons ennemis sont contre lui d'inutiles barrieres; ainsi que de foibles épis, il les moissonne & les renverse.

Si c'est l'honneur, le devoir & l'amour de la justice qui ont armé Polémiste, j'en conviendrai, c'est un héros: mais c'est un monstre odieux, si tant de sang répandu, n'est versé que pour assouvir son avarice ou son ambition.

Je sçai que ces monstres mêmes, lorsqu'ils sont subordonnés, peuvent servir utilement la Patrie; elle n'a besoin que de leurs bras; le mobile qui les remue lui est indifférent. » Il est incontestable, *dit un* » *Ecrivain* * *de nos jours*, que l'esprit mi» litaire est le défenseur d'un Etat: il faut » l'y nourrir avec soin; mais comme on » nourrit un dogue, pour la garde d'une » maison, en l'enchaînant, & ne lui per» mettant de prendre que très-rarement » l'essor, de peur qu'il ne dévore ses maî» tres mêmes. »

* M. de l'Ecluse, Not. 5. sur le XXX. liv. des Mém. de Sully.

Attendu l'injustice & la méchanceté des hommes, la guerre est nécessaire ; mais c'est toujours un mal, que tout le bien qui en peut revenir ne sçauroit jamais compenser. Fille de la férocité, elle n'enfante que des forfaits, des cruautés & des meurtres. Elle déchire le cœur des meres, des épouses & des amantes ; elle dépeuple les provinces, réduit les villes en poudre, & ravage les campagnes. Elle fait pis ; elle déprave les mœurs, éteint le goût des beaux arts ; & sur les ruines des vertus sociales, des sciences & des lettres, établit la grossiereté, l'ignorance & la barbarie. C'est alors que l'inhumanité brille, sous le beau nom de bravoure : on ne connoît plus de vertu que la soif du sang ennemi.

Jamais la Grece ne compta tant de Héros, que dans le tems de son enfance, où elle n'étoit encore peuplée que de brigands & d'assassins. Dans un siécle plus éclairé, ils ne sont pas en si grand nombre. Les connoisseurs y regardent à deux fois, avant que d'accorder ce titre : on en dépouille *Alexandre*, on le refuse au Conquerant du Nord ; & nul Prince n'y peut prétendre, s'il n'offre pour l'obtenir que des victoires & des trophées. *Henri* le Grand en eût été lui-même indigne, si content d'avoir conquis ses Etats, il n'en eût pas été le défenseur & le pere.

Mais le peuple est toujours peuple ; & comme il n'a point d'idée de la véritable grandeur, souvent tel lui paroît un héros, qui, réduit à sa juste valeur, est l'opprobre du genre humain.

Thériode, homme rustre & sauvage, sans goût, sans talens & sans mœurs, a du moins sçu se rendre justice : il a pris le parti des armes ; c'étoit le seul qu'il pût prendre. Autant il est inepte à tout autre état, autant il est propre à celui-ci, s'il ne s'agit pour le bien remplir que d'être violent, farouche, inhumain & cruel. Il ne lui en coûte point d'efforts pour s'exciter au massacre ; il est né sanguinaire, & ne reconnoît plus les hommes pour ses semblables, lorsqu'il est payé pour les tuer. La crainte d'un sort pareil ne ralentit point sa rage ; il ne porte pas sa pensée au-delà de l'instant présent, & ne s'est jamais amusé à songer s'il y a quelque différence entre vivre & avoir vécu. C'est un automate armé, une machine de guerre, placée sur un champ de bataille, qui se monte au bruit du tambour, des trompettes & des clairons : le fracas de l'artillerie achève de la mettre en branle ; alors elle frappe à droite & à gauche ; tout ce qu'elle a de vie & d'action est ramassé dans ses bras.

Voilà cependant pour le peuple un vaillant homme, un héros, sur-tout s'il tient un rang qualifié dans l'armée ; car le titre de héros, dans le langage vulgaire, emporte avec soi l'idée d'un grade éminent : un Soldat ne l'obtient pas, s'il n'est qu'Anspesade ou Sergent ; il faut au moins qu'il soit Feld-Maréchal, Prince ou Généralissime.

Ne disputons pas sur les mots ; laissons les guerriers du premier ordre en possession de l'héroïsme, puisqu'un usage, plus ancien que nous, l'adjuge exclusivement à la valeur guerriere ; mais du moins n'appellons valeur que ce qui l'est véritablement.

Sacrifier sa vie sans craindre & sans hésiter, passe pour l'effort de la vaillance le plus sublime & le plus glorieux : cependant la sacrifier pour un sujet léger, c'est pure témérité ; le faire pour un sujet injuste, c'est le comble de la méchanceté.

Le mépris de la vie n'est point un mérite en soi ; au contraire, la regle générale est de pourvoir à se la conserver. Le seul cas où il soit permis de se dispenser de cette loi, c'est quand le devoir nous engage à quelque acte de vertu qu'on ne peut exécuter sans l'exposer ou la perdre. Il est beau de mourir pour défendre sa patrie, son honneur ou sa conscience ; mais il est honteux de mourir victime de ses passions, de ses desseins ambitieux, de son avidité sordide, de sa fureur vindicative.

Il est faux qu'une action soit glorieuse à

proportion de sa difficulté, si en même tems elle n'est utile & vertueuse. La difficulté n'y ajoûte du prix, qu'autant qu'elle marque de la part de celui qui l'a faite, un attachement constant à son devoir.

Qu'on ne craigne point qu'en déclamant contre la fausse valeur, j'amollisse l'humeur belliqueuse de nos troupes. L'Officier est excité par l'espoir attrayant de flatteuses récompenses, bien plus puissant sur ses esprits, que ne seront mes stériles apophthegmes. Pour la menue soldatesque, elle est aussi fort à l'abri de mes impressions: sa férocité l'en garantit. D'ailleurs nos braves Pandours ne liront point mon ouvrage.

Mais, que dis-je? qu'ils le lisent: le service militaire y gagnera; leur bravoure, en s'épurant, ne fera que s'accroître. Toute disposition de l'ame, réglée par la droite raison, n'en est que plus ferme & plus stable. Connoissez le péril avant de vous y exposer; n'en étant point surpris, vous en serez plus intrépide. Ménagez votre vie pour le moment où il sera plus nécessaire de la risquer ou de la perdre, (elle vaut bien au moins la peine que vous ne la prodiguiez pas:) vous en servirez l'Etat plus utilement.

Un moyen propre sur-tout à redoubler votre intrépidité, c'est d'être homme de bien: votre conscience alors vous donnant une douce sécurité sur le sort de l'autre vie ; vous en serez plus disposé à faire, s'il en est besoin, le sacrifice de celle-ci. » Dans une „ bataille, dit *Xénophon* *, ceux qui crai-„ gnent le plus les Dieux, sont ceux qui „ craignent le moins les hommes. „

Pour ne point redouter la mort, il faut avoir des mœurs bien pures, ou être un scélérat bien aveuglé par l'habitude du crime. Voilà deux moyens pour ne pas fuir le danger. Choisissez.

Lequel choisirez-vous, furieux duellistes, qui vous faites gloire de vuider le fer à la main, vos querelles particulieres ? Vous vous inquiétez peu des redoutables effets de la justice Divine, vous qui ne craignez pas que la mort vous surprenne dans le crime. Vous appartient-elle en propre cette vie que vous allez sacrifier ? Vous l'êtes-vous donnée vous-même, pour oser en disposer ? Est-il à vous, ce sang que vous allez répandre, & qui ne devroit couler que pour le salut de l'Etat ? Infidéles dépositaires, qui détournez à votre usage, ou plutôt pour votre ruine, un bien que Dieu & la Patrie sont en droit de revendiquer.

Mais où m'égaré-je ? Alléguer à ces forcenés des argumens tirés de l'équité naturelle, c'est leur parler un langage étranger : ils ne la connoissent point, & ne voyent

* Cyropédie, Lib. III.

de justice qu'à la pointe de leur épée. Rapprochons-nous, & mettons-nous à leur portée. Détrompons-les, s'il se peut, d'un faux point d'honneur, dont ils se sont entêtés : que de meurtres nous préviendrions par-là ! Car, il en faut convenir, c'est souvent moins la haine qui les transporte, que l'envie de passer pour braves. On calmeroit bientôt leur ardeur pour la vengeance, si l'on pouvoit les convaincre, que se venger, c'est être lâche. Or on le peut, s'ils ne s'obstinent pas à résister à l'évidence.

La lâcheté est une foiblesse inexcusable, qui nous rend infidéles à quelques-uns de nos devoirs : or la passion de se venger porte ces deux caracteres.

1°. Elle nous fait violer un de nos plus importans devoirs, en nous excitant au meurtre de nos semblables, que la loi naturelle nous ordonne de chérir comme nous-mêmes. Quelle différence entre aimer son frere, & lui plonger un poignard dans le sein ?

2°. J'ose avancer que la vengeance est une foiblesse. Quel autre nom peut-on donner aux soulevemens d'un cœur mutiné, qui laisse altérer sa tranquillité par le ressentiment d'un outrage, souvent très-supportable en soi ? Est-ce être courageux que de céder à l'impatience ? Sçavoir souffrir, voilà le véritable courage : il consiste bien plus à pardonner une injure qu'à s'en venger. Pour pardonner, il faut dompter les transports de son courroux : pour se venger, il ne faut que s'y laisser aller. Votre ennemi a entrepris de vous ôter la vie : la sienne est dans vos mains ; laissez-le vivre ; voilà ce que l'équité naturelle vous prescrit. Par ce procédé généreux, ou vous éteindrez sa haine, ou vous mettrez tout le tort de son côté ; au lieu que vous le partagez, si vous songez à en tirer vengeance. Son attentat ne vous a point acquis le droit de faire un homicide.

Que seroit-ce si le traitement dont vous vous plaignez, n'étoit qu'un soûris dédaigneux, qu'un trait mordant, qu'une raillerie un peu vive, qu'un coup de canne, un soufflet ? Quoi, pour d'aussi frivoles offenses, vous irez de votre autorité privée, ou égorger le coupable, ou expier par votre sang le prétendu affront qu'on vous a fait?

» Eh ! ce n'est pas tant, dites-vous, l'ou„ trage en lui-même qui m'irrite, que le „ deshonneur dont il me couvre. Un coup „ de canne, un soufflet ! Quelle horrible „ flétrissure ! „

Bas & pitoyable préjugé ! ne pourrai-je pas réussir à l'extirper enfin du cœur de mes concitoyens ? Quoi, l'insolence d'un téméraire vous humilie & vous dégrade ! Quoi, le crime d'autrui vous enleve votre honneur ! Vous a-t-il donc enlevé votre vertu ? Ou bien est-il quelque sorte d'honneur dont elle ne soit pas la base ?

Contraste étrange & déplorable ! Nous sommes imbus de pere en fils, de mille préventions semblables ; nous en sentons toute l'absurdité, & nous n'osons pas les abjurer hautement.

„ Je rends hommage, me dit *Philelethe*, „ à la justice de vos maximes : au fond je „ tombe d'accord avec vous : mais je suis „ perdu dans le monde, si j'en crois vos „ conseils & ceux de ma conscience ; je ne „ puis plus paroître avec honneur ; & l'hon- „ neur m'est plus cher que la vie. „

Quoi toujours de l'honneur mal-entendu ! L'honneur peut-il donc jamais être en contrariété avec la droite raison ? Eclairé par sa lumiere, vous convenez que la vengeance est une foiblesse, une véritable lâcheté, & vous persistez à vouloir vous venger, pour l'intérêt de votre honneur ? Osez braver l'erreur publique. Craignez-vous qu'on ne doute de votre courage : eh bien, allez le signaler par des exploits utiles & permis.

Si l'exemple est pour vous de quelque poids, jugez de l'odieux de ces combats singuliers, par celui de toutes les nations policées ; en exceptant seulement celle qui prétend l'être le plus, chez quelle autre cette fureur, dont vous tirez vanité, a-t-elle eu quelques partisans ? Ces illustres Grecs, ces judicieux Romains, qui furent tour à tour les maîtres de l'Univers, se connoissoient assurément en valeur : se faisoient-ils un jeu du meurtre de leurs compatriotes ? L'épée, l'arc & le bouclier étoient chez eux des instrumens inutiles pendant la paix.

Voulez-vous des modéles plus modernes & plus voisins ? Vous les trouvez dans ces fiers Insulaires, nos perpétuels rivaux pour la bravoure, les sentimens, l'esprit, les arts & les sciences. Malgré cette férocité de mœurs, qu'il vous plaît de leur imputer, vous n'avez pas à leur reprocher celle dont je vous reprends.

Tant que vos Prêtres, dans des chaires, déclament seuls contre cet excès, vous les laissez moraliser, sans tenir compte de leurs moralités. Vous les avez entendus traiter d'abus criminels, tant d'actions qui vous semblent innocentes, & dont peut-être quelques-unes le sont en effet, qu'ils vous sont suspects, lorsqu'ils condamnent celle-ci. Mais moi, qui n'exige de vous que ce qu'il est sûr que Dieu ordonne, & qui ne vous interdis que ce qu'il est sûr qu'il défend ; m'en croirez-vous ? Ce n'est point la mollesse ou la lâcheté qui me suggere ces conseils ; c'est la douceur & l'humanité dont je fais gloire. Nos fastidieux petits-maîtres

maîtres ne goûteront point ma morale ; mais sont-ils faits pour goûter rien de sensé ?

CHAPITRE III.

De la Justice.

De quelle sorte de Justice il s'agit ici. Division de ce Chapitre.

LA Justice en général est une vertu qui nous fait rendre à Dieu, à nous-mêmes & aux autres hommes, ce qui leur est dû à chacun : elle comprend tous nos devoirs ; & être juste de cette maniere, ou être vertueux, ne sont qu'une même chose.

Ici nous ne prendrons la justice que pour un sentiment d'équité, qui nous fait agir avec droiture, & rendre à nos semblables ce que nous leur devons.

Quoiqu'il semble que la justice ainsi définie, pût être rangée parmi les vertus sociales, dont nous parlerons dans la troisiéme partie de cet ouvrage ; je crois toutefois la devoir placer ici. Les vertus sociales sont fondées sur les différentes sortes de liens qui unissent les hommes entr'eux, tels que l'amour, la subordination, l'humanité, la reconnoissance. La justice au contraire n'a pas besoin de ces liens, qui, loin de la rendre plus active, ne font souvent que la gêner, l'ébranler, ou même la corrompre. Ce n'est point par amitié pour les autres, par compassion ni par bonté, que nous devons être justes; c'est parce que nous sommes créés à l'image de Dieu, qui est juste lui-même, & qui veut que nous le soyons.

Les Jurisconsultes distinguent deux sortes de justice; nous adopterons leur distinction : ils appellent l'une *commutative*; c'est celle qui met de la droiture dans le commerce qu'ont les hommes les uns avec les autres : & l'autre *distributive*; c'est celle qui regle sur l'équité la décision de leurs différends. La premiere est celle des particuliers : l'autre est celle des Souverains & des Magistrats.

ARTICLE I.

DE LA JUSTICE COMMUTATIVE.

Division du présent Article en deux Paragraphes.

La droiture, qui est la base de la justice commutative, a deux parties : la *sincérité* dans les paroles, & la *bonne foi* dans les traités. La sincérité fait naître la confiance mutuelle, si nécessaire entre les membres d'une même société. La bonne foi dans les traités, la conserve & la maintient.

§. I.

DE LA SINCÉRITÉ.

Elle est prescrite par la loi de nature : elle ne souffre point d'exception ni d'altération, s'agit-il de se sauver la vie. Abus & inutilité du serment. Nulle sorte de mensonge n'est excusable ; la calomnie est le pire de tous, moyen de l'éviter. Avantages de la sincérité pour la société publique.

Si nos ames étoient de purs esprits dégagés des liens du corps, l'une liroit au fond de l'autre : les pensées seroient visibles, on se les communiqueroit sans le secours de la parole ; & il ne seroit pas nécessaire alors de faire un précepte de la sincérité. C'est pour suppléer, autant qu'il en est besoin, à ce commerce de pensées dont nos corps gênent la liberté, que la nature nous a donné le talent de proférer des sons articulés. La langue est un truchement par le moyen duquel les ames s'entretiennent ensemble : elle est coupable si elle les sert infidélement, ainsi que le seroit un interpréte imposteur, qui trahiroit son ministere.

Loin de nous ces rafinemens de duplicité, ces équivoques, ces subterfuges, ces réservations mentales, plus propres à multiplier les mensonges, qu'à les faire éviter. On ment toutes les fois qu'on donne lieu volontairement à autrui, de croire vrai ce qu'on sçait être faux, ou de croire faux ce qu'on sçait être vrai.

Abraham mentit, lorsque, par une prudence mal-entendue, il fit passer sa femme pour sa sœur, chez Abimelech & chez Pharaon. Qu'elle fût, si l'on veut, sa parente, sa sincérité n'étoit point à couvert par-là : dire qu'elle étoit sa sœur, c'étoit donner lieu de croire qu'elle n'étoit pas son épouse; & c'étoit-là en effet ce qu'Abraham vouloit qu'ils crussent. Il avoit peur, dit-on, que l'un ou l'autre de ces Princes ne le fit mourir, pour jouir, sans concurrent, de la belle Sara. Quoi! ce pere des croyans avoit-il donc si peu de foi, si peu de confiance en son Dieu, pour ne le pas croire capable de lui conserver la vie, s'il n'y coopéroit par un mensonge? Et quel mensonge encore? Un mensonge qui livroit son épouse aux bras du premier occupant. Je ne sçai pas de quel œil les maris Espagnols regardent ce trait d'Abraham; mais je crois qu'il trouvera plus d'apologistes en France.

La loi naturelle, qui veut que la vérité regne dans tous nos discours, n'a pas excepté les cas où notre sincérité pourroit nous coûter la vie. Mentir, c'est offenser la vertu, c'est donc aussi blesser l'honneur: or on convient généralement que l'honneur est préférable à la vie: il en faut donc dire autant de la sincérité.

Qu'on ne croie point ce sentiment outré. Quand je serois le seul au monde qui l'adoptasse, je ne l'abandonnerois pas pour cela: mais il est plus général que peut-être on ne pense. C'est un usage presque universel dans tous les tribunaux, de faire affirmer à un accusé, avant de l'interroger, qu'il répondra conformément à la vérité; & cela même lorsqu'il s'agit d'un crime capital. On lui fait donc l'honneur de supposer qu'il pourra, quoique coupable du fait qu'on lui impute, être encore assez homme de bien, pour déposer contre lui-même au risque de perdre la vie, & de la perdre ignominieusement. Or le supposeroit-on, si l'on jugeoit que la loi naturelle le dispensât de le faire?

Il est vrai qu'on ajoute ordinairement un degré de solemnité à l'affirmation de l'accusé, en la lui faisant faire avec serment: mais ce n'est pas là non plus la circonstance que je loue davantage. A quoi peut jamais servir un serment? Un fourbe ne trouve pas plus difficile de se parjurer que de mentir; & l'homme véridique, après les plus affreux sermens, ne peut pas dire plus vrai qu'il n'auroit fait en affirmant simplement.

La vérité n'eſt pas ſuſceptible de plus ou de moins.

C'eſt outrager gratuitement les hommes que d'exiger d'eux des ſermens : c'eſt les ſuppoſer tout à la fois, & capables de mentir, & aſſez ſuperſtitieux pour mettre de la différence entre un menſonge & un parjure. J'avoue qu'il en eſt quelques-uns à qui c'eſt rendre juſtice, que de les en croire capables.

On pourſuit en jugement *Epiorque*, pour le payement d'une ſomme. On ne produit point contre lui d'obligation par écrit : il ne s'eſt engagé que verbalement. Il paroît devant ſes Juges, il biaiſe d'abord : on le preſſe ; il fait un roman, le détaille & le circonſtancie ; & finit par nier la dette. Félicitez Epiorque, il ſort abſous à bon marché : on ne l'a point obligé de jurer ; il n'a fait ſimplement que mentir en préſence de ſes Juges, & de la foule qui les environne. „ M'en voilà tiré bien heureuſement, dit-il „ à ſes amis, au ſortir du tribunal ; ſi l'on „ m'eût pris à mon ſerment, je perdois mon „ procès, car je n'aurois pas affirmé. „

Cependant ne concluons rien de cet exemple en faveur de l'uſage établi, d'exiger quelquefois en juſtice le ſerment des parties. Car qui pourra vous répondre qu'Epiorque en effet eût mieux aimé rétracter ſon menſonge, que de le confirmer par un faux ferment? Mais quand il eût été capable de le faire, ce qui n'est pas probable, ce seroit un exemple unique, qu'on ne peut pas tirer à conséquence, & qui n'empêche pas qu'on n'établisse comme une maxime généralement vraie, que quiconque ment sans scrupule, se parjure de même.

Le meilleur secret pour obvier aux parjure, c'est de ne point exiger de sermens. Je ne voudrois même pas, sans nécessité, interroger quelqu'un que je soupçonnerois capable de mentir, & intéressé à le faire; car c'est lui en fournir l'occasion.

La morale de la plûpart des gens, en fait de sincérité, n'est pas rigide : on ne se fait point une affaire de trahir la vérité par intérêt, ou pour se disculper, ou pour excuser un autre. On appelle ces mensonges *officieux* : on les fait pour avoir la paix, pour obliger quelqu'un, pour prévenir quelque accident. Misérables prétextes, qu'un mot seul va pulvériser. Il n'est jamais permis de faire un mal pour qu'il en arrive un bien. La bonne intention sert à justifier les actions indifférentes; mais n'autorise pas celles qui sont déterminément mauvaises.

On passe aussi légerement sur les mensonges *badins*, les historiettes feintes, les nouvelles controuvées : » Ce sont des plai-

» ſanteries, qui ne nuiſent à perſonne. « Quelle biſarre apologie ! Une action eſt-elle donc innocente, pour ne pas renfermer deux crimes ?

Pour la *Calomnie*, on me l'abandonne : c'eſt un menſonge odieux que chacun réprouve & déteſte, ne fût-ce que par la crainte d'en être quelque jour l'objet. Mais ſouvent tel qui la condamne, n'en eſt pas innocent lui-même : il a rapporté des faits avec infidélité, les a groſſis, altérés ou changés ; étourdiment peut-être ; & par la ſeule habitude d'orner ou d'exagérer ſes récits.

Un moyen sûr, & le ſeul qui le ſoit, pour ne point calomnier, c'eſt de ne jamais médire.

Tranſportez-vous en eſprit dans quelque monde imaginaire, où vous ſuppoſerez que les paroles ſont toujours l'expreſſion fidéle du ſentiment & de la penſée ; où l'ami qui vous fera des offres de ſervice, ſoit en effet rempli de bienveillance ; où l'on ne cherche point à ſe prévaloir de votre crédulité, pour vous repaître l'eſprit de fables ; où la vérité dicte tous les diſcours, les récits & les promeſſes ; où l'on vive, par conſéquent, ſans ſoupçons & ſans défiance, à l'abri des impoſtures & des tromperies, des ruſes & des ſtratagêmes, des trahiſons, des perſilies & des délations calomnieuses : quel délicieux commerce, que celui des hommes qui peupleroient cet heureux globe ?

Vous voudriez que celui que vous habitez, jouît d'une pareille félicité : eh bien, contribuez-y de votre part, & commencez par être vous-même, droit, sincere & véridique.

§. II.

DE LA BONNE FOI.

Elle n'a pas besoin d'être définie : on ne la viole que par des vûes d'intérêt ; exemples qui en sont des preuves. Fraudes, qu'on se croit permises, parce qu'elles sont d'un usage presque général. Personne ne doute que le vol ne soit un crime. C'est voler que de manquer volontairement à payer ses dettes. Différentes sortes de dettes ; les unes innocentes, les autres criminelles.

Il est inutile de définir ce que c'est que la bonne foi : ceux-mêmes qui en sont les moins pourvus, ne l'ignorent pas, & ne seroient point fâchés que tous les hommes en eussent, pour les duper plus à leur aise ; car on n'est pas fourbe à crédit, c'est toujours par quelque vûe d'intérêt que l'on trompe & qu'on affronte.

Pourquoi ces Ministres imposteurs d'idoles muettes & sans vie, avoient-ils forgé des mysteres, des oracles & des prodiges, multiplié les sacrifices, inventé des eaux lustrales, des gâteaux ou des pains sacrés? C'est que par ces inventions, ils augmentoient leurs revenus. Tout dogme qui les faisoit vivre, étoit celui qu'ils prêchoient, comme le plus légitime & le plus inviolable.

Pourquoi les gens de loi ont-ils noyé la droite raison & l'équité dans un déluge de procédures, de formalités & de chicanes rafinées? C'est pour mettre à profit les démêlés de leurs concitoyens, & s'enrichir par leurs mésintelligences.

Pourquoi le patelin *Astorgue* marche-t-il les yeux baissés, la tête humblement inclinée, coëffé d'un large feutre, vêtu plus que modestement? Pourquoi ce ton doucereux, ces paroles emmiellées? Pourquoi ce zele simulé pour les intérêts du Ciel, ces lamentations hypocrites sur l'aveuglement des pécheurs? C'est pour lever des contributions sur les trop simples béates qu'il abuse par ses grimaces.

Pour terminer un long procès, fécond en branches & en incidens, vous transigez avec le plaideur *Eriste*, même à votre désavantage. Inutile sacrifice! Sous le prétexte spécieux de se prêter à un accommodement, Eriste a choisi cette occasion pour gagner sur vous du terrein. Vous avez abandonné volontairement une partie de vos droits, afin de vous assurer l'autre: vous n'en serez pas moins dépouillé du tout. Secondé par un tabellion infidéle, il a glissé dans la transaction, des termes équivoques & captieux, dont il sçaura se prévaloir contre vous; & vous aurez sans vous en être apperçu, donné les mains à votre ruine.

Je vais dans un quartier de la ville, dont les habitans sont marchands d'étoffes. Ai-je donc été, par quelque enchantement, transporté dans un pays lointain, pour y trouver des usages si singuliers & si bisarres? Les marchands que j'ai vûs ailleurs, ont pour le débit de leurs marchandises, un lieu par bas, qu'ils appellent une boutique. Ceux-là en ont une aussi: mais elle est vuide & sans autres ornemens, que l'épouse du Commerçant & ses filles, qui, parées fastueusement, nonchalamment assises, & toujours désœuvrées, semblent n'y être précisémeut, que pour y servir d'enseigne. J'entre, dans le dessein d'acheter. On m'introduit dans une salle écartée, inaccessible au grand jour, où le soleil ne pénetre que de biais, & par une fente étroite. On me présente des étoffes, on les déroule, on me les développe; complaisance illusoire, qui ne sert qu'à m'en imposer! le faux jour qu'on m'a ménagé, m'en cachera les tares & les défauts. Commencez par m'abattre ces chassis noirs qui m'offusquent; & si vous voulez que je voie, ne me faites pas voir à demi.

Il y a dans toutes les professions, quelque fraude d'usage, dont on ne se fait point de reproche, par la raison qu'elle est universellement pratiquée; & tel marchand laisse subsister sans scrupule, un abajour à son magasin, qui peut-être gerera fidélement la tutelle de son neveu.

Tel Capitaine a, pour la montre, un grand nombre de passe-volans, dont il s'approprie la paye; qui rougiroit de toute autre sorte de vol.

Tel Soldat dérobe son hôte, & croit de bonne prise, tout ce qui lui tombe sous la main, tant qu'il porte l'uniforme; à qui, peut-être, sous un autre habit, vous pourriez confier votre coffre fort, sans risque.

Un Moine, d'ailleurs honnête homme, offre à la vénération publique, des châsses & des ossemens, des agnus & des scapulaires, qu'il n'estime au fond de l'ame, que selon leur juste valeur: mais tous ceux de sa robe en font autant; il se croiroit faux-frere, s'il n'étoit pas leur complice.

Les suppôts du Barreau vendent cherement leur ministere; les plus désintéressés d'entre eux, n'exigent le payement que du travail qu'ils ont fait : mais en est-il, qui ne fassent que celui qu'ils devroient faire ? Il est passé en coutume, de surcharger les parties d'un vain fatras d'écritures, dont les trois quarts n'ont d'autre utilité, que de grossir le salaire de l'écrivain. Peu scrupuleux sur cet article, » n'est-» il pas juste, *disent-ils*, que nous vivions » des sottises des hommes ? « Vivez-en, à la bonne-heure : mais n'agissez point en corsaire avec ceux qui vous font vivre.

Je ne parlerai point ici des vols & des rapines manifestes : tout le monde sçait, que c'est un crime inexcusable que de prendre le bien d'autrui à force ouverte : ou du moins il n'y a gueres que les conquérans qui l'ignorent. De plus, je ne me donne point pour un convertisseur de brigands : des gibets, des échafauts tous dressés, voilà les leçons qu'il leur faut ; les seules qui soient capables de leur contenir la main ; & les seules en effet à quoi la plûpart des hommes sont redevables de leur prétendue probité.

La maniere de voler, qui se pratique le plus, & dont on rougit le moins, c'est d'emprunter & ne point rendre : c'est un dicton reçu, qu'on n'est pas fripon pour devoir. Cependant on ne vole pas seulement en prenant le bien d'autrui : c'est aussi voler que de le retenir.

Distinguons pourtant différentes sortes de dettes. Il en est d'*innocentes* & de *criminelles*. Les innocentes sont celles que la nécessité a fait contracter, & qu'elle empêche actuellement d'acquitter. Il en est *d'une espece mitoyenne*; qui sont innocentes par rapport au tems présent, le débiteur étant dans une véritable impossibilité d'y satisfaire, mais criminelles, si l'on remonte à leur origine : telles sont celles qui procédent d'usurpations injustes. Les criminelles enfin sont celles qu'on laisse vieillir volontairement, quoiqu'on les puisse éteindre, de quelque cause qu'elles proviennent.

Nicandre ruiné par le feu, a ramassé dans des bourses amies de quoi rétablir ses affaires : elles commençoient à reprendre une meilleure face, lorsque d'autres malheurs, des procès & des maladies, des naufrages & des banqueroutes, l'ont replongé dans un abîme plus profond. Loin d'acquitter ses anciennes dettes, il est forcé plus que jamais, de les grossir par de nouvelles; heureux encore dans son désastre, s'il peut parvenir à le faire. Plaignez Nicandre, mais ne le blâmez point : dût sa ruine entraîner celle de tous les amis qui l'ont aidé, il n'en sera pas plus coupable, s'il ne se l'est point attirée par des fautes volontaires, & s'il travaille sérieusement à s'en relever.

Celui qui ne risque que de s'appauvrir, ou d'être moins opulent, en négligeant sa fortune, peut la négliger s'il veut : mais c'est un crime à un homme qui doit, de faire le magnanime, en affectant du mépris pour l'argent. Il est responsable envers ses créanciers de tous les gains qu'il auroit pû faire honnêtement, par son travail & par son industrie. Or, à en juger sur ce pied-là, on ne trouvera pas tant de débiteurs excusables qu'on s'imagine.

Lysippe, autrefois Officier public, & dépositaire, par état, de la fortune d'un grand nombre de particuliers, a consommé par son luxe, les sommes qu'il avoit en garde, & son propre patrimoine. Il s'en accuse au pied des autels, il en gémit avec sanglots, & se propose d'expier ses dissipations, par la priere, les macérations & le jeûne. Lysippe est, dit-on, converti, il a quitté le monde : il est sans cesse en oraison. Quelle conversion! Eh, priez un peu moins, Lysippe, le meilleur moïen pour expier ses fautes, c'est de les réparer. Mettez vos talens à profit ; travaillez ; ne ménagez ni soins ni peines ; point de relâche, jusqu'à ce que vos créanciers soient satisfaits & dédommagés. Allez ensuite vous prosterner devant le trône de Dieu : c'est alors que vous y pourrez trouver grace.

On n'eſt point excuſable de ne pas acquitter ſes dettes, par ſon indigence actuelle, ſi l'on y eſt tombé, ou qu'on la perpétue par ſa faute, par indolence, par pareſſe, par des dépenſes ſuperflues.

Un débiteur ne poſſéde en propre que l'excédent de ſes dettes : tout ce qu'il conſomme au-delà eſt pris ſur ſes créanciers. L'humanité cependant lui permet de vivre; mais ne lui permet rien de plus : encore eſt-ce à condition de travailler ſincerement à ſe libérer.

Admirez la tranquillité de *Miſochreſte*? Avec quelle aiſance il ſe débarraſſe d'une foule de créanciers, dont les clameurs l'importunent ! Cent fois il les a évités en ſe faiſant céler par ſes valets : comment aujourd'hui va-t-il s'y prendre, pour leur échapper ? Ils ont devancé l'heure de ſon lever. Il perſiſte à ne point ſortir : ils s'obſtinent à l'attendre. Il leur fait dire, qu'il eſt indiſpoſé, & ne peut parler à perſonne : ſa maladie ne les attendrit pas; s'il differe de leur ouvrir ſa porte, ils ſont prêts à l'enfoncer. Il annonce, qu'il va ſe rendre, & vient parlementer.

» Comment donc, *leur dit-il*, eſt-ce » qu'on ne peut pas être malade chez ſoi? » Vous me permettrez de vous dire, que » votre procédé n'eſt pas celui de gens qui » ſçavent vivre.

» Qu'y a-t-il vous, Monsieur *Rhédon* ?
» Cette caléche que vous me fites, il y a
» trois ans ? Ne vous ai-je pas donné vingt
» pistoles à compte ? Vous voilà bien à
» plaindre ! Allez, allez, n'ayez point
» peur, on ne perd rien avec moi. Voilà
» un homme qui me fournit du pain de-
» puis six ans : il sçait comme on se conduit
» avec des gens de ma sorte ; il a pris pa-
» tience, & ne s'en trouvera pas mal.
» Adieu, Monsieur Rhédon, adieu, j'ai
» à parler à ces Messieurs ; vous revien-
» drez.

» Oh, pour vous, mon cher *Artopole*,
» je vous considere : vous agissez bien.
» Comment vous y prenez-vous pour faire
» le bon pain que vous me vendez : il est
» exquis ; il n'y a rien à dire à ce pain-là...
» Voyons ce que je vous dois... Deux mille
» trois cens quarante-six livres quatre sols,
» neuf deniers ? . . . Je vous dois cette som-
» me-là ? Au reste, je ne regarde pas après
» vous. Deux mille trois cens & quelques
» livres. . . . On pourra payer cela. Allez,
» Monsieur Artopole, le premier argent
» que je touche, est à vous ; vous n'aurez
» pas seulement la peine de le venir cher-
» cher : cela est trop juste, c'est vous qui
» me faites vivre.

» Ah ! voilà mon Marchand de vin : il
» y a long-tems, mon cher, que j'ai en-

» vie de vous laver la tête. Sçavez-vous » bien, Monsieur de la Taverne, que vous » jouez à m'empoisonner, avec le vin que » vous me donnez. Que diable mettez-» vous dedans ? Je ne peux pas en boire » trois bouteilles, qu'il ne me porte à la » tête. Et c'est de l'argent peut-être qu'il » vous faut ? Allez, allez, on ne sert pas » les gens comme vous faites quand on » veut être payé. Vous n'aurez de l'ar-» gent, que quand les autres n'en vou-» dront plus, pour vous apprendre à don-» ner de bonne marchandise.

» Pour ce qui est de vous, Monsieur » *Guillaumet*, je suis honteux de ne vous » avoir point encore satisfait. Je sçais tous » les reproches que vous avez à me faire. » Vous m'habillez moi & toute ma mai-» son depuis près de cinq ans : je ne vous » ai point encore donné un sol ; je vous » avois promis pour la fin de l'année der-» niere, je vous ai manqué. N'est-ce pas » là tout ce que vous me diriez ? Vous » me connoissez, Monsieur Guillaumet : » croyez-vous que j'aurois la dureté de » vous laisser languir après un argent qui » vous est dû, après des déboursés consi-» dérables que vous avez bien voulu faire » pour moi, si mes Fermiers me payoient ? » Il faudroit que je fusse un grand malheu-» reux. Mais ils me payeront à la fin, &

» vous serez payé. Serviteur ; laissez-moi » parler à cette femme-ci.

» Bon jour, Madame *Pernelle*. C'est » pour ces trente pieces de toile que vous » m'avez fournies, n'est-ce pas ? Je ne peux » pas vous les payer si-tôt. Vous voyez » bien que voilà des gens à qui j'ai promis. » Mais vous êtes en état d'attendre, vous : » vous êtes bien ! « » Non, Monsieur, » vous vous trompez, je suis fort mal. « » Oh ! tant pis, ma bonne, quand on n'a » pas les reins assez forts, pour faire des » avances, il ne faut pas se mêler de ven- » dre.

» Pour vous autres, « ajoûte Misochreste, en adressant la parole à ceux des créanciers qui n'ont pas encore eu audience ; » je ne vous dois pas, je crois, de gros » articles. Vous êtes témoins, que je cher- » che à m'arranger : laissez-moi respirer » un peu ; si je ne puis mieux faire, du » moins j'arrêterai vos mémoires. «

Misochreste, après ces mots, s'élance & part comme un trait ; laissant ses créanciers si étourdis par son ton audacieux, qu'il est déja bien loin, lorsqu'ils s'apprêtent à lui répondre.

ARTICLE II.

DE LA JUSTICE DISTRIBUTIVE.

Raisons de sa nécessité : elle réside dans la personne des Souverains : confiée, quant à l'administration, aux Magistrats ; ses caracteres. 1. Frais de Justice, injustes & exorbitans. 2. Lenteur des Juges inexcusable. Sollicitations injurieuses aux Magistrats. Appels, prolongent inutilement les procès. Formalités vetilleuses introduites dans la procédure. Incapacité de la plûpart des Juges. Préférer l'avis du plus petit nombre à la pluralité. 3. Si un Juge peut sans injustice, favoriser son ami.

Si tous les hommes étoient équitables, on n'auroit pas besoin de la Justice distributive : c'est une digue qu'il a fallu opposer à leurs injustes procédures. La plûpart ont confondu l'utile avec l'agréable : ce qui flate leurs sens, leurs desirs & leurs passions, leur paroît dès-lors utile. Il le seroit en effet, si ces sens, ces desirs & ces passions étoient toujours réglés par l'équité : mais s'ils ne le sont point, ce qui les flate, peut être injuste. Or, *ce qui est injuste, ne sçauroit être utile* : & voici sur quelle preuve je fonde cette maxime.

Rien n'eſt utile, que ce qui tend à nous rendre heureux : la ſuprême utilité, c'eſt le ſouverain bonheur, & c'eſt à ce bonheur que ſe rapporte, comme à ſa fin unique, tout ce qui mérite le nom d'utile ; tout ce qui n'y tend pas, eſt indigne de ce nom. Or ce qui eſt injuſte, loin d'y tendre, nous en détourne : car ce qui eſt injuſte, eſt contraire au vouloir divin. Or il n'eſt pas poſſible que nous ſoyons heureux en réſiſtant à ce vouloir : puiſqu'il a préciſément notre félicité pour objet. Dieu n'eſt point un tyran, fier d'un deſpotiſme abſolu, qui ne nous impoſe des loix, que pour exercer notre obéiſſance, & nous faire ſentir la peſanteur de ſon joug : tous ſes préceptes ſont des leçons qui nous apprennent à être heureux. Or, Dieu veut que nous ſoyons juſtes. Donc il n'eſt point de véritable bonheur pour quiconque ne l'eſt pas. Donc, une action, qui bleſſe la juſtice, étant contraire à la volonté de Dieu, elle l'eſt auſſi à notre félicité ; & par conſéquent, loin de nous être utile, elle nous eſt préjudiciable & funeſte.

Mais les hommes charnels & groſſiers, qui ne s'occupent que du préſent, qui ne voyent que par les yeux du corps, qui n'eſtiment le mérite des actions, qu'à raiſon du profit qui en revient ; n'ont pas laiſſé d'établir une diſtinction entre la juſtice & l'utilité. Tous les jours ils mettent en balance l'utile avec l'honnête : & c'est toujours ce dernier qui est sacrifié à l'autre, lorsque l'utilité prétendue leur paroît mériter quelque considération ; or ils la supposent importante, à proportion de la véhémence de leurs desirs : aussi n'ont-ils d'égards pour la justice, qu'autant qu'ils comptent y gagner, ou du moins n'y rien perdre, toujours prêts à revenir sur leurs pas, pour préférer l'utile, si l'équité les expose à quelque danger, ou peut leur coûter quelque perte.

De là, ces démêlés d'intérêt que suscitent & entretiennent, entre des concitoyens, l'avidité des richesses & la mauvaise foi : de là, tous les crimes qui ont inondé le monde. Cette préférence qu'on donne à l'utile sur l'honnête, est la source de tous les procès injustes, & la cause de tous les forfaits.

Il a donc fallu, pour prévenir l'horrible confusion où cette méprise sur l'utile, auroit jetté toutes les sociétés, remonter aux loix innées de la justice, &, la balance en main, terminer les contestations, & punir les attentats.

Comme il ne suffit point à un Législateur, d'être sage & judicieux, s'il n'a aussi une autorité suffisante pour faire exécuter ses loix : on a déféré la puissance législative à ceux d'entre les hommes, qui avoient déja sur les autres une prééminence reconnue : la justice distributive a été l'apanage des Souverains.

Afin qu'elle ne fût point arbitraire, ils publierent des Ordonnances solemnelles, pour servir au réglement des différends les plus ordinaires dans la société ; & réprimerent l'audace des méchans, en les intimidant par la crainte des supplices ou de l'ignominie. S'il survenoit quelques cas qui n'eussent point été prévus, ils en tiroient la décision de cette même équité naturelle qui leur avoit dicté les loix générales. Ils rendoient alors la justice en personnes, & la rendoient sur le champ.

Surchargés dans la suite, d'un plus grand nombre d'affaires, par l'accroissement de leur domination, ou distraits du soin de la police, par le commandement des armées, ils en remirent l'exercice entre les mains de Juges subordonnés qu'ils revêtirent pour cet effet d'une partie de leur autorité. On appella ces Juges commis par les Souverains, des Magistrats : & ce sont ces Magistrats qui administrent à présent, la Justice. Voyons comme ils s'en acquittent, & comme ils s'en doivent acquitter.

La justice doit être rendue *gratuitement*, *promptement* & *sans partialité*.

1. On ne nie pas dans ce pays plus qu'ailleurs, que la Justice ne doive être gratuite : c'est une maxime toujours subsistante, mais qui malheureusement, est réduite à la simple théorie. Sur ce point, comme sur une infinité d'autres, on a bien sçu trouver moyen d'éluder l'austérité de la morale.

On a commencé par interdire aux particuliers, la faculté qui leur appartient de droit naturel, de plaider eux-mêmes leur cause. Si ce reglement étrange est fondé sur de justes motifs, j'avoue que je n'ai point assez de pénétration pour les démêler : mais j'en ai assez pour en connoître les inconvéniens.

Qu'ai-je besoin d'un substitut mercenaire, qu'on m'oblige de payer, pour défendre mes intérêts, que je défendrois mieux que lui ? Il les exposera, dites-vous, à mes Juges, avec plus de précision, & le fera sans humeur & sans passion. Mais, si j'ai bien pû le mettre au fait de mon affaire, j'y pourrois mettre aussi mes Juges. Qui me répond qu'il l'aura bien entendue, qu'il en a bien pris le sens, qu'il s'est donné la peine de lire les pieces que je lui ai remises ? Qui m'assure qu'il la travaillera soigneusement, qu'il la mettra dans son jour favorable, qu'il n'oubliera aucun de mes moyens, qu'il les présentera dans

toute

toute leur force ? Que sçai-je ? s'il alloit même se laisser gagner par mon adversaire, & faciliter son triomphe en me défendant foiblement ! Il n'est aucune de ces prévarications qui ne se commette quelquefois, & que je n'aie par conséquent sujet de craindre. Laissez-moi défendre mon droit : vous m'exemptez de tous ces risques.

J'ai, si vous le voulez, découvert un défenseur intelligent, capable, & sur qui l'on peut compter. Eh ! que m'importent tous les talens qu'il vous plaira lui supposer ? Un défaut les efface tous : il est intéressé. Dépouillé de tout mon bien, par des usurpateurs puissans, en vain la Justice m'offre-t-elle un appui contre eux, si ses tristes avenues ne s'ouvrent qu'à prix d'argent.

Ai-je franchi cette premiere entrée : à chaque pas le même obstacle m'arrête. Le palais de *Thémis* est une douane ruineuse, où cent exacteurs avides se succédent l'un à l'autre, pour dévorer la substance de l'infortuné plaideur. Le Juge lui-même, à leur tête, les autorise au pillage, & s'apprête à le consommer. Délicat cependant sur la maniere de piller, il rougiroit de profaner sa main, en acceptant des présens ; & le barbare exige qu'on le paye ; & ne vous rendra pas justice, que vous n'ayez payé d'avance !

S

En vain m'objecteroit-on que ces faits exorbitans sont la juste punition du plaideur de mauvaise foi, qui, par l'événement est le seul qui les supporte.

Je réponds d'abord, que je ne goûte point la Justice de ces châtimens pécuniaires, dont celui qui les impose, recueille seul le profit. Toute justice intéressée m'est suspecte. Pourquoi faut-il que mon Juge touche de fortes épices, en conséquence de ce qu'*Harpaste* m'a intenté mal-à-propos un procès ? C'est moi seul qu'il faut dédommager, & non pas ce Juge, qui n'en souffre aucun dommage ; & qui doit également absoudre ou condamner, sans en tirer de salaire.

Je dis de plus, qu'il n'est pas toujours vrai, qu'un des deux collitigans soit nécessairement de mauvaise foi : la question qui les divise, peut être problématique ; & dans ce cas, celui des deux qui succombe, mérite plus d'être plaint que puni.

Mais qu'on suppose, si l'on veut, que celui sur qui les frais tombent, les doive en effet supporter, pour avoir contesté sans droit : son adversaire, qui sort victorieux, ne laisse pas de payer encore cher sa victoire. Il lui a fallu essuyer mille extorsions secrettes, qu'il ne pourra pas répéter : & les frais mêmes qui sont notoires, c'est lui seul qui en souffre, si celui qui les doit payer, eſt malheureuſement inſolvable.

J'ajoûte encore un dernier cas, où ils tomberont ſur la Partie qui devoit en être exempte : c'eſt celui d'un jugement, où le bon droit aura ſuccombé, par l'ignorance ou par l'iniquité des Juges ; & ce cas n'eſt pas ſans exemple ; car ces fiers arbitres de nos biens & de nos fortunes, n'ont pas reçu du Ciel, une conſcience, ni des lumieres infaillibles.

2. Qu'on me donne des Juges déſintéreſſés, leurs vûes ſeront bien plus diſtinctes, & leurs déciſions plus ſages : mais je n'en ſuis point encore content, s'ils ne ſont pas expéditifs. C'eſt être injuſte, que de différer la juſtice, qu'on peut rendre ſur le champ. Le tems eſt précieux pour celui dont les intérêts périclitent.

C'eſt la manie des gens en place, de ſe faire demander à titre de grace, ce qu'ils doivent par état : il faut acheter d'eux, par des ſuppliques humiliantes, ce qu'on ſeroit en droit d'exiger. Vendez-moi plutôt la juſtice au poids de l'or, & me la rendez à l'inſtant. A quelque prix que vous la mettiez, j'y gagnerai.

Le Préſident *Cénocéphale*, croit qu'il importe à ſa dignité d'être ſuivi juſqu'au pied de ſon tribunal, d'une foule de ſolliciteurs. Le trouble & l'inquiétude qu'il voit peints ſur leurs viſages, le flatent au fond de l'ame : il se dit avec complaisance : » C'est » de moi que dépend le sort de tous ces » gens-là. « Il se gardera bien d'expédier promptement leurs affaires : sa Cour en seroit moins nombreuse.

Je ne sçaurois concevoir comment le premier plaideur, qui sollicita son Juge, osa s'exposer à le faire ; ni comment les Juges se sont accoutumés à supporter patiemment cet affront. Qu'est-ce que solliciter son Juge ? C'est lui dire en termes couverts : » je ne doute pas que vous ne » négligeassiez mon affaire, si je ne vous » pressois. Je sçai que vous aimez votre re- » pos & vos plaisirs ; que vous pourriez les » préférer au soin de remplir votre charge ; » mais, je vous prie, faites votre devoir, » pour l'amour de moi. Examinez par vous- » même mon procès : ne vous en rapportez » pas à l'extrait d'un Secrétaire : & quand » vous le sçaurez à fond, que ce soit l'é- » quité qui dicte votre jugement. La belle » *Hortense* viendra vous solliciter contre » moi : mais fermez les yeux à ses char- » mes. Tels Princes, tels Seigneurs vous » recommanderont sa cause : mais songez » que ces recommandations ne rendent pas » son droit meilleur. On tentera de vous » éblouir par des promesses, & peut-être » même par des présens : mais soyez in- » corruptible. En un mot, faites-moi la

» grace de vous comporter en honnête
» homme. «

Combien ſeroient encore plus injurieuſes les ſollicitations d'un plaideur de mauvaiſe ſoi ! Solliciter ſon Juge pour le gain d'une cauſe injuſte, c'eſt lui déclarer qu'on le prend pour un fripon, ou pour un ſot.

Je ne ſçai ſi ce n'eſt pas auſſi l'inſulter, que de le remercier après le gain d'un procès : il ſemble que ce ſoit le rendre ſuſpect de quelque condeſcendance ; ſans cela de quoi le remerciez-vous ? S'il a jugé ſuivant l'exacte équité, vous ne lui devez pas, à la rigueur, plus d'actions de graces, qu'à un payeur de rentes, qui vous a délivré un quartier échu : l'un & l'autre n'ont fait que ce qu'ils ne pouvoient pas ſe diſpenſer de faire ſans prévarication. De l'eſtime tant qu'il vous plaira ; un Juge intégre en mérite, mais point de reconnoiſſance.

Il pourroit même, avec toute l'intégrité poſſible, mériter au contraire des reproches, s'il a laiſſé les Parties long-tems languir dans l'attente d'un jugement qu'il pouvoit prononcer d'abord. Un Magiſtrat eſt comptable de tous ſes momens, tant qu'il reſte dans ſes mains des affaires indéciſes. N'eſt-ce donc pas aſſez, qu'un plaideur ait ſupporté les lenteurs de tous les Officiers ſubalternes, ſans que les diſpenſateurs, mêmes de la justice achevent de l'excéder par des remises interminables.

Enfin, après plusieurs années d'attente, d'incertitude & de poursuites, il obtient un jugement : mais c'est n'avoir rien obtenu; son adversaire, pour en éluder l'effet, va, par plusieurs appels successifs, le promener de tribunaux en tribunaux. Et qu'il ne croye pas son droit assuré par la raison qu'il est incontestable. Les Rituels de Thémis asservissent ses cliens à tant de formalités vétilleuses, d'où l'on fait dépendre leur sort, qu'il leur est difficile d'arriver, sans broncher, jusques à son tribunal. Aussi voit-on tous les jours dans son redoutable sanctuaire, la forme entraîner le fond; & le meilleur droit solemnellement proscrit pour l'omission d'un mot, d'une lettre, d'une minucie.

A-t-on eu l'adresse d'éviter tous ces écueils : on peut encore échouer au port par l'injustice ou l'incapacité des Juges.

De toutes les professions, celle du Magistrat est, je crois, la plus importante pour la société : mais j'ignore s'il en est quelqu'autre parmi nous, pour laquelle on exige moins d'épreuves; tout sujet y est propre, dès qu'il a pris ses degrés en *Droit*, & qu'il est en état de payer les provisions de sa charge.

Je ne vous dirai point si le jeune *Adraste*

est bon Juge ; ce n'est jamais lui qui rapporte, il ne fait qu'opiner ; & peut-être fait-il encore trop : mais je puis vous dire quelles sont ses mœurs, ses plaisirs & ses passe-tems. Il est badin, vif & coquet, distrait & inappliqué. Il a pris, dès l'enfance, une antipathie pour les livres, qu'il a gardée jusqu'à présent ; mais sur-tout pour les Coutumiers, les Ordonnances, les Arrêts & les Arrêtistes. Un peu moins prévenu contre les brochures, il a feuilleté, *Acajou*, *Grigri*, *le Sopha*, & *les Etrennes de la S. Jean*. Il aime la bonne chere, & sur-tout les longs soupers, le jeu, la danse, la chasse ; les armes & les chevaux. Tous les plaisirs lui sont bons, pourvu qu'ils soient tumultueux.

N'ai-je pas eu raison de commencer par vous prévenir qu'Adraste est un Magistrat ? Sans cela vous l'eussiez pris sans doute, à son portrait, pour un Mousquetaire ou un Page.

Près de lui, sur les fleurs de lys, siége le gouteux *Ménalippe*. C'est un vieux Juge, à qui une longue routine, acquise par soixante années d'exercice, tient lieu de capacité. Dès qu'un Avocat se présente, il sçait tout ce qu'il va dire : aussi dort-il profondément tant que dure le plaidoyer ; & n'en donne pas moins son avis, lorsqu'il est tems de le donner. Son âge & ses infirmités le garantissent d'être séduit par de belles solliciteuses. De ce côté-là il est incorruptible. Si quelqu'attrait le pouvoit gagner, ce seroit tout au plus l'éclat éblouissant de l'or : encore faudroit-il que la somme en valût la peine ; sa vertu s'indigneroit qu'on la voulût tenter par des présens médiocres.

Ne craignez pas non plus qu'il s'écarte de son devoir par tendresse ou par pitié ; que les regrets d'un accusé, sa douleur & son desespoir le gagnent & l'attendrissent. Lorsqu'il s'agit d'infliger une peine capitale, soyez sûr qu'il n'en manquera pas l'occasion ; c'est un acte d'autorité dont il est jaloux. Endurci depuis long-tems, contre les prieres & les larmes, spectateur intrépide des tortures & des supplices, il enverroit plutôt vingt innocens à *la Greve*, que de sauver un coupable.

Placez-moi sur un tribunal, vingt têtes de la trempe de celles d'Adraste & de Ménalippe ; croirez-vous alors un plaideur bien à l'abri de sa condamnation, par son bon droit ? Cependant, est-il rare que nos tribunaux ne soient pas mieux composés ?

Pour un Juge, digne du siége qu'il occupe, il en est trente qui ne devroient avoir d'autre emploi dans le barreau, que celui d'imposer silence aux causeurs.

On est dans l'usage de décider les contestations, en justice, à la pluralité des voix. C'est, je crois, faire beaucoup trop d'honneur à nos Magistrats : c'est supposer, que le plus grand nombre d'entr'eux, est suffisamment pourvu de droiture & de discernement. Je ne sçai, s'il ne vaudroit pas mieux que ce fût le plus petit nombre qui formât l'arrêt. N'est-il pas plus raisonnable de supposer qu'il y ait cinq Conseillers prudens sur vingt-cinq, que de présumer qu'il y en ait vingt. La prudence n'est pas un don si vulgaire.

Malgré l'air de paradoxe, que cette idée semble présenter d'abord, le Législateur des Juifs l'avoit eue avant moi : il leur recommandoit de » ne pas asseoir leurs jugemens, sur l'avis du plus grand nombre. * «

J'aimerois mieux le suffrage d'un seul Juge, qui motive son avis, que celui de cinquante autres qui n'opinent que par instinct.

La tentation la plus délicate, & par conséquent la plus dangereuse pour un Juge, c'est une générosité déplacée, un desir d'obliger des amis, qui ne peut être satisfait qu'aux dépens de l'équité. Tel qui résistoit à des promesses, ou à des offres séduisantes, ne tiendra pas contre les ins-

* Non in judicio plurimorum acquiesces sententiæ, Exode, xxiij. 2.

tantes prieres d'un solliciteur qu'il aime. Il croit trouver une excuse dans les motifs qui l'ébranlent. Il ne se pardonneroit point de s'être laissé subjuguer par le vil appas du gain, ni par tout autre intérêt : mais la tendresse, l'amour, l'amitié, la reconnoissance, sont des sentimens si nobles ! Oui, très-nobles sans doute, quand ils sympathisent avec la vertu ; mais très-bas & très-condamnables, quand ils lui portent quelque atteinte.

Il est d'usage, & même d'obligation, qu'un Juge se déporte de la connoissance d'une affaire, lorsque quelqu'une des parties qui y sont intéressées, lui est alliée ou parente : mais il est dans la société bien d'autres liaisons, que la parenté ou l'affinité, qui n'ont pas moins d'empire sur le cœur ; qu'il s'en méfie aussi. Il peut lui paroître dur de condamner un ami ; eh bien, qu'il ne le juge point.

Il n'est dans tout l'Univers, que Dieu & les Souverains, par la raison qu'ils sont ses Lieutenans, qui puissent user d'indulgence dans leurs jugemens, & favoriser ceux qu'ils aiment. Encore ni les Souverains, ni Dieu même, ne le peuvent-ils pas faire au préjudice de l'une des Parties. Mais le simple Magistrat n'est jamais en droit de le faire : il n'a d'autorité que celle qu'il tire de la loi, dont il n'est que le dépositaire

& l'organe ; s'il s'en écarte par quelque motif que ce soit, il a passé son pouvoir, c'est un prévaricateur.

Mais si la loi n'a point de disposition expresse, sur le sujet qui divise les Parties, lui sera-t-il défendu de donner une interprétation favorable à la cause de son ami ? Oui, sans doute ; son ami ne doit entrer pour rien dans cette interprétation. Les inductions qui se tirent de la loi, sont partie de la loi même, & sont aussi respectables.

CHAPITRE IV.

DE LA TEMPÉRANCE.

Définition de la Tempérance ; ses branches. Division de ce Chapitre.

LA Tempérance dans un sens vague & général, est une sage modération, qui retient dans de justes bornes, nos desirs, nos sentimens & nos passions. Mais nous la prendrons ici dans une signification plus bornée, pour une vertu qui met un frein à nos appétits corporels, & qui les contenant dans un milieu également éloigné de deux excès opposés, les rend par-là, non-seulement innocens, mais utiles & louables.

Parmi les vices que réprime la tempérance, les principaux sont l'incontinence & la gourmandise : s'il en est d'autres, ils émanent tous de l'une ou de l'autre de ces deux sources ; & par conséquent, ses deux branches sont la chasteté & la sobriété.

ARTICLE I.

DE LA CHASTETÉ.

La Continence & la Chasteté, distinctes l'une de l'autre. La continence n'est pour qui que ce soit d'une obligation absolue : elle l'est seulement hors du mariage : mais le mariage n'est interdit à personne. Le consentement seul fait le mariage. Si l'indissolubilité du mariage exclut le divorce : inconvéniens de la prohibition du divorce. Concubinage défendu par les loix positives, & prohibé par la Nature même, lorsqu'il n'est pas une imitation du mariage, par sa continuité. Dans quels degrés la Nature renferme l'inceste. L'adultere défendu par la loi naturelle.

On ne doit pas confondre, comme on le fait souvent, la continence avec la chasteté. L'abus des termes entraine avec soi la confusion des idées. Comme on peut être chaste, sans s'astraindre à la continence : tel aussi s'en fait une loi, qui pour cela n'eſt pas chaſte. La penſée toute ſeule peut ſouiller la chaſteté : elle ne ſuffit pas pour enfraindre la continence. Tous les hommes ſans exception de tems, d'âge, de ſexe & de qualité, ſont obligés d'être chaſtes : mais aucuns ne ſont obligés d'être continens.

La continence conſiſte à s'abſtenir des plaiſirs de l'amour ; la chaſteté, à ne jouir de ces plaiſirs, qu'autant que la loi naturelle le permet, & de la maniere qu'elle le permet. La continence, quoique volontaire, n'eſt point eſtimable par elle-même ; & ne le devient, qu'autant qu'elle importe accidentellement à la pratique de quelque vertu, ou à l'exécution de quelque deſſein généreux : hors de ces cas, elle mérite ſouvent plus de blâme que d'éloges.

Quiconque eſt conformé de maniere à pouvoir procréer ſon ſemblable, a droit de le faire, & le doit. Voilà la voix de la Nature : & cette voix mérite plus d'égard, que les inſtitutions humaines, qui ſemblent la contrarier.

Je ne ſçai point de raiſon qui oblige à une continence perpétuelle : il en eſt tout au plus qui la rendent néceſſaire pour un tems.

Il eſt de droit naturel que chacun puiſſe diſpoſer du bien qui lui appartient en propre. Ce n'eſt pas cependant faire injuſtice à un mineur, à un prodigue ou à un furieux, que de les priver de l'exercice de ce droit, dont ils abuseroient immanquablement. De même, quoique le commerce d'un sexe avec l'autre, soit permis à tous les hommes : il peut y avoir des circonstances où il leur soit avantageux d'en être privés pour un plus grand bien.

Il est juste, par exemple, qu'un enfant qui n'est point encore capable de discernement, ne soit pas libre de se lier, sans l'autorité de ses parens, par des nœuds indissolubles. Ce seroit au contraire une inhumanité criante, que de l'abandonner à l'inconsidération & à la témérité, trop ordinaires à son âge, lorsqu'il s'agit de décider, par un mariage, du bonheur ou du malheur de sa vie. Ses tuteurs naturels peuvent, sans empiéter sur ses droits, empêcher qu'il ne s'y engage, ou reculer son engagement, s'ils le jugent indigne de lui, ou du moins précipité. Or, jusqu'à ce qu'il l'ait contracté, la continence est un devoir pour lui. Bien entendu que les parens de leur côté doivent pourvoir à l'établissement de leurs enfans ; ou du moins y donner les mains, lorqu'il s'en présente de sortables.

L'aventure de *Proxene* & de *Cloris* sa fille a fait du bruit dans le monde : ce n'est point médire que de la rapporter. Cloris, sous la tutelle d'un pere avare, attendoit patiemment que son tuteur voulût bien se dessaisir entre ses mains de la succession de sa mere ; lorsque l'aimable *Chariton*, par sa tendresse & par ses soins, gagna le cœur de la pupille. Il jouissoit d'une fortune & d'un rang, qui ne devoient pas faire rougir Proxene de l'adopter pour gendre. La proposition lui en fut faite : Proxene la rejetta. Il ne déclaroit point le motif de son refus : mais on le devina sans peine. La répugnance invincible qu'il sentoit à rendre un compte, fut celui qui le décida. Il pria Chariton de s'abstenir désormais de ses galantes assiduités. Cette défense, suivant l'usage, alluma de plus en plus la passion des deux amans : & tous deux de concert, prirent la voie qu'ils crurent la plus efficace, pour arracher le consentement du pere. Ils s'étoient mépris : cet agréable expédient, dont tant de filles ont éprouvé l'efficacité, ne réussit pas auprès de Proxene : dût réjaillir sur lui l'ignominie de sa fille, il éclata en transports furieux, & ne s'en tenant point aux reproches, il la livra lui-même à l'horreur infamante de ces lugubres retraites, consacrées au repentir & aux pleurs.

A qui des trois Acteurs de cette scandaleuse scène imputerons-nous le tort ? A tous les trois ; sans doute. Un pere dur & injuste, un amant qui séduit sa maîtreſſe, une fille qui mépriſe l'autorité paternelle, ſont tous perſonnages coupables.

» Mais cette loi de nature, *me dira-t-* » *on*, dont vous vantez l'excellence, exi- » ge-t-elle donc, pour l'union de deux » amans, tout ce vain appareil de cérémo- » nies rebutantes à quoi on les aſſujettit? «

Non, elle exige uniquement le libre conſentement des parties; leur union dès-lors eſt autoriſée par le Ciel, ſi rien d'ailleurs ne s'y oppoſe. Mais la ſimplicité de cette bonne loi naturelle, n'a pas interdit aux Légiſlateurs la faculté de régler, par des loix poſitives, la ſolemnité des mariages. Les loix poſitives, même, ſont reſpectables & obligatoires, lorſqu'elles ne contrediſent pas la ſage loi de nature, & qu'elles ne font que lui ſervir de gloſe & d'interprétation. Elles n'obligent à la vérité que comme loix de Police : mais les loix de Police obligent tous les membres d'un Etat.

Il importoit au bon ordre de la ſociété, que le mariage fût un engagement pour la vie : & la Nature elle-même ſemble en avoir fait un précepte. L'obligation continuelle qu'elle impoſe aux époux, de s'aimer réciproquement, marque ſon intention ſur la continuité de ce lien : on ne quitte point une épouſe qu'on aime. Les ſervices qu'elle veut que nous rendions à nos enfans, en sont une nouvelle preuve. Les secours du pere & de la mere leur sont également nécessaires ; or ces secours leur manqueroient, si le mariage n'étoit qu'un engagement passager ; c'est dans l'amour conjugal, auquel se joint l'amour-propre, que la tendresse paternelle ou maternelle prend sa source. Or les loix positives qui ont déterminé les solemnités du mariage, ne font que seconder le vœu de la loi naturelle sur sa perpétuité : en le rendant plus authentique, elles le rendent aussi plus difficile à dissoudre. On romproit aisément un engagement secret & furtif : mais quand il est contracté en présence de témoins dignes de foi, cimenté par la puissance paternelle, autorisé par les loix de l'Etat, & consacré par la Religion ; quelle force n'acquiert-il pas ?

Je n'entends point blâmer par-là les nations chez qui le divorce est permis, ni les accuser d'enfraindre la loi naturelle, en le permettant. Ce n'est point violer une loi, que d'y mettre des modifications raisonnables : une équité trop rigide, devient souvent injuste par sa rigueur même. Les dispenses & les exceptions, lorsqu'elles ne sont pas fréquentes, loin de détruire la loi, servent plutôt à l'affermir : ce seroit vouloir l'abroger que de l'étendre à des cas où elle est impraticable. Or il peut arriver, & il arrive en effet, que l'incompatibilité des humeurs rend la concorde impossible entre deux époux. Dans ces cas-là, les peuples les plus séveres permettent une sorte de rupture, qu'ils appellent séparation de corps; elle ne rompt point, disent-ils, le lien du mariage, elle ne fait que priver les époux de toutes les douceurs de l'union conjugale. Eh! c'est-là précisément l'inconvénient qu'on lui reproche. Pourquoi faut-il, parce que *Pamphile* est brusque, grossier, féroce & violent, que la triste *Sophonisbe*, séparée de ce lâche époux, supporte elle-même la peine qu'il mérite seul de souffrir? Parce qu'il est indigne d'elle, est-elle indigne de tout autre? L'obliger de languir dans un austere célibat, mille fois plus fâcheux que le plus rigoureux veuvage; c'est la forcer de souhaiter la mort à l'auteur de ses peines, dont le divorce l'eût délivrée.

Les membres du corps humain sont destinés à lui demeurer unis, tant qu'il jouira de la vie: & cependant cette union, quoique naturellement indissoluble, n'empêche pas, s'il en est de gangrené, qu'on ne les sépare du tronc. Il semble qu'on pourroit de même, sans faire du mariage un simple essai passager, dégager dans des cas extrêmes, des époux mal assortis du nœud fatal qui les lie.

Cette indissolubilité absolue du mariage,

dont on a fait, dans quelques cantons de la terre, une maxime de conscience, n'en assure que la durée : mais loin d'attacher les époux à leurs devoirs réciproques, elle contribue peut-être plus que toute autre cause, à leurs infidélités. Mécontens l'un de l'autre, & voyant leur mal sans remede, ils ne songent qu'à le pallier : & pour adoucir leurs souffrances, ils les déposent & s'en consolent ; l'un dans les bras d'une maîtresse, l'autre dans ceux d'un amant.

C'est sans doute aussi à cette même cause qu'il faut attribuer ces commerces clandestins, qu'on nomme concubinage. On tremble de serrer des nœuds qu'on ne pourra plus rompre jamais.

Depuis dix ans, *Hermogene* & *Junie*, maîtres de leurs actions, vivent ensemble sur le pied d'époux, sans tenir par d'autres liens que ceux d'un amour constant. La possibilité d'une rupture les alarmant, ils sont toujours sur leurs gardes : il craint de déplaire à Junie, elle d'offenser Hermogene ; & de cette appréhension, que l'assurance d'être aimé tempere, naissent des égards mutuels, des complaisances & des soins ; perpétuels alimens des tendres feux qui les brûlent. Libres de se séparer, ils n'en sont que plus unis. Rien ne coûte de ce qu'on fait volontairement ; mais le plaiſir même eſt à charge lorſqu'il devient un devoir.

„ Si c'eſt-là, *dites-vous*, ce qu'on ap„ pelle concubinage, ſous quel prétexte „ oſe-t-on le qualifier de crime? C'eſt une „ union durable entre deux fidéles amans, „ qui n'ont qu'un cœur, qu'une volonté, „ qu'une ame. L'inſtinct de la pure nature „ exige-t-il quelque choſe de plus? Eh, „ qu'a donc de préférable le dur joug du „ mariage? Son indiſſolubilité? Une union „ fondée ſur la tendreſſe, n'eſt-elle pas „ plus pure, plus ſainte & plus eſtimable, „ que celle qui n'eſt affermie que par la „ néceſſité? „

J'en conviens, ſans conteſter: le commerce d'Hermogene & de Junie eſt un lien que la nature approuve, ſur-tout ſi vous ſuppoſez qu'ils ſoient dans l'intention de ne le point rompre. Les mariages de nos premiers peres, qu'il ne nous ſiéroit pas de critiquer, n'avoient rien de plus ſolemnel. Les deux amans conſentoient de ſe prendre pour époux; ils agiſſoient comme tels; & dès-lors ils l'étoient en effet.

Mais aujourd'hui que la police de preſque toutes les nations, pour des conſidérations d'Etat, attache à ces mariages une note d'infamie, qui flétriſſant les époux, réjaillit juſques ſur les enfans; comment, ſi vous joignez l'estime à l'amour, pourrez-vous proposer à la beauté qui vous l'inspire, une union qui la deshonore? Comment, si vous vous aimez vous-même dans votre postérité, consentirez-vous à ne donner à la Patrie que des enfans qu'elle méconnoît & désavoue; tristes rebuts de la société, qu'une injuste prévention rendra éternellement responsables du prétendu péché de leur pere?

Mais combien sont plus criminels ces voluptueux inconstans, qui n'aiment que pour jouir, & n'aiment plus dès qu'ils ont joui: qui, semblables aux bêtes, lorsqu'ils ont satisfait leur brutale passion, méconnoissent l'objet qui concouroit à leurs plaisirs, & les fruits qui en proviennent! La nature elle-même, toute indulgente qu'elle est, condamne leurs coupables feux. Elle se propose dans les unions qu'elle forme, la naissance des enfans: c'est au contraire ce qu'ils redoutent.

Cependant quelque inexcusable que soit ce honteux libertinage, ce n'est encore qu'un léger égarement, si on le met en parallele avec l'adultere, le plus affreux de tous les crimes, en matiere de chasteté. Je dis, *le plus affreux*; car l'inceste même, le seul qui sembleroit lui pouvoir disputer le pas, n'est rien en comparaison.

Attenter à la pudicité de sa sœur, de sa mere ou de sa fille, ou se prêter aux emportemens lascifs d'un fils, d'un pere ou d'un frere : voilà les seuls véritables incestes, la nature n'en connoît point d'autres; & le commerce charnel entre des parens plus éloignés, n'est incestueux que de nom. Mais je ne mets point en comparaison, avec l'adultere, les vrais incestes, dont les exemples sont trop rares, & l'idée trop révoltante, pour qu'ils puissent entrer ici en considération : je parle de ceux que les hommes eux-mêmes ont créés, en bornant, comme il leur a plû, pour raison d'alliance ou de parenté, la liberté des mariages. Or, y a-t-il quelque proportion entre ces crimes factices, qui ne doivent leur origine qu'à des réglemens arbitraires, & les contraventions formelles au pur instinct de la nature, qu'entraîne avec soi l'adultere ?

A l'excès d'incontinence & de lubricité, qu'il a de commun avec les autres vices contraires à la chasteté, il ajoûte l'injustice, le parjure & la perfidie.

L'adultere est simple ou double. Il est simple, lorsqu'une des deux parties qui le commettent, n'est point engagée dans les liens du mariage. Il est double, lorsqu'elles le sont toutes deux : car alors chacun des deux coupables, outre le crime qu'il fait de son chef, se souille encore d'un second, en partageant celui de son complice.

Quand *Pallade* & *Taïs* seroient libres de tout engagement, les privautés qu'ils se permettent, ne seroient point innocentes : hors du mariage, elles ne sont jamais permises. Mais Taïs, épouse d'*Euryale*, est encore bien plus criminelle ; puisqu'elle joint à l'impudicité le parjure & l'injustice : le parjure, en ce qu'elle viole la foi jurée à son époux ; l'injustice, en ce qu'elle lui donne, ou s'expose à lui donner des héritiers supposés, qui cependant prendront un jour leur part dans sa succession, au préjudice ou de ses fils, ou de ses collatéraux. Or dans toutes les circonstances qui aggravent l'action de Taïs, Pallade est de moitié ; & quoique libre des nœuds d'Hymenée, il est comme elle, adultere, injuste & parjure ; car c'est commettre un crime que d'y concourir.

Changeons les rôles : supposons Taïs libre, & Pallade engagé dans le mariage : ils n'en sont pas moins coupables. Pallade d'une part l'est autant que l'étoit Taïs, quand nous la supposions infidéle à Euryale ; car la fidélité conjugale est un devoir pour lui, comme elle en étoit un pour elle ; & si la femme, qui le viole, peut donner à son époux de faux héritiers, l'époux, qui trahit sa foi, peut en ravir de légitimes à son épouse. Taïs de son côté, étant complice de Pallade, est aussi coupable que lui. Et tous deux le seront encore plus, si leur adultere est double.

Toutes choses égales d'ailleurs, de deux fautes, la plus griéve est celle qui fait tort à quelqu'un : & si toutes deux sont préjudiciables, la plus énorme est celle qui porte un plus grand dommage, ou qui nuit à plus de personnes. Or, suivant cette maxime, le double adultere est plus criminel que le simple ; & le simple l'est aussi plus que tout autre commerce illicite.

Un dernier grief que j'ai encore à déduire contre l'adultere, & qui n'est pas le moindre de tous : c'est qu'il trouble la paix des époux ; & que si l'amour unissoit leurs cœurs, il les divise en l'éteignant. Il faut sçavoir aimer, pour sentir combien est cruelle cette plaie. J'ose avancer, pour l'avoir sçu par une heureuse expérience, qu'il n'est rien de plus doux dans la vie, du moins pour un cœur sensible, que d'aimer & d'être aimé. Fortune, honneurs, richesses, jeux, tout cela n'est rien en comparaison de ce bonheur inestimable : or ce bonheur, l'adultere le ravit.

Faute d'écouter la voix intérieure de la nature

nature qui s'éleve contre l'adultere, on le prend communément pour une galanterie excusable ; sur la foi d'un tas de gens sans mœurs, qui, loin d'en rougir, en font gloire. Mais les Corsaires & les brigands font gloire aussi de leurs rapines ; un Grenadier vole sans scrupule dans une Ville prise d'assaut. Lorsqu'il est question de décider sur l'énormité d'un crime, est-ce donc le criminel même qu'il convient de consulter ?

ARTICLE II.

DE LA SOBRIETÉ.

Rien n'est plus propre à inspirer la sobriété, que la vûe des desordres honteux que produit l'intempérance. L'obligation d'être sobre, fondée sur celle qu'impose la loi naturelle, de se conserver la vie. Digression sur le suicide ; autre sur l'avidité excessive pour les richesses & sur la dissipation qu'en font les prodigues.

Pour inspirer aux jeunes Lacédémoniens le goût de la sobriété, on amenoit devant eux des esclaves qu'on avoit enivrés exprès : & ce spectacle qui leur présentoit un tableau fidéle du honteux abrutissement dont l'ivresse est accompagnée, faisoit en effet pour l'ordinaire une forte impression sur leurs esprits. On n'est pas réduit parmi nous à cette ressource bisarre ; nous n'avons pas besoin de faire enivrer nos valets, pour donner à nos enfans des leçons de tempérance. Quantité de nos concitoyens de toute espece & de tout état, prennent très-volontiers sur eux le rôle des esclaves de Sparte : & tel peut-être le matin, a déclamé en chaire contre l'intempérance, qui le soir en sortant de table, pourra fournir la preuve des excès dont elle est la source. S'il ne faut pour enseigner la tempérance, que ne la point pratiquer, nous ne manquerons pas de maîtres.

Nous avons de moins, à la vérité, certain Seigneur, plus fameux par sa crapule, que par ses titres de noblesse, dont l'origine étoit moderne. Le vin, cette liqueur traîtresse, dont il avoit fait ses délices, fut son poison. Mais, tout mort qu'il est, il prêche encore la sobriété : sa mémoire seule apprend à qui sçait comme il a vécu, dans quel affreux avilissement peut tomber un Grand même, dont rien ne pique l'émulation, que le bisarre honneur de bien boire, ou, pour mieux dire, de boire beaucoup. D'ailleurs il nous reste assez de pareils apôtres en ce genre, pour n'en pas regretter un sur mille, qui nous échappe.

N'avons-nous pas encore sous les yeux le Sénateur *Eupotime*, cette futaille organisée, qui ne fait rien autre chose sur terre, que boire, dormir & juger. Voyez-le chanceler, quand il monte au tribunal; écoutez-le ronfler, lorsqu'il y a pris séance; suivez-le, lorsqu'au milieu d'une cause dont le détail lui semble trop long, il court en attendant qu'elle soit plaidée, de l'audience à la buvette; trouvez-vous sur son passage, lorsqu'au milieu de la nuit, on le rapporte ivre chez lui, sans mouvement, sans connoissance & sans pouls, meurtri, livide & sanglant de vingt chûtes qu'il a faites. Vous en faut-il davantage pour détester l'intempérance, & mépriser les intempérans?

Voyez l'illustre *Diogenete*, ce Prélat distingué par son rang & par sa naissance, énervé, débile & perclus, qui ne sçauroit, tant sa foiblesse est extrême, tracer dans l'air avec deux doigts, ces hiéroglyphes sacrés que le peuple dévot appelle bénédictions: ses jambes qui fléchissent sous lui, ses deux bras sans action, poids inutile qui pend à ses côtés, vous instruiront assez sur les terribles effets de la débauche. Prétendez-vous que ce ne sont pas les seuls excès de table qui l'ont plongé dans ce déplorable état: je me rends sans contester; c'est une leçon de plus.

Parce que j'appuie sur le dommage que l'intempérance peut causer à la santé, qu'on ne m'impute point de regarder la loi qui prescrit la sobriété, comme une simple loi de régime, indifférente pour les mœurs. Rien de ce qu'ordonne la loi naturelle n'y peut être indifférent : or je vais établir que cette loi en fait un précepte exprès. La nature a déterminé la quantité des alimens que nous devons prendre, par le degré de chaleur & la capacité de notre estomac ; & leur qualité non-seulement par le sentiment agréable ou désagréable qu'ils excitent dans le palais, mais aussi par les effets bons ou mauvais qu'ils peuvent produire par rapport à la santé.

La santé est la constitution du corps, dans laquelle le souffle de vie qui l'anime, agit avec le plus d'énergie. Altérer sa santé, c'est diminuer la vie : un homme vit moins, lorsqu'il se porte moins bien ; & meurt, dès que sa santé est totalement détruite. La même loi qui nous défend d'attenter à notre vie, nous défend donc aussi de donner volontairement atteinte à notre santé. Qu'on l'appelle, si l'on veut, à cet égard, loi de régime ; qu'importe, pourvû que l'on convienne que ce régime est indispensable ?

Il suit de ce principe, que de quelque maniere qu'on ruine sa santé, lorsqu'on le fait volontairement, c'est toujours enfraindre la loi naturelle, qui veut que nous la conservions. La sobriété, ainsi que toute autre vertu, est un milieu entre deux extrémités opposées. Détruire son tempérament par des abstinences outrées, ne seroit pas un excès moins blâmable, que d'abréger ses jours par la bonne chere. Celui qui prend un poison lent, est-il moins homicide qu'un déterminé qui se poignarde ? On condamne sans hésiter celui-ci : pourquoi faire grace à celui-là ?

Si cependant on me conteste que le suicide soit contraire à la loi de nature, je ne crois pas qu'il soit difficile de le prouver. Cette loi, comme je l'ai dit ailleurs, ne nous ordonne pas de traiter les autres hommes mieux que nous-mêmes : or on convient assez généralement qu'elle nous défend de faire mourir nos semblables, du moins d'autorité privée ; à plus forte raison nous défend-t-elle donc aussi de nous faire mourir nous-mêmes.

» Mais, *dites-vous*, si la vie nous est plus » à charge qu'avantageuse, puisque l'instinct de la nature même nous porte à nous » rendre heureux : pourquoi n'en pourrions-» nous pas alors trancher le cours ? »

Pourquoi ? Parce qu'appartenant à Dieu, de qui nous avons reçu l'être, nous ne devons pas disposer de nous-mêmes sans son aveu. Joignez que nous sommes trop peu connoisseurs sur nos véritables avantages, sur-tout lorsque quelque passion violente nous aveugle, pour pouvoir juger sûrement, même dans les circonstances les plus tristes, que la vie nous est plus à charge qu'avantageuse. Il est sûr au contraire, même dans ces circonstances, qu'elle nous est utile, si ce n'est pour le présent, du moins pour l'avenir. Car nous ne vivons sans doute, que parce qu'il plaît à Dieu que nous vivions : or Dieu ne veut rien par rapport à nous, que ce qui nous peut rendre heureux, il n'a point eu d'autre objet en nous créant. C'est donc négliger, & même rejetter, la félicité qu'il nous prépare, que de porter sur nous des mains meurtrieres.

Mais en supposant même que la vie nous fût un fardeau, nous ne serions pas encore plus en droit pour cela de nous la ravir, qu'il ne nous est permis de l'ôter à quiconque nuit à nos intérêts. Notre vie n'est pas plus à nous que celle d'autrui.

Fondés sur la maxime, toujours fausse quand elle n'est point modifiée, qu'une action est grande & généreuse, à proportion qu'elle coûte plus d'efforts : quelques hommes fameux dans l'histoire, ont cru, en se donnant la mort, mériter les éloges de la postérité, & ont en effet trouvé des admirateurs dans les siécles suivans. Mais pour enfoncer le poignard dans le sein d'un pere, il en coûteroit sans doute au parricide assassin, de terribles combats & des efforts bien violens, avant qu'il eût imposé silence à la voix de la nature. Or ces combats & ces efforts feroient-ils de ce crime affreux, une action méritoire ? Lutter contre ses sentimens n'est une vertu, que quand ces sentimens sont vicieux.

Recevoir la mort avec intrépidité, c'est courage : se la donner, c'est lâcheté. On ne se la donne que pour se délivrer d'une peine qu'on regarde comme insupportable. On se tue, parce qu'on est las de souffrir. La violence du remede auquel se résout un homme qui souffre, si ce n'est lorsqu'il s'agit de se conserver la vie, prouve plutôt l'excès de son impatience, que la grandeur de son courage.

Saisissez ces sages maximes, fondées sur la droite raison & l'humanité : & jamais les plus affreux malheurs ne pourront vous résoudre à mourir de votre main. En vain le Persan *Usbek* * fait à son ami *Ibden*, l'apologie du suicide : vous ne regarderez ses sophismes captieux, que comme les frivoles

* Lettres Persannes. Let. lxxiv.

palliatifs de la plus aveugle fureur; & persuadé, que de s'ôter la vie est un crime, vous vous ferez aussi un devoir de vous la conserver: or rien ne contribue davantage à sa conservation, que la sobriété.

Il est deux sortes de sobriété : l'une consiste dans l'usage modéré des alimens; c'est celle dont nous venons de parler : l'autre consiste dans le désintéressement, & le bon usage des richesses; celle-ci est à l'ame ce que l'autre est au corps; de celle-là dépend la santé; de celle-ci, la vertu.

Des différentes classes de riches, les plus raisonnables sont ceux qui de pere en fils ont toujours vécus dans l'aisance, & sçavent à peine s'il est quelqu'un réduit à manquer du nécessaire. A la vérité, ils sont pour l'ordinaire insensibles à la misere d'autrui : sans cela on n'auroit aucun reproche à leur faire; ce n'est pas un crime que d'être riche.

Ceux que les richesses gâtent le plus, sont ces Crésus de fraîche date, qui semblent porter écrit sur leur front le montant des sommes qu'ils possédent; la fierté de leurs regards, leur arrogance, leurs hauteurs augmentant de jour en jour, à mesure que leur coffre-fort s'emplit. Ce qui doit consoler l'honnête homme, exposé à leurs insultes, c'est que ces fortunes grossies avec tant de rapidité, fondent aussi rapidement.

Pour accumuler des richesses immenses, & les dissiper, il ne faut ordinairement que deux générations. Le pere amasse, le fils dépense : le pere s'enrichit, le fils se ruine : voilà le cours ordinaire des choses ; c'est-là ce qui facilite le commerce, sans cela les biens des familles ne circuleroient pas.

Vous avez vû monter en peu de tems la fortune de *Philargyre*. Voyez décheoir aujourd'hui celle de son fils *Scorpison*.

Philargyre nâquit sans biens, mais ardent pour en acquerir. Il ne s'amuse pas à ces sciences stériles, qui ne procurent à ceux qui les cultivent, que de la gloire & des éloges : il ne fut ni Géometre, ni Poëte, ni Grammairien, ni Astronome : il fut successivement, Commis dans les Aydes, Caissier, Directeur, Sous-Fermier. Arrivé jusques-là, il lui restoit encore un pas à faire pour être au comble de ses vœux : il le fit ; cent mille écus répandus à propos lui procurerent enfin l'honneur d'être aggrégé à l'opulente Quarantaine ; il fut Publicain en chef. Vous croyez peut-être qu'alors il ne souhaita plus rien : au contraire, ses desirs s'accrurent avec sa fortune ; & sa fortune augmenta presque autant que ses desirs. Lorsqu'il mourut, on eût fait dix Principautés des domaines qu'il possédoit.

L'année du deuil n'étoit pas encore expirée, que Scorpiſon, quoiqu'unique héritier de ſon pere, étoit déja moins riche que lui de moitié. L'entretien d'une maîtreſſe, des emprunts à rembourſer, des intérêts uſuraires à payer, des bâtimens, des démolitions, le jeu, des fêtes ſomptueuſes, la fureur des tableaux, des médailles & des coquillages, & par-deſſus tout cela ſon inapplication à ſes affaires domeſtiques, avoient en peu de tems bien amoindri ſon patrimoine. Il a fait des progrès depuis : non-ſeulement il eſt parvenu à l'épuiſer entierement ; il doit même bien au-delà du peu qu'il poſſéde encore.

Mais ſouvent on ſe croit prudent œconome, quand on ſe ſçait tenir immédiatement en deçà de la claſſe des prodigues. On ne ſonge pas à ſe faire ſcrupule de ſes dépenſes frivoles, pourvû qu'on n'y emploie que ſon revenu, ſans entamer ſes fonds : ſoulager les infortunés ne paroît pas un devoir ; on ignore même que ce puiſſe être un plaiſir.

Je ne ſçai par quelle fatalité il arrive que plus on eſt favoriſé des biens de la fortune, moins on eſt diſpoſé à ſoulager ceux qui en ſont dénués. Les pauvres tirent plus de ſecours de gens preſque auſſi pauvres qu'eux, que des riches. Il ſemble qu'on ne ſoit compâtiſſant que pour les maux qu'on éprouve en partie. Je dis *en partie ;* car un homme accablé de peine, épuiſe ſur lui-même toute ſa ſenſibilité ; & l'excès du malheur rend auſſi incapable de commiſération, que le comble de la proſpérité.

Une autre ſingularité qui ne paroît pas moins étrange, c'eſt qu'il n'eſt gueres d'hommes plus inſenſibles aux miſeres d'autrui, que ceux qui par état ſont deſtinés à nous prêcher la charité. Seroit-ce qu'ils ſe croiroient diſpenſés d'aſſiſter les malheureux, par le ſoin qu'ils prennent de nous y exhorter nous-mêmes ; & qu'ils s'imagineroient avoir aſſez fait, en intercédant pour eux ?

On appelle dans le monde *ſe faire honneur de ſon bien*, avoir une table ſplendide, de vaſtes appartemens, des meubles riches & des bijoux de prix, un nombreux domeſtique & de ſuperbes équipages ; en un mot, vivre dans le luxe, autant qu'on le peut, ſans déranger ſa fortune. Pour moi, qu'il me ſoit permis de déroger à ce langage abuſif. Ce que j'appelle ſe faire honneur de ſon bien, c'eſt en uſer en homme ſage, & ſur-tout en homme bienfaiſant.

Le noble & pieux *Démophile* uſe-t-il donc indignement du ſien, parce qu'ayant abjuré tous les plaiſirs ſenſuels, tous les vains amusemens & les superfluités, il répand à pleines mains ses largesses sur l'indigent?

Si le sage peut trouver quelqu'avantage dans les richesses, ce n'est qu'en ce qu'elles procurent la douce satisfaction de pouvoir faire des heureux.

TROISIÉME PARTIE.

DES VERTUS SOCIALES.

L'amour seul peut nous rendre fidèles à nos devoirs. Différens degrés d'union entre les hommes ; d'où naissent entre eux différens degrés d'affection.

AIMEZ-VOUS Dieu, disions-nous dans la premiere partie de cet Ouvrage, vous serez docile à ses loix : vous aimez-vous vous-même, avons-nous dit dans la seconde, d'un amour sage & raisonnable, vous parviendrez à vous rendre heureux : aimez-vous vos semblables, pouvons-nous dire encore ici, vous ne manquerez point à ce que vous leur devez. » Aimez, vous avez » accompli la loi, » disoit l'Apôtre *Paul* aux Prosélytes qu'il formoit. L'amour seul peut nous rendre fidéles à nos devoirs : il est le fondement de toutes nos liaisons, & le seul nœud qui les entretienne. Sans lui le commerce des hommes n'est que feinte & dissimulation ; il n'y a plus dans la société que des spectres de vertus, des apparences trompeuses d'amitié, de douceur &

de générosité, plus dangereuses mille fois que des haines déclarées & des procédés outrageans. Nous avons détaillé en premier lieu, les caracteres & les effets de l'amour que l'homme doit à son Dieu; ensuite ceux de l'amour qu'il se doit à lui-même : décrivons ici les caracteres & les effets de celui que les hommes se doivent les uns aux autres.

Chaque sorte d'union entre les hommes, selon qu'elle est plus ou moins étroite, est serrée par un degré d'affection plus ou moins fort. On appelle *amour*, l'affection qui unit ensemble deux amans ou deux époux, & celle qui attache le fils à son pere, ou le pere à son fils. On appelle *amitié*, celle qui naît de notre propre choix, qui ne prend point sa source dans les attraits d'un sexe ou d'un autre, & n'est point dépendante des liens du sang. On appelle enfin *humanité*, celle que la simple qualité d'hommes nous inspire pour nos semblables.

Il est permis de mettre de la différence entre ces diverses affections. L'amour est de sa nature plus vif & plus empressé que l'amitié; & l'on peut légitimement faire plus pour des amis choisis, qu'on n'est obligé de faire pour le reste des hommes. Mais ces trois sortes d'affections ne different que par le plus ou le moins de vivacité.

Elles sont subordonnées les unes aux autres : mais elles ont ceci de commun, qu'elles nous portent toutes à vouloir du bien à ceux qu'elles nous rendent chers, & à leur en procurer autant qu'il est en notre pouvoir.

CHAPITRE PREMIER.

DE L'AMOUR.

Différens genres d'amour distincts l'un de l'autre, qui feront le sujet des quatre articles suivans.

QUOIQUE le terme d'amour signifie en général toute affection qui a son principe dans la nature, & qui entraîne le cœur, pour ainsi dire, malgré lui, vers l'objet aimé ; telle que sont la tendresse des amans, & celle des époux, l'amour filial, & plus encore le paternel : cependant l'usage l'a déterminé plus particulierement à signifier la forte sympathie que conçoivent des personnes d'un sexe pour celles de l'autre. C'est de cette sorte d'amour que nous parlerons en premier lieu, comme étant celui qui a sur le cœur l'empire le plus absolu. Les trois autres feront aussi la matiere d'autant d'articles distincts.

ARTICLE I.

DE L'AMOUR PROPREMENT DIT.

Portrait de l'amour considéré comme sentiment ; ses caracteres, ses délices. Le desir de la jouissance n'est point l'amour. Inconvéniens d'une union où la vertu n'est entrée pour rien. Portraits de l'amour charnel. L'amour dans un cœur vertueux est une vertu lui-même.

Caliste est jeune, belle, spirituelle & sage. *Agathocle* n'est gueres plus âgé : il est bien fait, brave & de bonne conduite. Son bon destin l'introduisit par hazard dans la maison de Caliste ; ses premiers regards errant indifféremment sur un cercle nombreux, la distinguerent bientôt, & se fixerent sur elle : mais revenu de la courte extase que lui causa cette premiere vûe, il se la reprocha d'abord, comme une distraction incivile, qu'il essaya de réparer en promenant ses yeux tour à tour sur d'autres objets. Vaine tentative ! Un attrait puissant les captivoit déja. Ils retomberent sur Caliste : il en rougit aussi-bien qu'elle ; une douce émotion jusqu'alors inconnue à son ame, troubla son cœur, & déconcerta ses regards : ils en devinrent tout à la fois & plus timides & plus curieux. Il se plaisoit à considérer Caliste, & ne l'osoit faire qu'en tremblant : Caliste, de son côté, satisfaite intérieurement de cette flatteuse préférence, l'envisageoit furtivement. Tous deux craignoient, mais Caliste plus encore qu'Agathocle, d'être pris sur le fait l'un par l'autre : & tous deux l'étoient à chaque instant.

L'heure de se séparer vint, & leur parut être arrivée trop vîte : ils firent de tristes réflexions sur la rapidité du tems. Leur imagination cependant ne les laissa pas tout-à-fait l'un sans l'autre : l'image de Caliste étoit déja profondément gravée dans l'ame d'Agathocle, & les traits de celui-ci étoient fortement imprimés dans celle de Caliste ; ils en parurent moins gais l'un & l'autre, le reste du jour. Un sentiment vif, quel qu'il soit, occupe l'ame en dedans, & ne lui permet pas de se livrer à la dissipation.

Deux jours s'étoient passés sans qu'ils pussent se revoir : & quoique, pendant cet intervalle, tous leurs momens eussent été remplis, ou par des occupations utiles, ou par des récréations amusantes ; tous deux éprouvoient une langoureuse anxiété, un ennui, un vuide indéfinissable, dont ils ne pouvoient démêler la cause. L'instant qui les rapprocha, la leur apprit : le contentement parfait qu'ils goûterent en présence l'un de l'autre, ne leur laissa plus ignorer quel avoit été le principe de leur mélancolie.

Agathocle s'enhardit ce jour-là : il aborda Caliste, lui tint des discours obligeans, & eut le bonheur de l'entretenir pour la premiere fois. Il n'avoit vû que ses charmes extérieurs : il vit la beauté de son ame, la droiture de son cœur, la noblesse de ses sentimens, la délicatesse de son esprit ; & ce qui l'enchanta encore davantage, il crut appercevoir qu'elle ne le jugeoit pas lui-même indigne de son estime. Dès-lors il lui fit des visites assidues, dont chacune lui découvrit en elle de nouvelles perfections. C'est-là le caractere d'un mérite soutenu : il gagne à se développer aux yeux d'un connoisseur. Un galant homme ne se dégoûte que d'une coquette, d'une sotte ou d'une étourdie : s'il a pris du goût pour une femme digne de lui, le tems, loin d'affoiblir son attachement, ne fera que l'accroître & le fortifier.

L'inclination décidée qui s'étoit formée pour Caliste dans le cœur d'Agathocle, n'étoit plus pour lui un sentiment équivoque ; c'étoit de l'amour, & du plus tendre : il le sçavoit ; mais Caliste l'ignoroit, ou du moins ne l'avoit point encore appris de sa bouche. L'amour est craintif & respectueux. Un amant téméraire n'est point l'ami de la belle qu'il caresse : ce n'est que le plaisir qu'il aime. Il prit enfin sur lui de lui ouvrir son cœur. Ce ne fut point avec ces gentilleſſes étudiées qui accompagnent une déclaration romaneſque : » Aimable » Caliſte, lui dit-il ingénuement, le ſenti- » ment qui m'attache à vous, n'eſt pas de » l'eſtime toute ſimple ; c'eſt l'amour le plus » vif & le plus empreſſé. Je ſens que je ne » puis vivre ſans vous : pourriez-vous, ſans » répugnance, vous réſoudre à me rendre » heureux ? J'ai pû vous aimer ſans vous » offenſer ; c'eſt un tribut qui vous eſt dû : » l'eſpoir d'un peu de retour pourroit-il » auſſi m'être permis ? »

Une coquette auroit affecté du courroux : Caliſte écouta ſon amant ſans l'interrompre, lui répondit ſans aigreur, & lui permit d'eſpérer. Elle ne mit pas même ſa conſtance à de longues épreuves : le bonheur pour lequel il ſoûpiroit ne fut différé qu'autant de tems qu'il en falloit pour en faire les apprêts. Les clauſes du contrat furent aiſément réglées entre les parties, l'intérêt n'y entroit pour rien : la principale étoit le don mutuel de leurs cœurs ; & cette condition étoit remplie d'avance.

Quel ſera le ſort de ces nouveaux époux ? (J'ai tiré leur horoſcope.) Le plus heureux que des mortels puiſſent éprouver ſur la terre. Aucun plaiſir n'eſt comparable à ceux qui affectent le cœur, & il n'en eſt point, comme je l'ai déja obſervé, qui l'affectent ſi délicieuſement, que la douceur d'aimer & d'être aimé.

Ce n'est point à cette tendre union qu'il faut appliquer ce mot de Démocrite, que le *plaisir de l'amour est une courte épilepsie.* Il entendoit parler, sans doute, de cette volupté charnelle, si étrangere à l'amour, qu'on peut en jouir sans aimer, & aimer sans la goûter jamais. Ils seront constans dans leur amour : j'ose le prédire, & j'en sçai la cause. Ce ne sont point les charmes éblouissans de la beauté qui ont déterminé leur inclination : tous deux étoient amis de la vertu. Ils se sont aimés parce qu'ils se sont trouvés vertueux : ils s'aimeront donc tant qu'ils continueront de l'être ; & leur union même me répond de leur persévérance ; car rien n'affermit tant nos pas dans les sentiers de la sagesse, que d'avoir sans cesse sous les yeux un modéle chéri qui les suive.

S'il est quelque chose qui pût troubler leur félicité, ce seroit les désastres & les infortunes, dont leur amour ne les met point à l'abri ; mais en supposant qu'il leur en arrive, ce sort leur sera commun avec le reste des hommes. Ceux qui ne goûtent point les plaisirs de l'amour, ne sont pas non plus exempts de revers ; & ils ont ces plaisirs de moins, plaisirs qu'il ne faut pas compter pour peu dans la vie.

Joignez à cela, que l'amour même diminuera de beaucoup le sentiment de leurs maux. Il a cette vertu singuliere, de rendre à deux cœurs bien assortis les souffrances moins aiguës, & les plaisirs plus touchans. Il semble qu'en se communiquant leurs peines, ils n'en portent plus que la moitié chacun; & qu'au contraire, ils doublent leurs contentemens en les partageant. Ainsi qu'un escadron est enfoncé plus difficilement par l'ennemi, à proportion qu'il est plus serré: de même un couple amoureux résiste aux atteintes de l'infortune & de l'adversité, avec d'autant plus de force & de succès, qu'il est plus étroitement uni.

Amateurs sensuels d'une volupté purement corporelle, les détails de ces chastes délices sont pour vous des énigmes incompréhensibles, ou des paradoxes insensés. L'amour, dont vous vous vantez de suivre les étendards, ne vous est pas même connu: vous êtes, à ses yeux, des profanes qui ne méritez pas d'être initiés à ses mysteres. Qu'avez-vous fait pour son service? Par quels exploits avez-vous mérité ses faveurs? Vous avez ridiculement affecté des gestes forcés & des attitudes théâtrales; vous avez saisi ponctuellement les modes naissantes; vous avez concerté dans vos miroirs, des soûris complaisans, des œillades vives, des regards passionnés. Vous épuisiez toute la finesse de votre goût, toute l'activité de votre imagination, à construire artistement le frivole attirail de vos ajustemens fastueux. Follement orgueilleux de ces pitoyables avantages, vous portiez dans les assemblées des airs vains & triomphans. Vos batteries une fois dressées, il n'étoit point de beauté qui ne dût vous rendre les armes, & se livrer à la discrétion du vainqueur. Vous n'épargniez non plus, pour les séduire ou les surprendre, ni la flatterie, ni le mensonge, ni les offres, ni les promesses, ni la feinte, ni la dissimulation.

Quelques-unes, il est vrai, ont servi de trophées à votre odieuse vanité. La chûte de l'une étoit préparée de longue main, par la licence de ses mœurs, ou peut-être par la lubricité de son tempérament : une autre a été éblouie par l'éclat de l'or & des pierreries ; l'innocente *Agnès* a donné dans le piége par simplicité, la jeune *Hebé* par une curiosité indiscréte. Mais, convenez-en, vous rougissez de vos conquêtes. Aucune n'a pû vous rendre heureux : j'en vois la preuve dans vos inconstances multipliées, dans vos infidélités, vos perfidies & vos parjures ; dans vos dépits & vos regrets. Votre amour est tourné en haine : vous blasphémiez ce que vous adoriez ; il n'est plus de femmes sur la terre qui soient à l'abri de vos outrageantes déclamations ; vous déchirez un sexe aimable, & fait pour la félicité du nôtre. Mais comment en auriez-vous conçu de l'estime ? Vous n'en jugez que sur un méprisable échantillon.

On n'a de part aux plus précieuses faveurs de l'amour, qu'autant qu'on aime avec délicatesse un objet digne d'être aimé. Sans l'une ou l'autre de ces deux conditions, votre amour infailliblement deviendra malheureux, ou par l'inconstance de la personne aimée, ou par la vôtre même : & alors vous reconnoîtrez que ce qui vous sembloit amour, ne l'étoit pas en effet, car le véritable amour est constant : c'étoit simplement une conformité de goût pour le plaisir.

L'amour étant le lien de deux cœurs qui sympathisent l'un avec l'autre, c'est dans les qualités du cœur qu'il faut chercher le fondement de cette sympathie : or la premiere de toutes, & celle qui décide des autres, c'est l'amour de la vertu. Quel fatal présent pour un amant plein d'honneur, que le don d'un cœur qui n'en connoît pas les maximes ! le pourra-t-il accepter sans risquer son innocence ? Dans une union aussi étroite que celle des amans ou des époux, les sentimens se communiquent sans qu'on s'en apperçoive : & comme on ne le sçait que trop, les mauvais s'insinuent bien plus aisément que les bons. Les maladies de l'ame sont encore plus contagieuses que celles du corps. Ses taches s'impriment & se calquent, pour ainsi dire, sur tous les sujets qui l'approchent.

Au danger de ce triste écueil, joignez l'intérêt même de votre amour. Par quelles rares perfections fixeriez-vous un cœur pour qui la vertu n'a point assez d'attraits? Adopteriez-vous ses écarts, deviendriez-vous son complice : vous sacrifierez votre honneur sans rien gagner du côté de l'amour : votre séductrice elle-même vous en estimeroit moins ; or ce qu'on méprise, on ne l'aime assurément pas. Soyez avec elle d'une vertu inflexible : vous l'effrayez, elle vous fuit. Ayez pour elle de lâches condescendances : elle en abuse, & ne vous en sçait pas gré ; ce sera même pour elle un motif de vous faire un jour des reproches, & de rejetter sur vous ses égaremens : vous les avez favorisés, vous en êtes donc l'auteur.

Quel milieu prendre entre ces deux partis? Epargnez-vous ce dangereux embarras : ayez vous-même des mœurs, & n'aimez point qui n'en a pas.

Quelles sont les vûes de *Belise* en caressant le jeune *Lindor?* Elle n'en a pas d'autres sans doute, que d'être la *Minerve* de ce beau *Télémaque :* elle joueroit mal auprès de lui le rôle de *Circé :* c'est un enfant, à peine affranchi de la férule, & qui n'a

pas

pas encore ſecoué la pouſſiere des Colléges. Beliſe au contraire eſt d'un âge mûr: elle a vû commencer le ſiécle qui court, & doit être revenue de la bagatelle & des vains amuſemens d'une intrigue galante. Neuf luſtres complets d'expérience, & quelques anecdotes mortiſiantes dont la mémoire n'eſt pas encore effacée, la doivent tenir en garde contre l'étourderie & l'indiſcrétion des jeunes gens, qu'elle n'a que trop ſouvent éprouvée. Elle eſt amie de la mere de Lindor: c'eſt un éleve qu'elle veut former. Les médiſans prétendent pourtant, qu'elle prend elle-même un vif intérêt au ſuccès de ſes leçons. Ce n'eſt, diſent-ils, pour l'ordinaire, qu'entre les bras de ces femmes ſurannées que ſe perd l'innocence d'un jeune homme. La timidité naturelle à cet âge, le mettroit à l'abri, ſi ces dangereuſes ſéductrices ne prenoient pas ſur elles-mêmes le ſoin d'ébranler ſa pudeur par des propos licentieux, & n'achevoient de le corrompre par des agaceries indécentes. Suivons des yeux la maîtreſſe & le diſciple. Mais, quoi! juſtifieroit-elle ces ſoupçons? Pourquoi toujours du tête-à-tête, des minauderies & des verroux? N'eſt-il point d'autre ſiége pour Beliſe, qu'un ſopha; d'autre attitude, qu'une poſture inclinée; d'autres ajuſtemens qu'un négligé leſte & coquet? La ſimple amitié répand-elle tant de feu sur le visage ; a-t-elle des regards enflammés, donne-t-elle des baisers lascifs, les redouble-t-elle si fréquemment ? Mais baissons un voile sur le reste du tableau : je veux inspirer des mœurs, & j'alarmerois la pudeur.

Encolpe est l'émule de Belise ; & tend aux mêmes fins, quoique par des routes bien différentes. Son long manteau, le caractere vénérable dont il est revêtu, les rides multipliées de son front, son maintien hypocrite & bigot, inspirent une confiance sans mesure. De jeunes beautés vont à ses pieds rougir de leurs foiblesses ; lui développer leurs secrettes inclinations ; lui apprendre l'empire que prend sur elles la force de leur tempérament ; gémir de l'ascendant de leur concupiscence, & lui en demander le reméde. *Héloïse* lui a déclaré le penchant invincible qu'elle a pour la tendresse, & les écarts où cette passion l'a jettée : il veut, avant de procéder à la cure, approfondir l'état de la maladie ; il questionne, il interroge, il tourne & retourne la malade. Dans la crainte qu'elle n'ait omis des circonstances intéressantes, il l'entretient de mille détails obscenes, bien plus capables de salir son imagination, que d'affermir sa chasteté. Plus elle est véridique & sincere : mieux le fourbe sçaura la séduire, & en triompher. Il a connu les endroits foibles de la place : c'eſt par-là qu'il l'attaquera. Le jeune *Almanzor*, quoique hardi & entreprenant, avoit en vain lutté contre un reſte de pudeur qui préſervoit la belle du naufrage : le guide impoſteur ſçaura bien mieux la corrompre. Arrivée au bord de l'abyſme, ſa frayeur achevera de l'y précipiter : & ce que n'a pû obtenir par ſes careſſes, un amant jeune & bien aimé, un directeur à cheveux blancs l'obtiendra par ſes ruſes ſacriléges.

Appellerez-vous amour, l'ardente paſſion de Beliſe, & les feux criminels d'Encolpe ? Eſt-ce aimer une maîtreſſe ou un amant, que de lui ravir ſon innocence, le plus précieux de tous ſes avantages ; que de ſouiller ſon ame d'un crime, la plus affreuſe de toutes les taches ? Poignarde-t-on quelqu'un par amour, ou l'empoiſonne-t-on par tendreſſe ?

Eraſte a des intentions plus droites : il eſt ſincérement paſſionné pour *Iſabelle* ; on le voit bien au portrait avantageux qu'il en fait. Un trait ſeulement paroît manquer au tableau : il ne dit rien de ſon caractere ni de ſes mœurs. Mais ce ne ſont pas ces objets-là qui le touchent : elle eſt d'une beauté qui l'enchante, remplie de graces & d'enjouement. C'en eſt aſſez pour lui : il n'imagine pas de plus grand bonheur que celui de la poſſéder. Eclairé par ſes beaux yeux, il eſt ravi en extaſe : abſent d'auprès d'elle, il languit & ſe conſume d'ennui. Croirez-vous bien que cette ardeur & cet empreſſement ne ſont rien moins que de l'amour? Eraſte ne s'en doute pas : il croit aſſurément être le plus amoureux de tous les hommes. Mais je vois d'où vient ſon erreur : c'eſt qu'il prend pour de l'amour, le deſir de la jouiſſance.

Voulez-vous ſonder vos ſentimens de bonne foi, & diſcerner laquelle de ces deux paſſions eſt le principe de votre attachement : interrogez les yeux de la belle qui vous tient dans ſes chaînes. Si ſa préſence intimide vos ſens, & les contient dans une ſoumiſſion reſpectueuſe, vous l'aimez. L'amour interdit même à la penſée, toute idée ſenſuelle, tout eſſor de l'imagination, dont la délicateſſe de l'objet aimé pourroit être offenſée, s'il étoit poſſible qu'il en fût inſtruit. L'amour eſt chaſte juſques dans ſes ſonges. Mais ſi les attraits qui vous charment, font plus d'impreſſion ſur vos ſens que ſur votre ame ; ce n'eſt point de l'amour, c'eſt un appétit corporel.

Qu'on aime véritablement : & l'amour ne ſera jamais commettre de fautes qui bleſſent la conſcience ou l'honneur ; car quiconque eſt capable d'aimer, eſt vertueux : j'oſerois même dire, que quiconque eſt vertueux, eſt auſſi capable d'aimer.

Car toutes les vertus ſe tiennent par la main : or la tendreſſe du cœur en eſt une. Comme ce ſeroit un vice de conformation pour le corps, que d'être inepte à la génération : c'en eſt auſſi un pour l'ame, que d'être incapable d'amour.

Je ne crains rien pour les mœurs, de la part de l'amour : il ne peut que les perfectionner. C'eſt lui qui rend le cœur moins farouche, le caractere plus liant, l'humeur plus complaiſante. On s'eſt accoutumé, en aimant, à plier ſa volonté au gré de la perſonne chérie : on contracte par-là l'heureuſe habitude de commander à ſes deſirs, de les maîtriſer & de les réprimer ; de conformer ſon goût & ſes inclinations, aux lieux, aux tems, aux perſonnes. Mais les mœurs ne ſont pas également en ſûreté, quand on eſt inquiété par ces ſaillies charnelles, que les hommes groſſiers confondent avec l'amour.

ARTICLE II.

DE L'AMOUR CONJUGAL.

Il eſt aiſé de diſtinguer le véritable du faux. Quelle eſt la cauſe la plus ordinaire de l'indifférence entre les époux. Par quels motifs il ſemble qu'on ait exclus l'amour du mariage. Sources de diviſion entre les époux : la jalouſie eſt la principale ; ja-

lousie sans amour. Moyens d'assurer & d'entretenir l'amour conjugal.

Les caracteres de l'amour conjugal ne sont pas si équivoques. Un amant, dupe de lui-même, peut croire aimer, sans aimer en effet : un mari sçait au juste s'il aime. Il a joui : or la jouissance est la pierre de touche de l'amour ; le véritable y puise de nouveaux feux ; mais le frivole s'y éteint.

L'épreuve faite, si l'on connoît qu'on s'est mépris, je ne sçai de reméde à ce mal, que la patience. S'il est possible, substituez l'amitié à l'amour : mais je n'ose même vous flatter que cette ressource vous reste. L'amitié entre deux époux est le fruit d'un long amour, dont la jouissance & le tems ont calmé les bouillans transports. Pour l'ordinaire, sous le joug de l'hymen, quand on ne s'aime point, on se hait ; ou, tout au plus, les génies de la meilleure trempe se renferment dans l'indifférence.

Voyez *Alcippe* & *Célimene* unis ensemble depuis six mois : quoique leurs appartemens soient fort éloignés l'un de l'autre, ils se visitent tous les jours, ils vont même jusqu'à s'embrasser ; le fait est sûr, jamais il n'est arrivé que devant des témoins croyables. Vous ne verrez point entr'eux de ces caresses enfantines ; de ces agaceries folâtres qu'on reproche aux jeunes époux ;

mais des politesses, des soins, des égards, des attentions, & sur-tout des bienséances. Ils n'ont point fait d'accord exprès pour vivre ensemble sur ce pied-là : une heureuse sympathie leur en a inspiré l'idée.

On est bien plus surpris du froid qui regne entre *Lisandre* & *Daphné*; après mille témoignages apparens de la passion la plus forte. Jamais amour ne parut plus ardent : mille obstacles les traversoient ; leur courage en a triomphé. Des verroux, des grilles, des murs, tenoient la belle étroitement emprisonnée ; trois ou quatre prudes géolieres, d'un ton nasillard & dévot, l'exhortoient à la continence, en se proposant pour exemple, & l'invitant à ne soupirer, comme elles, que pour l'Epoux du Cantique : une échelle la délivra de la clôture & des sermons. Lisandre, que son pere à l'heure même travailloit à deshériter, préférant aux intérêts de sa fortune ceux de son cœur ; aux tendresses du sang, la possession de Daphné ; Lisandre, voloit avec elle, pour lui jurer aux pieds des autels un amour à jamais durable. L'année n'est pas révolue : déja Lisandre est infidéle. Daphné pleure, gémit & se plaint : elle a des consolateurs, qui peut-être l'aideront un jour à se venger pleinement du perfide. Quelle peut donc être la cause de ce brusque changement ? La même qui a refroidi Alcippe

& Célimene. Lisandre & Daphné avoient pris pour de l'amour, les puissans aiguillons de leur tempérament voluptueux : les voilà détrompés ; & comme ils sont tous deux impatiens & emportés, leurs regrets sont aussi vifs que l'étoit leur entêtement.

Ce seroit entrer dans une carriere trop vaste, que de vouloir tracer ici ce nombre infini de tableaux différens, qu'offriroit l'état du mariage, si ses secrets, que cachent de mystérieuses ténebres, étoient tout à coup éclairés. Quelle variété d'humeurs, de caprices, de boutades & de travers, fourniroient tant d'époux désunis, qui, différens de ceux qu'une fausse lueur d'amour a trompés, n'ont pas même imaginé que ce sentiment dût entrer pour quelque chose dans leur engagement.

Les belles & les coquettes ont fait naître dans tous les siécles, tant de folles passions, tant de troubles, de divisions & de guerres, que les génies superficiels, sans faire grace au véritable amour, à l'amour fondé sur l'estime, l'ont condamné sur l'étiquette, comme une foiblesse impardonnable. Le vil intérêt trouvant, dans cette bisarre opinion, de quoi flatter ses partisans, ne manqua pas de la répandre & d'y donner la vogue. Par son secours elle fit tant de progrès, que bientôt ce fut un dogme reçu. Il fut statué qu'à l'avenir on ne prendroit plus de femme, que dans une condition égale à la sienne : & l'on étendit même l'égalité de condition jusqu'à celle des biens. L'amour fut proscrit des mariages, & relégué dans les Romans. Et si quelqu'un, soit par foiblesse, ou par goût, s'étoit laissé enflammer, il devoit au moins, de crainte de scandale, s'en cacher de son mieux, ne faire en public à son épouse, que des politesses froides ; & où il se trouveroit d'autres femmes, les fêter toutes plus que la sienne ; le tout à peine d'encourir le blâme & les brocards du beau monde.

Et, attendu que le parti des époux mal assortis, comme de beaucoup le plus nombreux, est celui qui donne le ton, ce réglement, conforme à leur systême, a été scrupuleusement maintenu ; & les choses sont encore aujourd'hui sur ce pied, sauf aux époux qui se haïssent sincerement, de faire pis dans le particulier.

Je n'ai rien à prescrire à cette derniere classe d'époux, sur les devoirs de l'hymenée. Ils manquent au plus essentiel, en manquant d'amour : comment rempliroient-ils les autres ?

C'est une espece de rapt qu'un mariage contracté sans tendresse. La personne n'appartient, suivant l'instinct naturel, qu'à celui qui en possede le cœur. On ne devroit recevoir les dons de l'Hymen, que des mains de l'Amour : les acquérir autrement, c'est proprement les usurper.

Conseillerai-je à ces ravisseurs téméraires de réparer, au moins après coup, leur usurpation, en s'excitant à l'amour : & de faire après l'engagement ce qu'ils n'ont pas fait avant ? Mais le sentiment ne peut pas plus se conseiller, que se commander. Des époux qui se haïssent, ou qui ne s'aiment pas, sont des pécheurs inconvertibles : aussi n'est-ce point à eux que j'adresse mes leçons sur l'amour conjugal.

Mais seront-elles mieux adressées, si je les propose à ces heureux époux, qui, bien épris dès les premiers instans, ont puisé dans la connoissance intime que leur étroite union leur a donnée l'un de l'autre, de nouvelles raisons pour s'enflammer davantage ? Il ne semble pas qu'ils ayent besoin de préceptes pour continuer de s'aimer : une tendresse ainsi réfléchie, paroit de nature à durer toujours. Cependant le cœur humain est si variable, qu'il ne peut, sans témérité, répondre de brûler sans cesse d'une ardeur égale & constante. L'amour est un feu : il s'éteindra si on le noye, ou s'il manque d'aliment.

Euristhène aimoit son épouse : & cet amour le rendoit le plus heureux des hommes. Il connoissoit le prix de son bonheur ;

& s'en ouvrit un jour à certain vieux Druide, dépositaire de ses secrets les plus intimes, qui, sevré des douceurs dont il entendoit le récit, se mit en tête, sous le prétexte de la gloire de Dieu, de le dégager de ces liens charnels, qui, disoit-il, l'attachoient au monde.

» Mon frere, *dit le béat*, je gémis pour » vous, de l'aveuglement où je vous vois. » Vous soupirez : & c'est pour un autre » objet que le Seigneur ! Ignorez-vous qu'il » est écrit, que qui ne hait pas pour Dieu, » son pere, sa mere, son épouse & ses freres, » n'est pas digne de Dieu. Avant la chûte du » premier homme, votre attachement au» roit peut-être été sans crime : mais l'hom» me coupable ne doit manger que du » pain trempé dans les larmes. Votre » épouse est fille d'Eve, cette mere cruelle » qui nous a tous perdus : & vous l'aimez ! „ Craignez le sort de votre premier pere ; „ ce fut aussi l'amour qui le perdit. Vous lui „ sçavez gré de sa tendresse & de ses com„ plaisances : c'est par-là même que vous „ la devez craindre ; puisque c'est par-là „ qu'elle vous gagne, & qu'elle ravit à „ Dieu un cœur qui n'étoit fait que pour „ lui. Songez-y bien : l'enfer est ouvert „ sous vos pieds. «

Ce mot d'*Enfer* fit frémir le simple Euristhène : son imagination troublée ne vit plus que Démons, que feux, que soufre & que brasiers ardens. Un zele fanatique s'empara de son ame: il regarda son épouse en ennemie; prit ses caresses pour des piéges, & ses remontrances pour des séductions. Si quelque reste d'affection sollicite encore pour elle, dans son cœur; il jeûne, prie & se macere, pour parvenir à l'étouffer.

Pour *Méthyse*, ce n'est point par des jeûnes, qu'il a sçu s'affranchir de l'affection conjugale. Les trois quarts de sa vie se passoient le verre à la main, dans ces réduits licentieux, où regnent en toute liberté, l'intempérance & la crapule; où dans les flots d'un Bourgogne fumeux, on engloutit, tout à la fois, sa santé, son honneur & ses biens. Là les sentimens délicats sont traités de folles chimeres; la tendresse, de fadeur; la complaisance, de servitude; & les égards, de bassesse. Méthyse enfin a pris le ton de ses ignobles cotteries. Ce n'étoit d'abord qu'un jargon qu'il parloit par amusement, sans que le cœur fût abruti: mais aujourd'hui il est plus avancé; il en a pris aussi l'esprit; il a perdu tout sentiment pour les plaisirs que la raison avoue. Il est de marbre pour les femmes, & surtout pour les femmes modestes, sages & réservées; & malheureusement pour lui son épouse est de ce nombre.

Polydore

Polydore a tenu bon vingt ans ; sa tendresse, au bout de ce terme, n'avoit souffert d'autre altération, que celle qu'y apportent nécessairement la longueur du tems & la situation paisible du cœur lorsqu'il n'a rien à desirer. Ce n'est plus, si l'on veut, de l'amour ; mais c'est une amitié si tendre, qu'elle ne pourroit jamais l'être autant, sans l'être trop, entre deux personnes de même sexe. Mais, comme elle irrite moins les desirs ; il est dans cet état un écueil à craindre : & je conseille à quiconque jouit de ce calme dangereux, d'observer ses yeux & son cœur, de crainte qu'un objet nouveau, lui rapprenant à aimer, ne le conduise par degrés à la plus noire perfidie. Polydore s'en rendit coupable. Il se fioit sur sa longue habitude, de ne chérir que son épouse ; & c'étoit-là précisément ce qui l'exposoit à la trahir. L'amour, quand il est satisfait, ne s'accroît pas en vieillissant. La douce quiétude qu'il goûtoit sous l'étendard de l'Hymen, lui fit croire que ses passions étoient amorties & soumises : & se livrant au danger sans le craindre, il n'a connu le précipice qu'après y être tombé.

Des vices dans le caractere, des caprices dans l'humeur, des sentimens opposés dans l'esprit, peuvent aussi troubler l'amour le mieux affermi. L'époux chiche, avare & mesquin, prend du dégoût pour une épouse, qui pensant plus noblement, croit pouvoir régler sa dépense sur leurs revenus communs. Un prodigue au contraire méprise une épouse œconome.

Callias, beau comme Narcisse, & aussi fier de sa beauté, annonce par ses regards, ses discours & son maintien, qu'il croit, qu'*Elvire* est en reste avec lui, depuis qu'il a daigné l'associer à sa couche.

Phorbas a lû dans quelques anecdotes Turques, des détails, peut-être exagérés du despotisme que les descendans de Mahomet exercent dans leur Sérail. Il tient chez lui sa morgue comme un Sultan. Dans l'ame il chérit *Artamene* : mais il ne croit pas qu'il soit de sa dignité de l'avouer ; & aime mieux recevoir d'elle des soumissions que des caresses.

Le dévot *Théotime*, sensible aux malheurs de l'Eglise, & pleurant sur sa décadence, va chez tous ceux qui *pensent bien*, les exhorter à soutenir un reste de foi qui chancelle. Tous les Pasteurs ont trahi la *bonne cause* ; la vérité n'a bientôt plus de défenseurs. Il croit être un nouvel Atlas, fait pour prévenir la ruine des Cieux, prêts à s'écrouler. Quelle douce consolation pour lui, si du moins son épouse l'aidoit à supporter un fardeau si accablant ! Mais l'infidelle n'est point touchée de ses pieux gémissemens. Elle suit en aveugle la voie large, où la conduisent des guides relâchés, & croit son salut attaché à suivre bonnement les loix de Rome, & les avis de son Curé. Théotime a fait de son mieux, pour lui communiquer ses lumieres : mais ne gagnant rien sur elle, il éclate à la fin; on s'injurie, on se dit anathême, & les deux époux se détestent.

Quel est ce phrénétique, que je vois bouffi de colere? Quelle subite émotion lui a enflammé le visage? Pourquoi ces regards féroces, cette voix entrecoupée, ces gestes menaçans! Eh, qui menace-t-il? Une tendre épouse, la fidelle *Artemise*, qui le chérit & qu'il aime lui-même : du moins tout l'a prouvé jusqu'à ce moment. Passe-t-on ainsi tout à coup de l'amour à la haine, de l'estime au mépris, de la considération aux outrages? Oui, quand on est jaloux : or c'est la manie d'*Argante*. Semblable à un avare, qui plus il chérit son trésor, plus il craint qu'on ne le lui dérobe : amis, parens, domestiques, vieillards, enfans, tout le moleste, tout lui fait ombrage, tout lui semble capable de séduire son épouse. C'est de tous les malheurs, celui qu'il redoute le plus; & c'est celui qu'il croit plus proche. Sa crainte lui troublant les sens, il prend ses défiances pour des pressentimens, & ses soupçons pour des réalités. Ce qui vient d'exciter son courroux, c'est qu'il l'a entendue de loin, parlant familierement à quelqu'un. Il s'est approché doucement dans le dessein de la suprendre : il n'a réussi qu'à demi. Il ne voit qu'elle dans une chambre où il a entendu deux voix : mais il y trouve des gants dont la vûe lui tourne la tête ; il les prend & les met en pieces. Elle veut parler : mais il est sourd ; il prévient l'éclaircissement par un torrent de dures invectives. Les menaces suivent de près : & les effets peut-être alloient suivre les menaces, san, un témoin inattendu, dont l'aspect subit le déconcerte & le condamne ; c'est son beau-pere, qui du fond d'un cabinet, où il s'étoit exprès caché, pour causer à son gendre une surprise agréable, vient reclamer ses gants, & justifier Artémise.

Affreuse jalousie, triste poison du bonheur des époux, que n'éteins-tu plutôt l'amour, que de le changer en fureur ?

Il est néanmoins une sorte de jalousie, compagne inséparable d'un amour vif & délicat : elle n'exclut pas l'estime, & n'est point injurieuse. On craint de perdre l'affection de ce qu'on aime, parce qu'on en connoît le prix : on craint de déplaire à l'objet aimé, sans le soupçonner d'inconstance ; on craint son réfroidissement, mais on est sûr de sa fidélité. Cette tendre appréhension est un aiguillon efficace qui réveille l'amour, le rend actif & prévenant : sans ce secours, il languiroit par son trop de sécurité.

Mais un phénomene qu'on ne comprend que difficilement, & qui toutefois est fréquent, c'est qu'on soit jaloux sans aimer.

Dorimene épousa *Cliton*, plutôt par complaisance que par goût : cependant elle entre en fureur, s'il sourit à une femme aimable. Une parole obligeante, un geste gracieux, un accueil affable & poli, fait à tout autre qu'à elle, est une offense, un crime, qu'elle ne pardonne pas. S'il s'absente, » il est infidéle ; il y a déja long» tems qu'elle voit bien qu'il la néglige, » elle auroit cru mériter qu'on eût plus d'é» gards pour elle. « Dorimene seroit-elle donc devenue amoureuse de son époux, depuis qu'elle en est la femme ? Ce seroit un vrai miracle ; or je doute qu'il s'en fasse, du moins de cette espece. L'hymen n'inspire pas l'amour à des cœurs indifférens. Il constate sa pureté : mais il ne le fait pas naître, & l'augmente rarement. Il en est le creuset : mais il n'en est pas le berceau. Quel est donc le principe des transports jaloux de Dorimene ? Ce n'est pas à la vérité l'amour : mais c'est un sentiment qui lui ressemble en partie.

La tendresse des hommes, pour l'ordinaire, porte sur quelque chose. Il faut, pour que leur cœur soit échauffé, que quelque objet l'ait enflammé. Mais pour les femmes, la tendresse leur est annexée en naissant : c'est un des apanages de leur constitution. Elles aiment, pour ainsi dire, avant de sçavoir qui aimer. L'amour est pour nous un plaisir ; c'est pour elles une affaire capitale. Mais si cette tendresse innée trouve à se prendre à quelque objet, si vous attisez ses feux par l'attrait des plaisirs sensuels : semblable aux rayons du soleil, qui rassemblés dans l'épaisseur d'un verre, en deviennent plus ardens, elle ramasse ses flammes éparses, & les concentrant en un point, elle en acquiert plus de force & d'activité. On dit aussi qu'elle a cette prérogative, que n'a point la nôtre, de croître par la jouissance, & que les femmes n'éprouvent point ce sentiment de paresse & de satiété, qui appesanti nos cœurs, quand nos desirs sont satisfaits.

En général les femmes aiment plus que nous. La Nature, sage en tout, leur a exprès départi un fond presque inaltérable de tendresse naturelle & d'ardeur pour la volupté, afin de les étourdir sur les suites de l'hymenée ; pour charmer leurs souffrances, & compenser leurs peines, par le doux appas du plaisir. Voilà ce qui dans la plûpart d'elles tient la place d'un amour réfléchi. Nous n'aimons que par choix : mais pour elles, on les voit souvent empressées, même pour des époux qu'elles ont pris les yeux fermés.

Ce sentiment, si semblable à l'amour, qu'il ne vient gueres à l'esprit d'imaginer qu'il en differe, inspire quelquefois aussi des transports de jalousie : & c'est de cette source que part celle qu'éprouve Dorimene.

Pour *Amintas*, à quel titre est-il jaloux? A-t-il des droits sur le cœur d'*Emilie*? Il la hait & la dédaigne. Que lui importent donc son amour ou son indifférence? Eh! ce n'est pas non plus de l'amour qu'il exige d'elle : mais, comme il croit que son honneur est attaché aux mœurs de son épouse, il veut qu'elle lui soit fidelle ; & jugeant d'elle par lui-même, il n'ose espérer qu'elle le soit. Ridicule préjugé dont la justice & la raison s'offensent! quoi, Amintas sera honni, si Emilie trahit la foi conjugale : & lui-même, qui se fait gloire de l'avoir cent fois profanée, l'aura fait, sans que son honneur en ait pû recevoir d'atteinte! Depuis quand donc l'honneur a-t-il contracté alliance avec les vices & les crimes? Est-il donc la proie du plus fort, ainsi que l'or & les sceptres?

L'amour, & sur-tout l'amour conjugal, se nourrit d'amour. Pour un amant qui sonde un cœur, la ſeule eſpérance peut entretenir ſa flamme : mais quand ce cœur eſt devenu ſa conquête, il a droit d'attendre du retour & de la conſtance. Le nœud ſacré du mariage l'y autoriſe encore plus, & fait entre les deux époux, du devoir de s'aimer, un devoir de religion ; ſous la clauſe cependant que l'amour ſera réciproque ; car la Religion elle-même ne commande rien d'impoſſible.

Chez tous les peuples de la terre, c'eſt une maxime ſi générale, qu'il faut s'aimer pour être époux, qu'il en eſt peu qui ne permettent le divorce, quand l'incompatibilité des humeurs met un obſtacle invincible à l'amour.

Pour vivre heureux ſous le joug de l'Hymen, ne vous y engagez pas ſans aimer & ſans être aimé. Donnez du corps à cet amour, en le fondant ſur la vertu. S'il n'avoit d'autre objet que la beauté, les graces & la jeuneſſe, auſſi fragile que ces avantages paſſagers, il paſſeroit bientôt comme eux : mais s'il s'eſt attaché aux qualités du cœur & de l'eſprit, il eſt à l'épreuve du tems.

Pour vous acquérir le droit d'exiger qu'on vous aime, travaillez à le mériter. Soyez après vingt ans auſſi attentif à plaire, auſſi ſoigneux à ne point offenſer, que s'il s'agiſſoit aujourd'hui de faire agréer votre amour. On gagne autant à conserver un cœur qu'à le conquérir.

Qu'entre les époux regnent l'amour, l'honneur & les soins complaisans, je réponds des douceurs de leur union. Elle sera sans doute altérée, s'il lui manque une seûle de ces trois conditions : mais elle sera anéantie, si c'est la premiere qui manque.

ARTICLE III.

DE L'AMOUR PATERNEL.

L'instinct suffit pour inspirer ce sentiment. Obligation des meres, de pourvoir par elles-mêmes aux besoins corporels de leurs enfans ; celle des peres, de s'employer en personne à la culture de leur ame, ou du moins d'y veiller de près. Parallele des peres avec les Rois.

Si la raison dans l'homme, ou plutôt l'abus qu'il en fait, ne servoit pas quelquefois à dépraver son instinct ; nous n'aurions rien à dire sur cette matiere : les brutes n'ont pas besoin de nos traités de morale, pour apprendre à aimer leurs petits, à les nourrir & à les élever. C'est qu'elles ne sont guidées que par l'instinct : or l'instinct, quand il n'est point distrait par les sophismes d'une raison captieuse, répond toujours au vœu de la nature, fait sondevoir, & ne bronche jamais. Si l'homme étoit donc en ce point conforme aux autres animaux, dès que l'enfant auroit vû la lumiere, sa mere le nourriroit de son propre lait; veilleroit à tous ses besoins; le garantiroit de tous accidens; & ne croiroit pas d'instant dans sa vie mieux remplis que ceux qu'elle auroit employés à ces importans devoirs. Le pere, de son côté, contribueroit à le former: il étudieroit son goût, son humeur & ses inclinations; pour mettre à profit ses talens, & le disposer de bonne heure à servir ses compatriotes dans l'état pour lequel il laisseroit entrevoir plus de capacité. Il cultiveroit lui-même cette jeune plante, & regarderoit comme une indifférence criminelle, de l'abandonner à la discrétion d'un Gouverneur ignorant, ou peut-être même vicieux.

Mais le pouvoir de la coutume, malgré la force de l'instinct, en dispose tout autrement. L'enfant est à peine né, qu'on le sépare pour toujours de sa mere: elle est ou trop foible, ou trop délicate; elle est d'un état trop honnête, pour allaiter son propre enfant. En vain la nature a détourné le cours de la liqueur qui l'a nourri dans le sein maternel, pour porter aux mammelles de sa dure marâtre, deux ruisseaux lactés, destinés désormais pour sa subsistance: la nature ne sera point écoutée ; ses dons seront rejettés & méprisés ; celle qu'elle en a enrichie, dût-elle en périr elle-même, va tarir la source de ce nectar bienfaisant. L'enfant sera livré à une mere empruntée & mercenaire, qui mesurera ses soins au profit qu'elle en attend.

Quant au pere, il est trop occupé pour songer à former lui-même son fils : ses affaires ne le permettent pas ; & ce soin n'en est pas une pour lui. Tant de gens s'offrent à le remplacer, & se contentent d'un prix si modique, qu'il se croiroit mauvais œconome, s'il n'acceptoit pas leurs services ; ils ne prendront au plus sur tout son bien, qu'un jour ou deux de revenu.

Bien d'autres avant moi ont insisté sur ces deux devoirs indispensables ; celui d'une mere, de nourrir son fils ; & celui d'un pere, de travailler à son éducation : mais tous y ont insisté vainement. Que fera un suffrage de plus ? Rien sans doute : mais j'aurai du moins donné ma voix ; j'aurai protesté hautement contre l'abus que je condamne.

» Allaiter un enfant, *dit Clélie*, le bel » emploi, l'aimable passe-tems ! J'aime à » jouir la nuit d'un sommeil tranquille, ou » qui ne soit du moins interrompu que par » le plaisir. Le jour, je reçois des visites, » & j'en rends ; je vais montrer une robe » d'un nouveau goût, au petit Cours, à » l'Opéra, quelquefois même à la Comé-

» die ; je joue, je danse ou je médis. Tous » mes momens sont remplis agréablement. » Eh, ne concevez-vous pas, *ajoûte-t-elle*, » qu'il me faudroit renoncer à tout cela, si » j'allois sottement m'asservir au vil métier » de nourrice ? »

Je vois bien, belle Clélie, dans le plan détaillé de vos amusemens chéris, les raisons qui vous dégoûtent de ce devoir : mais sur ce beau sein d'albâtre, que vous étalez avec complaisance à mes yeux, je vois bien mieux encore celles qui vous y obligent.

Quelle est la mere qui consentiroit à recevoir de quelqu'un, un enfant qu'elle sçauroit n'être pas le sien ? Cependant ce nouveau-né qu'elle relegue loin d'elle, sera-t-il bien véritablement le sien, lorsqu'après plusieurs années, les pertes continuelles de substance que fait à chaque instant un corps vivant, auront été réparées en lui par un lait étranger, qui l'aura métamorphosé & transformé en un homme nouveau ? Non, ce n'est plus là le fils de Clélie : c'est celui de Claudine qui l'a comme enfanté une seconde fois, en l'allaitant. J'ignore s'il a pû gagner à cet échange ; mais je sçais qu'il a pû y perdre. Ce lait qu'il a sucé, n'étoit point fait pour ses organes : ç'a donc été pour lui un aliment moins profitable que n'eût été le lait maternel. Qui sçait si son tempérament ; robuste

buste & sain dans l'origine, n'en a point été altéré ? Qui sçait si cette transformation n'a point influé sur son cœur ? L'ame & le corps sont si dépendans l'un de l'autre ! s'il ne deviendra pas un jour, précisément par cette raison, un lâche, un fourbe, un malfaiteur, un meurtrier. Le fruit le plus délicieux dans le terroir qui lui convenoit, ne manque gueres à dégénérer, s'il est transporté dans un autre. Il en est de même des animaux : ces dogues si vantés à *Londres* pour leur vigueur & leur fidélité, ont-ils passé la mer ; ils ne sont plus ailleurs que des animaux stupides, sans instinct, sans force & sans utilité.

Changeons la scène : pénétrons dans le cœur d'un pere ; ou plutôt, sans y pénétrer, jugeons-en par sa conduite.

Trimalcion est le Président d'une Cour Souveraine. Sa marche lente & composée ; son front sévere & dédaigneux, sa gravité inaltérable, & plus encore que tout cela, l'ampleur énorme de sa coëffure, & le nombre de ses valets, annoncent en caracteres distincts, la qualité du personnage. On diroit que les provisions d'un Office de judicature aient la vertu surnaturelle d'imprimer au pourvu le port & l'allure d'un héros. Tout le sel de *Moliere*, toutes les bouffonneries de *Scarron* ne seroient pas capables de le dérider. Voici pourtant le moment où il va dépouiller en partie cette couche épaisse de Magistrature, qui lui obscurcit le visage. On ramene son fils de nourrice. » Monsieur, lui crie » de loin une gouvernante étourdie, voilà » Monsieur le Chevalier qu'on rapporte. « Il se leve, fait quelques pas, & marche pour la premiere fois au devant d'un humain : il le prend dans ses bras, croit y reconnoître ses traits, & descend jusqu'à l'embrasser. L'enfant lui rend avec usure ses caresses & ses baisers, & balbutie le nom de pere, nom qui sonne agréablement aux oreilles de Trimalcion. Autant ce titre est incertain, autant on aime à se l'entendre donner. L'enfant carassé de plus belle, y répond en follâtrant. Il s'enhardit & s'émancipe : & cette perruque majestueuse, qui, un quart d'heure auparavant tenoit en respect tout un barreau, Monsieur le Chevalier la tiraille sans merci, la chiffonne & la dépoudre.

Trimalcion aime son fils : on le voit bien, dites-vous, à la réception qu'il lui fait. Vous le voyez à des marques si frivoles ? Je le verrai bien mieux au soin qu'il prendra de lui former le jugement, de lui orner l'esprit, & de lui inspirer des mœurs. Mais à l'arrivée de son fils ; il a fait montre de toute sa tendresse : ne comptez pas qu'elle aille plus loin. Voudroit-on que pour l'amour d'un enfant, un Président se rompît la tête à rapprendre son Despautere? Non, non, ne l'appréhendez pas. Le Gouverneur est déja retenu. Ce n'est point un *Séneque*, ni un *Burrhus* ; ce n'est pas non plus un homme modélé sur ces illustres maîtres, qui formoient l'enfance de nos Princes vers la fin du siécle dernier : mais c'est un homme accommodant, qui se contente de trente pistoles pour ses appointemens ; qui aura soin de ne point fatiguer son éleve, de condescendre à ces caprices ; ce sont là les clauses du marché. » De la » douceur, Monsieur l'Abbé, de la dou» ceur, dit Trimalcion en le lui confiant. » Je ne veux point que mon fils se tue. » Qu'il sçache un peu de Latin, j'y con» sens ; point de Grec, le Grec est mortel » à la vûe. Je n'entends pas en faire un » Docteur : je le destine à être Président » comme moi : & dussé-je en faire un Evê» que, croyez-moi, Monsieur l'Abbé, vos » Evêques ne sont pas des sorciers. «

Monsieur l'Abbé travaille en conséquence. Quel bonheur pour lui d'opérer sous les yeux d'un sot ; & de n'avoir rien à faire de plus, que d'égaler le fils au pere ! Quelque facile à remplir que soit cet engagement ; c'étoit en effet là toute sa portée.

Trimalcion a bien des partisans : je les

entends murmurer contre moi. Un homme en place auroit beaucoup à faire, disent-ils, s'il lui falloit régenter ses enfans. Est-ce une raison pour s'en dispenser? Un riche Financier auroit sans doute beaucoup à restituer, s'il lui falloit rendre à chacun tout le bien qu'il a usurpé : faut-il pour cela qu'il le garde?

Je veux qu'un pere soit le précepteur de son fils. Qu'il se fasse aider dans cette importante fonction, par des hommes d'un mérite éprouvé; à la bonne heure, il n'en réussira que mieux : mais qu'il soit toujours maître en chef, Inspecteur & Surintendant; & que les Gouverneurs à gages ne soient jamais que ses adjoints, ou ses seconds.

Bubalque est pere, dites-vous. C'est un idiot, qui a pû concourir en qualité d'être animé, à la procréation de son semblable; mais il est incapable de faire plus. Il ne sçait rien, ne sent rien, ne pense rien. Quelle part un homme de cet étoffe peut-il prendre à l'éducation de son fils? Le mieux qu'il puisse faire, c'est, sans doute, de ne s'en point mêler.

J'en conviens avec vous : & si quelqu'un de mes Lecteurs peut alléguer une semblable excuse, il est dans le cas de la dispense, je ne la lui conteste point : mais je ne le tiens pas exempt pour cela de rechercher les meilleurs maîtres pour suppléer à son défaut ; de les y engager par l'espoir d'un salaire honnête ; & de s'informer d'eux avec soin, des progrès que fait leur éleve. S'il pousse l'insensibilité jusqu'à n'y point prendre intérêt ; c'est une espece de monstre, à qui la difformité de son ame ne doit pas tenir lieu d'excuse.

Aristide mérite plus d'indulgence : il est absent pour le bien de l'Etat, sans séjour fixe, sans habitation permanente. Le bon citoyen doit être toujours prêt à sacrifier pour sa Patrie, ses plus chers intérêts, son bien, sa santé, son repos ; Aristide le sçait. Elle exige encore de lui, en l'occupant tout entier, qu'il se prive du doux plaisir de former ses enfans de sa propre main : il sçait s'en sevrer aussi. Je ne puis l'en blâmer : mais je le plains. Je connois jusqu'où va sa tendresse. Il abandonneroit sans chagrin, pour le salut commun, sa maison à la discrétion d'un valet, ses biens à la merci d'un Intendant, sa vie même, au sort périlleux des armes : mais ce n'est pas sans quelque regret qu'il se voit pere sans en faire l'office.

Lorsqu'un pere est capable d'enseigner lui-même ses fils, il est le meilleur maître qu'ils puissent avoir : or Aristide en est capable ; & le choix qu'il a fait des substituts qu'il commet à sa place pour cet office important, montre assez qu'il est connoisseur. Pourquoi faut-il qu'en mille occasions, au préjudice du bien public, les talens soient d'un côté, & le pouvoir de les exercer d'un autre ?

Le pere & la mere ne sont pas quittes envers leurs enfans, pour leur avoir procuré la naissance : tant que ceux-ci ont besoin de leur assistance, elle leur est dûe. Ce sont de foibles marcottes, auxquelles il importe beaucoup, jusqu'à ce qu'elles ayent pris racine, de tenir au principal brin. Mais la nature a distingué les fonctions du pere, de celles de la mere : l'office de l'un n'est pas celui de l'autre. Elle semble avoir assigné singulierement à la mere, le soin de leur corps, la conservation de leur substance animale. L'apanage du pere est plus noble : le soin de la substance pensante est son partage. Mais souvent chacun des deux remplit mal sa partie.

La mere a porté l'enfant dans son sein, il ne tenoit pas à elle de s'épargner cette peine : elle s'en est enfin délivrée sur la fin du neuvieme mois, autre souffrance attachée à son sexe. L'obligation de l'allaiter après sa naissance étoit aussi indispensable : mais il lui étoit possible de la violer, & elle l'a fait.

Le pere, de son côté, ne répond pas mieux au vœu de la nature. Il prend sur lui le rôle de la mere, ne s'occupe que des avantages corporels de ses enfans, de leur santé, de leur repos, de leur maintien, de leur table & de leurs plaisirs. La culture de l'ame, cet objet si important & si préférable à tous les autres, est celui que tous deux négligent.

C'est sur ce plan d'éducation que *Lycidas* fut élevé. Il danse bien, monte un cheval, & fait des armes assez passablement. Du reste, il est ignorant & vain, qualités presque inséparables. Il a le cœur bas & rampant : mais il s'exprime avec hauteur. Il est farci de préjugés impies & superstitieux ; sans regle, sans frein, sans morale ; son goût est ce qui fait ses mœurs, & presque en tout, son goût est dépravé.

De qui tient-il, dit Dorimon son pere, qui, pendant cinquante années écoulées depuis sa majorité, a eu tout le tems d'oublier les incartades de sa jeunesse ? Ce n'est assurément pas de moi. J'ai été jeune, il faut bien l'être : mais je n'étois pas furieux. Oh ! la jeunesse de mon tems étoit bien mieux morigénée.

Si vous dites vrai, Dorimon, c'est que les peres n'en étoient pas les corrupteurs ; c'est qu'ils aimoient mieux leurs enfans.

» Eh ! mais, *me répond-il*, si j'ai quel-
» que reproche à me faire, par rapport à
» Lycidas, ce n'est que de l'avoir trop ai-

» mé ; c'eſt cet amour, porté trop loin, » qui m'a fermé les yeux ſur ſes défauts & » ſes égaremens : c'eſt cet amour qui me » faiſoit mollir ; quand j'aurois dû être fer- » me, qui retenoit mon bras, quand je le » levois pour punir. «

Quelle étrange idée vous êtes-vous donc formée de l'amour paternel, ſi vous êtes vraiment perſuadé qu'il vous ait fait manquer aux devoirs les plus indiſpenſables d'un bon pere ?

Julie apperçoit *Araminte*. Je vois une joie inquiete pétiller dans ſes yeux : elle vole au devant d'elle, l'aborde précipitamment, la careſſe, & la queſtionne. D'où lui vient cet accès de tendreſſe ? Elle hait Araminte, elle hait même toutes les femmes aimables. Ecoutez-la. » Eh ! ma „ chere, où avez-vous pris cette robe-là ? „ Quel eſt l'ouvrier qui l'a faite ? Nom- „ mez-le moi ; que je le voie, que je l'em- „ braſſe, c'eſt un homme incomparable. „ La riche étoffe, le ſuperbe ramage ! „ Quelle régularité de deſſein, quel aſſor- „ timent de couleurs, quelle variété dans „ les nuances ! Araminte...... Je ſuis folle „ de votre robe. Elle vous va ! Cela ne „ ſçauroit s'exprimer. «

Vous trouvez, Dorimon, Julie bien extravagante. Laiſſez Julie, & vous jugez vous-même. Vous aimez votre fils, dites-vous : mais qu'eſt-ce que ce fils ? C'eſt un composé comme vous, de corps & d'ame : c'eſt une image, une émanation, un rayon de la Divinité, environné d'un voile terreſtre, qui ſert à vous le rendre viſible & palpable. Or, qu'aimez-vous dans Lycidas de ces deux ſubſtances, ſi diverſes ? Eſt-ce ſon ame, cet être ſpirituel, dont l'origine eſt ſi noble ? Mais, pour l'aimer, y reconnoiſſez-vous encore quelques traces de ſa nobleſſe antique ? N'a-t-elle pas honteuſement dérogé ? Où eſt ſon goût pour la vertu, ſon amour pour le vrai ? Si elle brille encore de tout l'éclat de ſa grandeur originaire, c'eſt à ces traits qu'on la doit reconnoître. Mais non, ils ſont tous effacés ; elle eſt ſi méconnoiſſable qu'on ne peut tout au plus préſumer ſon exiſtence, que par le limon qui la cache : on y voit des organes, des linéamens, des membres conformés, comme le ſont ceux des autres corps, où l'on ſçait qu'il réſide une ame ; on n'en a pas de meilleure preuve.

Mais, toute difforme qu'elle eſt, peut-être l'aimez-vous encore ? Je le croirois ſi vous l'aviez mieux ſervie, ſi vous euſſiez fait vos efforts pour lui rendre ſa pureté, ſon innocence & ſa vertu : mais vous étiez loin d'y ſonger ; c'eſt vous-même qui les lui avez laiſſé perdre. Vous trembliez que ſon corps ne maigrît, qu'il ne devînt étique & languiſſant, ſi vous gêniez les caprices de l'ame, ſi vous réprimiez ſa colere, ſi vous modériez ſes deſirs, ſi vous éclairiez ſa conduite. Reculeriez-vous donc à panſer la plaie d'un bleſſé, par la crainte de gâter ſes habits ? Et vous craignez que le corps ne ſouffre, lorſqu'il s'agit de ſonger avant tout à l'ame ! Cependant le corps n'eſt à peu près que le vêtement de l'ame.

Qu'aimez-vous donc, encore un coup, dans votre fils ? Vous aimez en lui ce qui n'eſt pas lui-même. Cette matiere organiſée dont il eſt revêtu, ce n'eſt qu'une machine, conſtruite exprès pour ſon ſervice, ſans laquelle il peut ſubſiſter, & qui, ſans lui, n'eſt qu'un peu de pouſſiere : mais ce n'eſt pas-là votre fils, c'eſt une écorce qui le couvre.

Revenons à préſent à Julie. Eſt-elle ſi ridicule de ſe paſſionner pour la robe d'Araminte ? Ou, ſi un pareil amour eſt biſarre, le vôtre eſt-il beaucoup plus raiſonnable ?

On compare les Rois à des peres de famille, & l'on a raiſon : cette comparaiſon eſt fondée ſur la nature & ſur l'origine même de la Royauté.

> Le premier qui fut Roi, fut un ſoldat heureux,

dit un Poëte * de ce ſiécle. Mais il eſt bon

* M. de Voltaire, dans ſa Mérope, Trag.

d'observer que c'est dans la bouche d'un tyran, d'un usurpateur, du meurtrier de son Roi, qu'il met cette maxime, indigne d'être prononcée par un Prince équitable. Tout autre qu'un Polyphonte eût dit :

Le premier qui fut Roi, régna sur ses enfans.

Un pere étoit naturellement le chef de sa famille : la famille en se multipliant, devint un peuple ; & conséquemment le pere de famille devint un Roi. Le fils aîné se crut sans doute en droit d'hériter de son autorité, & le sceptre se perpétua ainsi dans la même maison, jusqu'à ce qu'un *soldat heureux*, ou un sujet rebelle devînt la tige premiere d'une nouvelle race.

Un Roi pouvant être comparé à un pere, on peut réciproquement comparer un pere à un Roi : & déterminer ainsi les devoirs du Monarque par ceux du chef de famille ; & les obligations d'un pere, par celles d'un Souverain.

Aimer, *gouverner*, *récompenser* & *punir*, voilà, je crois, tout ce qu'ont à faire un pere & un Roi.

Un pere qui *n'aime* point ses enfans, un monstre : un Roi qui n'aime point ses sujets, est un tyran. Le pere & le Roi sont l'un & l'autre des images vivantes de Dieu, dont l'empire est fondé sur l'amour. La Nature a fait les peres, pour l'avantage des enfans : la police a fait les Rois, pour la félicité des peuples. Ainsi que l'homme dans son enfance, ignore ses véritables intérêts, & ne sçauroit pourvoir lui-même à son bonheur ou à sa santé, ainsi le peuple, aveugle, téméraire & turbulent, ne forme, quand il est sans chef, que des projets vains & bisarres, n'a que des vûes confuses, ne sçait ce qu'il doit vouloir, ni ce qu'il doit aimer ou craindre; & quelques mesures qu'il prenne, il n'en prend jamais gueres aucunes, qui ne tournent à sa ruine. Il faut donc nécessairement un chef, dans une famille & dans un Etat, comme il faut au faîte d'une voûte, une pierre principale qui, dominant sur les autres, termine le cintré, & affermisse l'assemblage. Mais si ce chef est indifférent pour les membres, ce qui ne peut venir que d'un amour excessif pour lui-même : il rapportera tout à lui; leur avantage sera toujours sacrifié au sien; par leurs travaux, par leurs sueurs, il accroîtra son opulence; pour assurer son despotisme, il les tiendra dans l'esclavage; ils ne seront autre chose à ses yeux, que des instrumens faits pour servir à le rendre heureux.

Quand au contraire ce sont la bienveillance & l'amour qui reglent les volontés du chef, & dictent ses ordonnances : il se fait entre lui & les membres, une circula-

tion

tion libre & volontaire, qui porte à tous également la ſanté, la vigueur & l'embonpoint ; tout alors concourt avec zele au bien du corps entier. Le chef lui-même y trouve un ſolide avantage. Traiter avec bonté, ou ſa famille, ou ſes ſujets, c'eſt pourvoir à ſon intérêt propre. Quoique ſiége principal de la vie & du ſentiment, la tête eſt toujours mal aſſiſe ſur un tronc maigre & décharné.

Même parité entre le *gouvernement* d'un Etat, & celui d'une famille. Le maître qui régit l'un ou l'autre, a deux objets à remplir : l'un, d'y faire régner les mœurs, la vertu & la piété ; l'autre, d'en écarter le trouble, les déſaſtres & l'indigence. C'eſt l'amour de l'ordre qui le doit conduire, & non pas cette fureur de dominer, qui ſe plaît à pouſſer à bout la docilité la mieux éprouvée. L'enfant & le ſujet ont des vûes trop bornées pour ſe gouverner par eux-mêmes : mais ils ſont aſſez clairvoyans pour découvrir les fautes de ceux qui les gouvernent mal.

Le pouvoir de *récompenſer* & *punir* eſt le nerf du gouvernement. Dieu lui-même ne commande rien, ſans effrayer par des menaces, & inviter par des promeſſes. Tout Légiſlateur en doit faire autant : mais il ſeroit dur & injuſte de ne faire que menacer les rebelles, sans encourager, en même-tems, les sujets dociles, par des promesses engageantes. Les loix Romaines, qui, conformes en ce point à celles de tous les peuples, défendoient, sous des peines grieves, de commettre aucun meurtre d'autorité privée, décernoient la couronne *Civique* à celui qui sauvoit la vie d'un ou de plusieurs citoyens.

Les deux mobiles du cœur humain sont l'espoir & la crainte. Peres & Rois, vous avez dans vos mains, tout ce qu'il faut pour toucher ces deux passions. Mais songez que l'exacte justice est aussi soigneuse de récompenser, qu'elle est attentive à punir. Dieu vous a établis sur la terre ses substituts & ses représentans : mais ce n'est pas uniquement pour y tonner; c'est aussi pour y répandre des pluies & des rosées bienfaisantes.

ARTICLE VI.

DE L'AMOUR FILIAL.

Caracteres de l'Amour filial. Peres qui doivent s'imputer l'indifférence de leurs enfans. Devoirs des enfans à l'égard de leurs peres. Fausse tendresse de quelques peres. Parallele des enfans avec des sujets.

Les peres & les meres, dont les sentimens répondent au vœu de la nature, sont des maîtres tendres & bienfaisans ; à qui par conséquent leurs enfans doivent une obéissance fondée sur un amour respectueux. Leur soumission n'est point celle d'un esclave pour un maître impérieux. Elle est aussi indispensable : mais elle doit être volontaire, & partir du cœur. Un fils bien né est docile par la raison qu'il aime son pere, & sçait qu'il en est aimé.

Dans les premiers siécles du monde, comme on ne connoissoit point de peres qui abusassent de leur autorité, & qu'on ne soupçonnoit pas que jamais aucuns le fissent, on ne l'avoit point bornée. Un pere avoit dans sa famille tous les droits d'un Souverain. Que risquoit-on d'abandonner les enfans à la discrétion d'un Juge, dont la sévérité étoit tempérée par la tendresse ? Mais il naît quelquefois des monstres : on vit des peres sans amour ; & par une suite nécessaire, on en vit de cruels ; on en vit qui tremperent leurs mains barbares dans le sang de leurs propres enfans. On restraignit donc leur puissance ; on leur permit de se porter accusateurs : mais on ne voulut plus qu'ils fussent juges & bourreaux. La Nature leur interdisoit aussi la dureté, les emportemens, les violences : mais la police n'alla pas jusques-là ; elle n'étend point son pouvoir jusqu'à régler l'intérieur des maisons.

Libres sur ce point, de la contrainte de la loi, les méchans peres s'érigerent en tyrans, régirent leurs enfans avec des sceptres de fer, & leur rendant insupportable la vie qu'ils leur avoient donnée, leur apprirent à les haïr. Leur race n'est pas éteinte : notre siécle en fourmille encore. Ce n'est pas aux enfans de tels peres que je recommande l'amour. Je m'en tiens, par rapport à eux, aux termes de la loi, que *Moyse* imposa autrefois aux descendans de Jacob : *honorez*, porte cette loi, *vos peres & vos meres ;* elle ne dit pas, *aimez-les*. Il parloit à des hommes durs, peu susceptibles de sentimens tendres, & incapables d'en inspirer. Il n'osa même dans ses fameuses Tables leur faire un précepte d'aimer Dieu. Eh ! comment l'auroit-il pû ? Il l'avoit peint si terrible, si cruel, & si ombrageux, qu'un peuple imbu de sa doctrine, ne pouvoit que le craindre, & ne le devoit révérer que comme à Rome on honoroit la *Fievre* ; divinité malfaisante, qu'il étoit dangereux de mettre en mauvaise humeur.

Sostrate épousa *Sophronie*. Elle étoit belle, jeune & riche : mais ce fut ce dernier point qui toucha le cœur de Sostrate. Une femme réuniroit en sa personne, tous les attraits & les perfections que la Nature a répandus sur son sexe enchanteur : il n'en ſeroit pas plus touché ; il croit être paitri d'un limon beaucoup plus pur ; ſa vanité l'a rendu inacceſſible à l'amour. Les enfans qu'il eut de Sophronie, fruits d'un commerce indifférent, n'exciterent en lui aucune émotion de tendreſſe : ſeulement ils flaterent ſon goût pour le deſpotiſme ; il voyoit en eux des ſujets qu'il pourroit dominer en maître ; & dès l'inſtant qu'il devint pere, il crut commencer à régner ; regne odieux & tyrannique, dont ſes enfans ſupporterent toute la rigueur, ſans en retirer aucun fruit. Avec quelle barbarie le cruel, de jour en jour, appeſantiſſoit ſur eux ſon joug ! Que de caprices, de travers, d'ordres injuſtes & biſarres il leur fallut eſſuyer ſans ſe plaindre ! Les remontrances l'irritoient ; & ſi raiſonnables qu'elles fuſſent, avant même d'être entendues, elles étoient taxées de révoltes puniſſables. Mais non content de ces duretés inhumaines, le Monarque imaginaire, par mille vains projets, par ſon luxe, par ſes plaiſirs, & ſur-tout par ſon indolence, eut bientôt épuiſé ſes médiocres finances : ſon domaine fut engagé ; les bijoux de Sophronie, ſes héritages dotaux, tout fut englouti par Soſtrate. Mais ſa grande ame, que l'humble pauvreté ne put point humilier, n'en fut jamais moins hautaine : elle n'en devint que plus féroce, quand le cha-

chagrin & le dépit eurent aigri sa fierté naturelle. Ses enfans n'étoient point pourvus : sans talens, sans bien, sans amis (car qui l'eût été de Sostrate ?) en vain voulurent-ils tenter de courageux efforts, pour s'affranchir des horreurs de l'indigence : tout ce qui put leur être utile, Sostrate eut soin d'y mettre obstacle. Jaloux de son propre sang, il n'eût vû qu'en désespéré, quelqu'un d'entre eux prospérer plus que lui-même.

Déplorables rejettons de ce pere dénaturé, quels sentimens devez-vous prendre pour lui ? Je vous l'ai déja dit : le Législateur de Sinaï vous les a dictés dans son Code : *honorez votre pere* ; il n'est aucun cas dans la vie, où des enfans puissent en être dispensés. Soyez-lui soumis, puisqu'il est votre maître, même aux dépens de vos propres intérêts ; mais jamais aux dépens de l'honneur. Rendez-lui tous les bons offices dont vous pouvez être capables : vous le devez même à l'égard de vos plus cruels ennemis ; or votre pere a du moins l'avantage sur tous ceux qui vous haïssent, d'être celui qui vous touche de plus près. Sa dureté n'excuseroit pas la vôtre. Quant à l'amour filial, il est foible dans votre cœur, je le sens bien, & ne crois pas devoir vous en faire un reproche : mais il est une sorte d'amour que vous devez à tous les hommes. Or cet amour, votre pere, puisqu'il est homme, n'a pas moins droit qu'un autre d'y prétendre; & toutes choses égales d'ailleurs, vous lui devez la préférence.

Mais pour l'amour filial, attachement beaucoup plus tendre & plus affectueux, il n'est pas d'une obligation si générale, qu'il ne puisse être susceptible de dispense. On ne peut aimer, qu'autant qu'il est nécessaire d'aimer ses ennemis-mêmes, un pere dont on n'éprouve que des témoignages de haine : toute la distinction qu'on lui doit, c'est de le traiter en ennemi respectable.

Si des enfans ne marquent pas un zéle ardent pour ceux dont ils tiennent le jour, s'ils ne préviennent pas leurs desirs, s'ils n'adoptent pas leurs sentimens, ce n'est point une raison pour les condamner sans examen. Voyez avant de les juger, comment ils se comportent d'ailleurs. Marchent-ils dans les sentiers de l'honneur & de la vertu : leur froideur a sans doute une cause légitime. Il est à présumer, que s'ils ne sentent point pour lui les doux transports d'un amour empressé ; c'est que, sans doute, ses crimes, ses duretés ou ses bassesses, l'ont étouffé dans leur cœur. Examinez aussi les mœurs du pere : si vous les trouvez dereglées, l'apologie de ses enfans est faite.

Si quelqu'un au contraire, joignant à une vie sans reproche, des entrailles paternelles, prodigue à ses enfans des marques d'amour inutiles; si les ingrats ne le payent d'aucun retour, leur crime est avéré. Qu'il ait des défauts dans l'humeur, dans l'esprit, dans le caractere : vains prétextes d'ingratitude! Tombez à ses pieds, cœurs durs & méconnoissans : embrassez tendrement ses genoux. Il est vertueux, il vous aime : si à ces titres vous lui refusez votre amour, le taxerez-vous d'injustice, s'il convertit le sien en haine?

Mais dans ces familles perverses où l'on suit à l'envi les hideux étendards du vice; où le pere en donne l'exemple, & les enfans enchérissent sur leur modéle; on ne doit pas être surpris si le tronc & les branches sont divisés d'intérêts; si chacun séparément vise à son but particulier. L'union, l'amour, la concorde, sont des dons réservés aux sociétés vertueuses.

La vertu est une, simple & invariable, ainsi que la vérité : c'est ce qui fait qu'elle affermit entre ceux qui s'y attachent, une concorde inaltérable; au lieu qu'entre les vicieux, l'union ne sçauroit subsister qu'autant de tems que leurs intérêts sympathisent. Or désirant tout ce qui les flatte, n'ayant point d'objet certain qui fixe leur cupidité, navigeant par-tout sans boussole, jaloux, avides, insatiables : comment se pourroit-il que leurs divers intérêts s'accordassent long-tems ensemble ?

La vertu, quand on veut, se transmet de pere en fils, plus facilement encore que les biens de la fortune. Ceux-ci sont sujets à des révolutions que toute la prudence humaine ne peut prévoir ni détourner. Mais les impressions d'honneur, de vertu, de sagesse qu'on a gravées dès le bas âge, dans le cœur des enfans, y jettent de profondes racines, s'y affermissent & y fructifient : leurs effets sont stables & permanens ; ou si quelques instans d'égarement les ont éclipsées ou ternies, elles percent bientôt le nuage, & se ressuscitent d'elles-mêmes. Si les peres étoient soigneux d'enrichir leurs enfans de ce précieux héritage : l'amour filial seroit bien plus commun. Un fils vertueux ne manqueroit pas d'aimer un pere qui le seroit aussi. Devenu pere à son tour, le même charme agissant sur ses enfans, lui répondroit de leur tendresse. L'amour filial & l'amour de la vertu s'aideroient mutuellement : l'enfant pour plaire à son pere, s'attacheroit à la vertu ; & par amour pour la vertu, aimeroit tendrement son pere.

Périandre est étonné que de trois enfans qu'il a, aucun ne l'aime, ou ne feint même de l'aimer. » Je n'ai cependant, *dit-il*, rien

» négligé pour eux. Depuis vingt ans que » je ſue, que je veille, j'ai épuiſé ma ſanté, » j'ai abregé mes jours pour leur en filer » d'heureux; j'ai planté, ils recueilleront; » j'ai ſupporté le travail, ils en retireront le » fruit; j'étois ſans bien, ils ſeront riches. » Pour qui donc les ingrats réſervent-ils » leur amour! Que voudroient-ils que » j'euſſe fait de plus? Ai-je rien oublié de ce » qui pouvoit contribuer à leur bonheur? »

Vous n'avez oublié que de leur apprendre à bien vivre, que de leur inſpirer des mœurs. S'ils ſont trop ménagers, s'ils pouſſent leur œconomie juſqu'à l'épargne ſordide; à la bonne heure, ſoyez-en étonné: vous leur avez donné du bien. Mais ne ſoyez point ſurpris de ne trouver dans leur cœur aucun goût pour la vertu: vous ne leur en avez point inſpiré; & ſans doute, de peur qu'ils ne fuſſent vicieux qu'à demi, vous les avez noyés dans l'opulence. Pere aveugle! vous ignoriez que confier des richeſſes à des cœurs bas & corrompus, c'eſt mettre une épée nue dans la main d'un furieux. Quelle digue pourra s'oppoſer déſormais au torrent de leurs paſſions impétueuſes? L'honneur étant pour eux un ſentiment inconnu, rien ne pouvoit les garantir des excès les plus honteux, que l'impuiſſance d'en commettre; mais vos ſoins paternels y ont pourvû; vous avez ſçu les affranchir de cet obſtacle, en les enrichiſſant; admirable fruit de vos veilles & de vos ſueurs tant vantées! Il vous en eût bien moins coûté pour leur inſpirer la vertu; & vous l'euſſiez fait ſans doute ſi vous l'aviez connue: mais l'or vous a paru le ſeul moyen d'être heureux, & vous leur en avez procuré. Ils ne l'eſtiment pas moins que vous; & s'ils ne vous chériſſent pas, du moins ils vous imiteront.

L'âge apporte des changemens aux devoirs d'un fils pour ſon pere. Pendant ſon enfance, il lui doit une ſoumiſſion ſans bornes: incapable d'un ſage examen, il n'a rien à examiner. Dans l'âge qui ſuit l'enfance, il commence à entrevoir les objets; ſa raiſon ſe développe. Les remontrances reſpectueuſes ne doivent pas alors lui être interdites; mais ſi ſes repréſentations ont été faites ſans fruit, il ne lui reſte plus d'autre parti à embraſſer, que celui de l'obéiſſance. Devenu homme à ſon tour, il ne ceſſe point par-là d'être fils; mais il eſt juge compétent de ſes propres démarches. Il doit toujours à ſon pere des reſpects & des déférences; mais il ne lui doit plus une ſoumiſſion aveugle. Nos loix même y ont pourvû: le fils arrivé à l'âge qu'elles appellent majorité, paſſe ſous un nouvel empire; ſa Patrie prend connoiſſance par elle-même de ſes mœurs & de ſa conduite; il commence à faire nombre parmi ses concitoyens ; & dans un Etat monarchique, c'est le Roi qui devient son pere.

Mais sous ce pere absolu, on ne distingue point trois âges. Tous les enfans qu'il gouverne, sont sans cesse sous sa tutelle. On les divise seulement en deux classes différentes, le Peuple & les Magistrats. Ceux qui composent la premiere, sont toujours réputés enfans : faits simplement pour obéir, on ne prend point leur avis ; & s'ils osoient le donner, on leur en feroit un crime. Les Magistrats, par où j'entends tous ceux à qui le Prince donne quelque part dans le gouvernement, ne sont que des adolescens, avec qui quelquefois il descend jusqu'à consulter. Leurs suffrages sont recueillis ; mais le Roi n'y a que tel égard qu'il lui plaît ; c'est lui qui fait la loi ; & dès qu'elle est publiée, tout doit se taire & obéir.

Souvent on n'aime son pere que par instinct ou par devoir, (si pourtant le devoir peut jamais engendrer l'amour ;) mais un Roi qu'aiment ses sujets, a bien plus de raison d'être flatté de leur attachement ; car ils ne l'aiment jamais que par connoissance & par choix. C'est plutôt amitié qu'amour filial ; ou, pour mieux dire, c'est un mêlange qui tient de l'un & de l'autre. Il tient de l'amour filial, en ce qu'il est respectueux :

tueux : il tient de l'amitié en ce qu'il est libre, réfléchi & désintéressé ; qualités qui, réunies, caractérisent l'amitié, comme on le va voir dans le chapitre suivant.

CHAPITRE II.

DE L'AMITIÉ.

L'amitié doit être fondée sur la vertu : la distinguer des liaisons formées par la conformité de goût pour le plaisir, par les liens du sang, ou même par la reconnoissance. Définition de l'amitié. Quels amis on doit choisir. Effets qui résultent de la confiance & de la bienveillance, sentimens dépendans de l'amitié : Indulgence qu'on doit avoir pour ses amis. Ruptures. Utilité des bons offices pour le soutien de l'amitié.

J'AI établi pour maxime dans le chapitre précédent qu'il ne peut point y avoir d'amour stable & solide, dont la vertu ne soit la base. Disons la même chose de l'amitié. Ce n'est pas seulement la ressemblance de caractere & de moeurs qui la cimente : c'en est aussi la droiture & la pureté.

Il faut bien distinguer les amis des cotteries : la conformité de goût pour les plaifirs, & pour tout ce qui n'eſt point la vertu même, fait les cotteries; mais ne fait point des amis. Ce même compagnon de table à qui vous trouvez tant de cordialité quand il a le verre à la main, confiez-lui un ſecrèt d'où dépende votre honneur: il ſaiſira cette occaſion de plaiſanter à vos dépens; vous ſerez bientôt, par ſes ſoins, raillé, honni & bafoué; livrez-lui vos intérêts, il les ſacrifiera aux ſiens. Vous vous plaindrez après cela d'avoir été trahi par un ami: & vous ne l'aurez été que par un homme qui ſouvent mangeoit, bûvoit, jouoit & s'amuſoit avec vous.

Ne confondez pas non plus les parens avec les amis. Ceux-là tiennent à vous par des liens néceſſaires, qui n'enchaînent point les cœurs: ceux-ci vous ſont unis par des liens volontaires qu'a formés la ſympathie. C'eſt un choix libre & réfléchi qui nous concilie des amis; c'eſt le deſtin ou la nature qui nous donne des parens.

La reconnoiſſance même n'eſt pas encore de l'amitié. On n'affectionne dans un bienfaiteur que ſa générosité: on aime à lui témoigner qu'on y eſt ſenſible; & l'on deſire ardemment de pouvoir le lui prouver par des ſervices réels. Mais il peut arriver en même tems qu'on ne goûte pas ſon humeur, ſon caractere & ſa conduite.

L'amitié eſt une ſource de bons offices:

elle les enfante sans efforts, & se fait même une joie de les répandre avec profusion : mais les bons offices seuls n'engendrent pas l'amitié ; seulement ils l'occasionnent quelquefois. Ils préviennent favorablement ; on voudroit pouvoir aimer la personne dont ils partent, & bientôt on l'aime en effet, lorsqu'après avoir étudié son caractere, on n'y trouve rien d'incompatible avec le sien ; mais on l'eût aimée de même quand c'eût été toute autre cause qu'un bienfait, qui eût fourni l'occasion de connoître à fond ce qu'elle vaut.

La reconnoissance est un devoir : les anciens Perses en avoient même fait un précepte solemnel ; & décernoient des peines contre les ingrats. Il est au contraire de l'essence de l'amitié de n'être point nécessitée.

L'amitié est une affection désintéressée, fondée uniquement sur l'estime. Le sentiment à quoi elle ressemble le plus, est l'amour : elle n'en différera même aucunement, si l'on retranche de ce dernier le desir de la jouissance, & qu'on le suppose indépendant du sexe de la personne aimée. Si l'amour Platonique n'est pas une pure chimere, question que je ne prétends point résoudre, ce n'est autre chose que de l'amitié, à laquelle la différence du sexe des deux amis n'ôte ni n'ajoûte rien.

De même que l'homme a deux parties, l'ame & le corps; l'amitié en a deux aussi, comparables à celles-là; le sentiment, & les témoignages extérieurs qui en sont les démonstrations.

Par rapport à la force de ce sentiment, je n'ai point de leçons à donner. Il seroit aussi absurde de vouloir apprendre aux hommes à aimer, que de vouloir leur apprendre à respirer : l'un & l'autre leur est également naturel ; ce sera le degré de leur sensibilité, qui réglera la force de leur amitié. Mais ce qu'on peut bien leur apprendre, & ce que la plûpart ignorent, c'est qu'on sert mal ses amis, en prostituant pour eux son honneur & sa conscience. On ne sçauroit trop les chérir ; ce n'est jamais par l'excès qu'on péche dans l'amitié, mais par une affection mal entendue.

Ce Seigneur officieux, qui, dit-on, fait un si noble emploi de sa faveur & de son crédit, a-t-il rendu à *Calais* un vrai service d'ami, en le revêtant de ce poste brillant, dont son incapacité l'a fait dépouiller depuis peu? En le voulant servir aux dépens de son Prince & de sa Patrie, il n'a fait que lui attirer une disgrace humiliante.

Aridée revenu un jour de ce honteux libertinage, où l'a plongé Lysias, sera-t-il obligé de lui tenir compte de ses conseils empoisonneurs & de ses lâches complaiſances? Procurer à quelqu'un des ſatisfactions illicites, c'eſt être plutôt ſuborneur, qu'ami.

La premiere regle en fait d'amitié, c'eſt de ne point aimer ſans connoître : une autre qui n'eſt pas moins importante, c'eſt de ne choiſir des amis que dans la claſſe des gens de bien.

Les plantes les plus vivaces ne ſont pas celles qui croiſſent le plus vîte. L'amitié n'eſt de même, pour l'ordinaire, ferme & durable, que quand elle s'eſt formée lentement. Aimer précipitamment, c'eſt s'expoſer à des ruptures.

Les victimes les plus ordinaires des amitiés ſimulées, ſont préciſément ceux qui méritoient le moins de l'être. Il eſt rare qu'on ſoit méfiant quand on a le cœur droit ; & plus rare encore qu'on ne ſoit point trompé, lorſqu'on n'eſt pas méfiant. Il y a des hommes d'un caractere ſi liant & ſi généreux, qu'il n'eſt perſonne qui ne gagnât à ſe les attirer pour amis : mais ils riſquent plus que d'autres à contracter des amitiés. On trouve tant d'avantage à briguer leur bienveillance, que jamais ils ne peuvent s'aſſurer qu'on la brigue ſans intérêt : or des amis intéreſſés ne ſont pas de vrais amis.

C'eſt à ces cœurs droits & ſinceres que j'adreſſe ſur-tout mes conſeils ſur l'amitié ; car que m'importe que des trompeurs ſoient trompés ? C'est à eux que je recommande d'éprouver avant que d'aimer. Amateurs de la vertu, ils ne doivent avoir pour amis que des hommes vertueux : c'est-là sur quoi l'épreuve doit rouler principalement.

Du premier coup d'œil, à la premiere entrevûe, on peut connoître si un homme est vif ou lent ; s'il est gai ou sérieux ; s'il est grossier ou poli ; s'il est parleur ou taciturne ; spirituel ou stupide. On voit presque tout cela dans ses yeux, dans son attitude, dans ses gestes, dans ses discours : mais on n'y voit pas de même s'il a des mœurs & de la probité. Il faut plus de tems pour s'assurer de ce dernier point : & jusqu'à ce qu'on en soit sûr autant qu'il est possible de l'être, on ne doit pas prodiguer, sur des apparences équivoques, le précieux titre d'ami. Est-on enfin bien convaincu qu'il le mérite : plus de réserve alors ; on doit entrer avec lui en société de sentimens, de goût, de plaisirs, d'intérêts. L'amitié est un mariage spirituel, qui établit entre deux ames un commerce général & une correspondance parfaite.

Les appanages de l'amitié sont la *confiance* & la *bienveillance*. La bourse & le cœur doivent être ouverts pour un ami : il n'est point de cas où l'on puisse les lui fermer, que ceux qui autorisent à ne plus le regarder sur ce pied. On ne risque rien de mettre à même de ſon ſecret ou de ſon coffre-fort, un ami qu'on a choiſi avec diſcernement : on eſt ſûr qu'il uſera diſcrétement de l'un & de l'autre.

I. La confiance opere deux effets : l'une eſt une parfaite ſécurité ſur la prudence de la perſonne aimée, ſur ſa droiture, ſa conſtance & ſon attachement ; elle écarte bien loin tous ſoupçons injurieux.

L'autre effet, qui réſulte de cette ſécurité même, c'eſt l'ouverture que ſe font les deux amis, de leurs ſentimens les plus intimes, de leurs penſées, de leurs projets ; en un mot, de tout ce qu'ils peuvent avoir d'intéreſſant l'un pour l'autre ; ce qui ſouvent s'étend juſques à des minucies, parce que les minucies même deviennent intéreſſantes entre des amis.

Il ne faut avoir pour un ami rien de caché, que le ſecret d'un autre ami. Ce qu'on ne pourroit confier à tout autre, ſans une inconſidération blâmable, on peut & l'on doit même le dépoſer dans le ſein d'un ami. Il a droit de lire dans votre intérieur. Lui révéler vos défauts ne ſera point imprudence ; lui détailler vos qualités louables, ne ſera point un orgueil inſultant. Le bien qu'on dit de ſoi-même à un ami ſûr, eſt plutôt effuſion de cœur, que jactance ou vanterie. Converſer avec ſon ami, c'eſt preſque la même choſe, que réfléchir ou s'entretenir avec ſoi-même.

II. Quant à la bienveillance que l'amitié inspire, elle produit aussi deux effets : *l'indulgence* & *les bons offices*.

1. L'amitié ne doit s'offenser que de ce qui la blesse. Passez à votre ami toutes les fautes où le cœur n'a point de part ; toutes celles qui ne vous démontrent pas que l'affection qu'il vous portoit, soit éteinte. Une négligence, un oubli, une méprise, une vivacité, ne doivent être comptés pour rien.

Rompre avec son ami, le trahir ou l'outrager, sont les seuls crimes en amitié, qui ne soient pas rémissibles.

Gardez-vous cependant de haïr un ami perfide. Otez-lui votre amitié : c'est-là toute la vengeance qu'il vous est permis d'en tirer. Continuer de vivre avec lui sur le pied d'ami, ce seroit une imprudence ; mais le haïr, seroit un crime. Il ne cesse pas d'être homme pour vous avoir offensé : or il n'est point d'homme qu'il vous soit permis de haïr. Si la mort vous l'eût ravi une heure avant sa trahison, vous eussiez pleuré sa perte : une bassesse vous l'enleve, plaignez-le de l'avoir commise, mais ne le haïssez pas : il s'est fait plus de tort qu'à vous ; pour nuire à vos intérêts, il sacrifioit son honneur.

2. Quoique l'amitié ne soit pas intéressée, les soins officieux lui plaisent. Les bons offices sont pour les amis, ce que sont les

caresses aux amans ; non des motifs pour commencer à s'aimer, mais des raisons pour s'aimer davantage ; semblables à l'haleine du vent, qui n'engendre pas la flamme, mais qui la rend plus ardente.

On peut obliger un ami de tant de manieres, qu'il en est toujours quelqu'une de praticable, dans quelque situation qu'on se trouve : saisissez toutes celles qui le sont. N'attendez point, s'il est possible, qu'il vous apprenne lui-même en quoi vous le pourrez servir : tâchez de connoître ses besoins, & d'y pourvoir avant qu'il les ait sentis. Il s'apprête lui-même à venir au devant des vôtres.

Quel agréable combat, quelle noble jalousie, que celle de deux amis qui s'envient l'heureux avantage de se prévenir par un bienfait ! On peut à la vérité recevoir sans humiliation, les secours d'une main amie ; en rougir marqueroit même un doute injurieux sur la générosité du bienfaiteur : mais il en faut convenir, le rôle de celui-ci mérite bien d'être envié. Recevoir un témoignage d'amitié est flatteur ; mais le donner l'est encore plus.

Ménagez cependant la délicatesse de votre ami : l'excès de profusion de votre part le rendroit confus, par l'impossibilité d'avoir sa revanche : pour vouloir trop l'obliger, vous le désobligeriez peut-être.

Couvrez du moins les services que vous lui rendez, de prétextes qui paroissent le dispenser de gratitude. Ne le poussez point à bout à force de bons traitemens. Qui sçait si la reconnoissance à quoi ils l'obligeroient, n'est pas un fardeau trop pénible pour lui ? Il semble à certaines ames fieres jusques à la férocité, que les bienfaits dont on les comble, les dégradent, autant qu'ils annoblissent celui qui les confere : on en a vû, & peut-être en verroit-on sans nombre, si on lisoit au fond des cœurs, haïr mortellement un bienfaiteur, sans en avoir d'autre cause que sa générosité.

Quoi qu'il en soit, il vaudroit pourtant mieux encore, pécher par trop de prévenances & de bontés pour un ami, que de se renfermer, par avarice ou par dureté, dans de stériles protestations d'attachement.

Mais voulez-vous donner à votre ami une preuve d'amitié aussi forte qu'elle est rare : soyez avec lui, sincere dans tous vos discours ; que les avis que vous lui donnez, que les remontrances que vous lui faites, soient les expressions fidéles de vos pensées & de vos sentimens. Osez lui montrer la vérité toute nue : ou si, par condescendance, vous l'ornez de quelques parures, que ce soit seulement de celles qui en relevent les attraits, sans la rendre méconnoissable.

CHAPITRE III.

DE L'HUMANITÉ.

Définition de l'humanité. Différentes classes d'affections, dont celle-ci est en même tems la plus générale & la plus foible. C'est d'elle néanmoins que dépendent les affections sociales ; c'est elle aussi qui nous empêche de haïr nos ennemis. Division de ce Chapitre.

J'ENTENDS par humanité, l'intérêt que les hommes prennent au sort de leurs semblables en général, par la seule raison que ce sont des hommes comme eux, & sans leur être unis par les liens du sang, de l'amour ou de l'amitié.

Il est juste d'avoir pour son pere, pour sa maîtresse ou pour son ami, une tendresse de préférence : mais il est une sorte d'affection que nous devons à tous les hommes, comme étant tous membres d'une même famille, dont Dieu est le Créateur & le Pere.

Peignez-vous ces ondulations circulaires que cause la chûte d'une pierre sur la surface d'une eau claire & tranquille. L'agitation du centre forme, en se communiquant au loin, un grand nombre de cercles mobiles, dont l'empreinte est plus légere à proportion que leur circonférence est plus vaste, jusqu'à ce qu'enfin les derniers de tous échappent à notre vûe. Voilà l'image de nos différens degrés d'affection : nous aimons principalement ce qui nous touche de plus près ; & de moins en moins ce qui s'éloigne. Nous considérons tous les hommes, comme partagés par rapport à nous en différentes classes, toutes plus nombreuses les unes que les autres ; & nous enfermant dans la plus étroite, enclavée elle-même dans d'autres plus spacieuses, de-là nous distribuons aux différens ordres qu'elles comprennent, divers degrés d'affection, plus ou moins forts ; affoiblissant la dose à mesure qu'ils se perdent dans des classes plus distantes ; ensorte que la derniere de toutes n'y a presque point de part. Voici l'ordre de ces classes, en commençant par celles qui nous sont les plus cheres : maîtresses, amis, parens, tous les hommes qui pensent comme nous en matiere de Religion : (cette classe là est plus ou moins reculée ou rapprochée, selon le plus ou le moins de fanatisme de celui qui lui assigne sa place.) Suivent ceux qui exercent la même profession que nous : les autres classes comprennent les voisins, les concitoyens, les compatriotes, les habi-

tans

tans d'une même région : la derniere, qui renferme toutes les autres, est la classe universelle de tous les humains. Mais celle-ci le plus souvent n'est comptée pour rien.

Lorsque les Espagnols massacroient sans le plus léger prétexte, des millions d'Amériquains, ils ne croyoient pas, sans doute, devoir compter pour quelque chose, des hommes que le hasard leur avoit fait rencontrer, sur un hémisphere inconnu ; qui n'étoient ni leurs cousins, ni leurs amis, ni Castillans, ni Catholiques, ni Chrétiens.

Aimer les hommes, & les traiter avec bonté, en considération seulement de leur simple qualité d'hommes ; voilà l'humanité. Ce sentiment, gravé dans un cœur, répond des autres vertus sociales, & les y suppose aussi imprimées. Celui qui aime un autre homme, quoiqu'il lui soit étranger à tous égards, uniquement parce qu'il est homme, ne manquera pas, à plus forte raison, d'aimer celui à qui il tient par des nœuds plus serrés, & qui joint à la qualité d'homme celle d'ami, de parent ou de compatriote. Ce sera aussi un frein, qui, si l'on vient à rompre avec des personnes qu'on aimoit d'un amour de préférence, empêchera qu'on ne se porte à des excès barbares. Offensé griévement par une épouse, par un fils, ou par tous autres qu'on chérissoit spécialement, on pourra perdre l'amour qu'on sentoit pour eux : mais on ne cessera pas du moins de les aimer à titre de créatures semblables à soi. Un homme véritablement humain, ne peut que n'être pas l'ami d'un autre homme ; mais il n'est jamais son ennemi.

L'humanité est par rapport aux autres affections sociales, ce qu'est par rapport à un tableau cette premiere couche de couleur que le Peintre appelle impression, & dont il couvre la toile avant d'y tracer un sujet. C'est une table rase, sur laquelle sont assis les différens genres d'amours, de liaisons & d'amitiés. Quiconque n'est pas humain, sera mauvais pere, mauvais fils, mauvais époux, mauvais ami.

Le sentiment qu'on appelle humanité, ou l'amour pour nos semblables, peut se manifester de deux manieres : ou par des effets réels, ou par de simples témoignages d'affection. On n'a pas toujours occasion de rendre des services à ses semblables : mais on est sans cesse à portée de leur témoigner qu'on les aime, par des signes extérieurs d'amité. J'appellerai *bonté*, l'humanité manifestée par des effets réels : démontrée seulement par des signes extérieurs, je l'appellerai *politesse*.

ARTICLE I.

DE LA BONTÉ.

En quoi consiste la bonté. Quels sont les traitemens qu'on ne doit faire à personne. S'il est des hommes qu'il soit permis de haïr. Digression sur le droit d'aubaine. Excessive sévérité des loix de Police, contre les malfaiteurs. Motif pour s'exciter à l'humanité. 2. Les bons offices qu'elle nous porte à rendre à nos semblables, ne sont point des graces, mais des dettes.

La bonté morale consiste en deux points; le premier, *ne pas faire du mal à nos semblables*; le second, *leur faire du bien.*

» I. Ne point faire à autrui ce que nous » ne voudrions pas qu'on nous fit: » voilà la regle qui détermine quelles sortes de traitemens la nature nous interdit à l'égard du reste des hommes. Tout ce qui, fait à nous-mêmes, nous paroîtroit dur, barbare & cruel, est compris dans la prohibition. Mais cette maxime, d'un usage si étendu, est bien restrainte dans l'application qu'on en fait: la plûpart des hommes se conduisent les uns avec les autres, comme s'ils étoient persuadés qu'elle ne dût avoir lieu qu'entre amis.

L'inclination particuliere qu'ont les uns pour les autres, les membres des différentes sociétés, est utile & nécessaire pour le bien commun des associés. Il est à propos que les citoyens d'une même Ville, les sujets d'un même Prince, les sectateurs d'une même Religion, soient unis d'intérêts & de sentimens : mais il est contraire à l'humanité, que réservant toute leur affection pour leurs co-associés, ils regardent en ennemis tous ceux qui ne le sont pas.

Qu'un Normand estime un Normand; je ne le trouve point étrange : qui pourroit mieux sympathiser avec lui? Qu'un Parisien soit porté pour un Parisien : à la bonne heure; il ne trouvera guere ailleurs plus de candeur & d'ingénuité. Mais un François né à Domfront, à Vire, ou à Caudebec, doit-il haïr pour cela celui qui est né à Paris; ou celui-ci vouloir du mal au Normand? Ces haines héréditaires des habitans d'un pays pour ceux d'un autre, influent immanquablement sur leurs procédés réciproques.

Nous nous croyons en France la premiere nation du monde, pour les qualités du cœur & de l'esprit : le plus doux sentiment que nous puissions avoir pour nos voisins, c'est la pitié; nous les plaignons de ne pas nous valoir. Le François a l'esprit vif, il est ardent & courageux, son humeur est enjouée, son caractere bienfaisant; il accueille les étrangers bien mieux qu'il n'en est accueilli. Mais pourquoi donc ce peuple si hospitalier, en vertu de je ne sçai quel droit, que ses Légistes appellent aubaine, envahit-il la succession d'un Allemand, d'un Italien ou d'un Anglois, à qui la mort n'a pas donné le tems de retourner dans sa Patrie?

Qu'il me soit permis de m'écarter pendant quelques instans de mon principal objet, qui est la correction des mœurs, pour examiner cette méthode, si contraire à l'humanité, du côté de la politique. Considérée sous ce point de vûe, je ne la crois pas plus profitable que juste. Le bénéfice qui revient de la perception de ce droit est très-modique, & celui qu'on trouveroit à y renoncer seroit immense.

Les qualités par où la France excelle en effet incontestablement sur les Etats voisins, sont la température agréable de son climat, la fertilité de son terroir, & l'industrie de ses habitans. Sans cette vexation qu'on y exerce sur les étrangers, on y verroit sans doute, en considération de ces avantages, affluer de toutes parts, une infinité d'artistes, de commerçans & d'hommes de tous états; le nombre des habitans grossiroit par-là considérablement; l'émulation dans le commerce & dans les arts de toute eſpece, en recevroit de nouveaux aiguillons ; & le Royaume par conſéquent n'en ſeroit que plus floriſſant.

Et qu'on n'imagine pas que cette multitude d'étrangers, dont ſeroient inondées nos Provinces, fût à charge aux naturels du pays. Dans une contrée naturellement fertile, & où le travail & l'induſtrie ſont en vigueur, le nombre des habitans ne fait qu'augmenter ſon opulence. Chaque homme en particulier, ſuffit pour en nourrir dix : que ſeroit-ce ſi tous étoient occupés ? Toutes les recrues qui viendroient du dehors, ſeroient compoſées d'hommes intéreſſés à ne pas reſter oiſifs, par la néceſſité de ſe former des établiſſemens commodes. Qu'on y faſſe attention : on remarquera que ce que nous avons de vagabonds & de bras inutiles, ſont des hommes nés parmi nous ; les habitans qui s'y ſont tranſportés d'ailleurs, ſont tous ardens au travail.

L'attachement mal entendu au culte extérieur dans lequel on eſt élevé, eſt encore une ſource de haine entre ceux qui en profeſſent de différens. Cet abus vient de ce que les diverſes Religions qui partagent les hommes, ne ſont pas entées ſur la Religion naturelle. Faute d'avoir puiſé dans cette Religion primitive, les ſentimens d'humanité, qui feroient de tout l'Univers une ſociété d'amis, les différens Religionnaires se font tout à la fois un plaisir & un mérite de se persécuter cruellement ; & couvrent du nom de zéle, ce qui n'est pour l'ordinaire, qu'attachement à leur propre sens, aveugle opiniâtreté, fanatisme & barbarie.

S'il y avoit des hommes qu'on pût raisonnablement haïr pour cause de Religion, ce seroit tout au plus ceux qui feroient une profession ouverte de haïr Dieu : les ennemis déclarés d'un Monarque sont ennemis de ses sujets. Mais où trouvera-t-on, dans aucune Religion, cet affreux sentiment en vogue ; toutes ont pour objet d'honorer Dieu, & toutes par conséquent l'honorent. Si quelques-unes mêlent dans l'hommage qu'elles lui rendent, des pratiques profanes, superstitieuses ou criminelles, la raison ne nous défend pas de réprouver cet alliage impur ; mais elle nous défend de haïr ceux qui l'adoptent, & ne nous permet que de les plaindre. Est-il rien de si bisarre, que de haïr quelqu'un parce qu'il se trompe, sur-tout quand son intention est droite ?

Une sorte de gens contre lesquels on ne se fait pas un scrupule de sévir, ce sont les malfaiteurs ; terme par où l'on entend communément les voleurs & les meurtriers. Pour ces derniers, on ne balance pas à les juger dignes de mort, en vertu de la loi du talion, qu'on regarde comme émanée de la loi naturelle, je ne sçai sur quel fondement. Car je ne crois pas que cette loi sainte, qui, par rapport aux devoirs de la société, n'inspire que la bonté, la douceur & l'indulgence, souffre qu'on réprime les méchans par des méchancetés, & qu'on punisse les homicides par le meurtre. Je n'ai jamais été persuadé que Dieu ait permis aux hommes de se détruire les uns les autres. Un citoyen trouble la police de l'Etat: empêchez-le de le faire; vous le pouvez sans l'attacher à un gibet.

Pour les voleurs qui ne tuent point, on sçait bien qu'au fond ils ne méritent pas la mort, même à les juger par cette loi du talion, qu'on fait valoir contre les meurtriers; qu'il n'y a aucune proportion entre un effet, quelquefois très-modique, qu'ils auront dérobé, & la vie qu'on leur ôte impitoyablement. Mais on les sacrifie, dit-on, à la sûreté publique. Employez-les comme forçats à des travaux utiles: la perte de leur liberté les punira encore assez rigoureusement de leur forfait, assurera suffisamment la tranquillité publique, tournera en même-tems au bien de l'Etat, & vous sauvera le reproche d'une injuste inhumanité. Mais il a plû aux hommes de faire de la friponnerie, le plus honteux de tous les crimes, & le plus impardonnable, par la raison, sans doute, que l'argent est le Dieu du monde,

& qu'on n'a communément rien de plus cher, après la vie, que l'intérêt.

Lorsque la passion vous porte à quelque violence contre un autre homme, jettez vîte les yeux sur lui, pour y voir l'empreinte de la main Divine, & votre propre ressemblance : ce sera de quoi rallentir votre emportement. Ne dites point à Dieu ce qu'on raconte que *Caïn* lui dit : » M'avez-» vous donné mon frere en garde ? » Oui, sans doute, il vous l'a donné en garde ; & non-seulement il vous défend de lui faire aucun mauvais traitement, mais il vous ordonne même de le servir de tout votre pouvoir.

II. Lorsqu'on est officieux & bienfaisant pour ses parens, ses bienfaiteurs ou ses amis, on se croit généreux, quoique d'ailleurs dur & indifférent pour le reste des hommes : & l'on n'est pas même charitable ; qualité cependant bien en-deçà de la générosité, qui est le comble & l'achevement des autres vertus sociales. En pratiquant celle-ci, on ne fait qu'éviter les défauts contraires, placés tout près d'elles : mais la générosité nous éloigne bien plus du vice, puisqu'elle laisse pour intervalle, entre elle & lui, toutes les vertus de précepte. La générosité est un degré de perfection ajoûté aux vertus, par-dessus celui que prescrit indispensablement la loi. Faire pour ses semblables, précisément ce qu'ordonne la loi, ce n'est pas être généreux : c'est simplement remplir son devoir.

Mais la charité, ou ce qui est la même chose, cette affection générale que nous devons à tous les hommes, n'est pas une vertu de surrérogation. Vous ne ferez que satisfaire à ce que l'humanité vous impose, si rencontrant un inconnu que des assassins ont blessé, vous vous en approchez pour panser ses plaies. Le besoin qu'il a de votre secours, est une loi qui vous oblige à le secourir. Un indigent est pressé par la faim : vous ne ferez que payer une dette en appaisant son besoin. Les pauvres sont à la charge de la société : tout le superflu des aisés est affecté de droit à leur subsistance. Et ne plaignez pas même le secours que vous leur donnez, quand il seroit le prix de vos sueurs, & de laborieux travaux : quoi qu'il vous coûte, il leur coûte encore plus ; c'est l'acheter bien cher, que de le recevoir à titre d'aumône.

Voulez-vous apprendre en deux mots, jusqu'où s'étendent les bons offices que vous devez à vos semblables ? En voici la mesure : » Faites à autrui tout ce que vous » voudriez qu'on vous fît. »

ARTICLE II.

DE LA POLITESSE.

Sa définition. Portraits d'hommes impolis. Distribution de cet Article en trois Paragraphes.

La politesse est l'attention continuelle, qu'inspire l'humanité, à complaire à tout le monde & à n'offenser personne.

Le misanthrope se récrie beaucoup contre cette vertu : il lui préfere ses brusqueries choquantes & sa franchise gothique.

L'homme de Cour au contraire, & l'adulateur rampant, lui substituent de fades complimens, de basses complaisances, des mots, du jargon & des révérences.

Celui-là blâme la politesse, parce qu'il la prend pour un vice : celui-ci en est cause, parce que celle qu'il pratique en est véritablement un.

J'aborde *Arnolphe* : il me laisse avancer, & m'attend assis ; je m'incline, il me parcourt des yeux, & tranche le cérémonial en me criant de loin : » Qu'y a-t-il, que me » demandez-vous ? »

Un conseil sur une affaire, lui dis-je.

» Voyons, dit Arnolphe, venons au » fait. »

Je commence donc : Vous connoissez, je crois, *Euphémon*.

» Non : d'où le connoîtrois-je ? »

C'est un Gentilhomme de la branche cadette des......

» Qu'importe à votre affaire de quelle » famille & de quelle branche il soit ? Qu'a- » vez-vous à démêler avec lui ? »

Je posséde une terre contiguë à la sienne.....

» Eh bien, cette terre ? »

Il prétend se l'approprier.

» Veut-il l'acheter ou l'échanger ? »

Il ne veut ni l'un ni l'autre.

» En deux mots que veut-il donc ? »

Il la veut confisquer à son profit. Il prétend, je ne sçai sur quel fondement, que je suis son vassal, & qu'ayant manqué à lui faire hommage en cette qualité, mon fief lui est dévolu.

» Est-ce ma faute, dit Arnolphe, si vous » y avez manqué ? »

Mais il est faux que je sois son vassal.

» Cela peut être : mais ne vous ima- » ginez pas qu'on vous en croye sur votre » parole. »

J'ai des titres justificatifs.

» Tant mieux pour vous : produisez-les. »

Les voici.

» Je n'ai pas le tems de les voir à pré- » sent. »

Ce

Ce ſera, Monſieur, quand vous en aurez le loiſir.

» Eh bien, à la bonne heure. »

Quand vous plaît-il, Monſieur, que je vienne recevoir votre avis ?

» Je n'en ſçai rien. »

Mais, Monſieur, Euphémon va me pourſuivre avec vivacité.

» Oh ! .... Eh bien, qu'il attende & » vous auſſi. »

Arnolphe eſt un homme droit, un Juriſconſulte éclairé : mais de quoi ſervent à ſes concitoyens, & ſa droiture & ſa capacité, s'il eſt farouche & inabordable ?

Biblon eſt homme ſage & ſtudieux : il a le bonheur de connoître tous les Auteurs anciens, & les aime tendrement. Il arrive chez la belle *Lucinde*, entourée d'un cercle d'adorateurs & de beaux eſprits. Il entre, un large feutre à la main, ſalue de mauvaiſe grace, approche de Lucinde, marche lourdement ſur ſa mule, chiffonne ſa robe, & s'élance à reculons ſur un large canapé. On ſourit : il s'en formaliſe, & l'on n'y prend pas garde. On reprend la converſation où elle étoit reſtée : on en étoit à une queſtion galante, dont l'arrivée de Biblon avoit ſuſpendu l'examen. Chacun la débat & la décide ſuivant ſon génie ; & l'on demande enfin à Biblon lui-même ce qu'il en penſe. » Je n'ai pas coû-

» tume, à la vérité, dit-il ingénuement ; » de m'occuper l'esprit de pareilles sottises : » mais enfin, puisque je suis forcé de par- » ler, je vous avouerai, Messieurs, qu'au- » cunes de vos décisions n'est de mon goût. » On voit bien que vous n'avez gueres lû » *Aristote* ; c'étoit pourtant le plus beau » génie de l'antiquité : je ne veux, pour » vous réfuter d'après lui, qu'un simple » syllogisme.

» Eh : non, Monsieur Biblon, pour l'a- » mour de Lucinde, dit le jeune *Clitandre*, » faites-nous grace de votre syllogisme, » parlez-nous François. «

Biblon suit sa pointe, enfile l'argument, pousse du Grec & du Latin, cite *Homere*, *Euripide*, *Cicéron*, *Séneque* & *Lambin* ; prend à partie chacun des assistans, déplore leur ignorance & la leur reproche. Un éclat de rire parti, comme de concert, de tous les coins de la salle, interrompt l'orateur essoufflé. Alors il perd patience, dit des injures, montre le poing, & court enfin, en branlant la tête, se replonger au fond de son Collége.

Mais Arnolphe & Biblon ne sont peut-être incivils que faute d'éducation : l'un n'a vû que des Sacs, des Conseillers, des Coutumes & des Ordonnances ; l'autre n'a vû que des Classes & des Grimauds, des Maîtres-ès-Arts & des Grammaires. Ecoutons *Ctésiphon* : ennemi par principes de tous les égards usités dans la société, il va nous faire naïvement l'apologie de la grossiereté, & nous étaler les inconvéniens de la politesse.

» Vous pouvez, dit-il, penser tout ce » qu'il vous plaira de l'air dont je me pré- » sente, de ma contenance, de mon at- » titude, & tout ce manége concerté qu'on » appelle *civilité* : je ne m'en mets point » en peine ; je laisse de pareils soucis à » nos jeunes Sénateurs & à nos Abbés de » Cour. C'est par mes mœurs que je veux » qu'on juge de moi, & non point par ma » démarche. Je n'entre point chez mes » amis, pour faire honneur à mon maitre » à danser.

» Pour ce qui est de ma maniere de vi- » vre avec les hommes, voici à quoi je la » réduis : dire la vérité, rendre service à » mes semblables, & ne leur jamais nuire. » Monté sur ce ton, je sçai me gêner & me » contraindre, s'il le faut, pour rendre des » services utiles ; je donne des conseils à » qui m'en demande, & sur les matieres » dont je suis instruit ; j'emploie volontiers » pour mes amis, ou pour quiconque en » a besoin, mon autorité, mon crédit, & » quelquefois ma bourse même : mais pour » des *complaisances* frivoles, qui ne pro- » cureroient aucun bien solide à ceux qui

» les exigent, je m'en crois dispensé. On » m'invite à un dîner, une promenade ou » un concert : je suis dans ce quart d'heure » en humeur de rester chez moi ; j'y reste. » On me propose de jouer : le jeu me dé» plaît ; je refuse. Un Poëte me lit ses vers : » ils m'ennuient, je baille sans façon. On » me propose un bal : je me trouve en goût » de dormir ; je cours au lit.

» Je hais ces *égards* & ces ménagemens » recherchés, qui, s'ils ne blessent la sin» cérité, sont au moins incompatibles avec » la franchise. Je loue rarement, & ne » veux jamais qu'on me loue, parce que » la louange est un poison. Je contredis » quiconque avance ou un fait, ou un prin» cipe faux ; parce que c'est mentir ou » tromper, que de ne pas confondre un » mensonge ou une erreur : je le fais avec » vivacité, pour donner plus de poids à » ma réfutation. Le rang de la personne » que j'ai à combattre, m'encourage au » lieu de m'effrayer, parce que plus l'en» nemi est considérable, plus il importe » de l'abattre. *Damon* est vain : je l'humi» lie. *Laure* est coquette : je lui reproche » ses intrigues. *Léandre est faux* : je le dé» masque. *Berthold*e est sotte & précieuse : » je la raille & la contrefais. *Gorgias* aime » à boire : je lui en fais honte en public. » *Cydalise* est médisante : je dévoile ses au-

„ tres défauts, pour la guérir de celui-là.
„ *Lysimon* fait le docte : je le questionne
„ & le déconcerte. Il y a long-tems que
„ tous ces gens-là seroient corrigés, si cha-
„ cun tenoit avec eux la même conduite
„ que moi : on les endort sur leurs vices,
„ en les leur dissimulant ; on les empêche
„ de devenir vertueux, en leur laissant
„ croire qu'ils le sont.

Ctésiphon n'a point démenti son caractere de franchise dans ce portrait : mais cette franchise dont il fait tant de cas, ne la porte-t-il pas un peu trop loin ? Tout autre qu'un misantrope, ou un flateur, sçait concilier la franchise avec la politesse, & sans abandonner celle-là, compte celle-ci pour un devoir, comme en effet c'en est un. Pour le prouver avec ordre, suivons le plan de distribution que Ctésiphon nous a lui-même indiqué, & divisons, comme il a fait, la politesse en trois branches ; la *civilité*, la *complaisance* & les *égards*.

§. I.

DE LA CIVILITÉ.

Sa définition. Civilité essentielle au fond, & indifférente quant à la forme; s'assujettir néanmoins sur ce dernier point à l'usage. Avoir dans le cœur les sentimens obligeans qu'on exprime.

La civilité est un cérémonial de convention, établi parmi les hommes dans la vûe de se donner les uns aux autres, des démonstrations extérieures d'amitié, d'estime & de considération. Ce cérémonial est différent chez les différens peuples policés: mais tous en ont un, quel qu'il soit. Or, on peut raisonnablement présumer de toute pratique universelle, qu'elle a son principe dans la Nature même; d'où je conclus que la civilité est un devoir que la droite raison prescrit.

Elle est, par rapport aux hommes, ce qu'est le culte extérieur, par rapport à Dieu: un témoignage public de nos sentimens intérieurs. La forme en est indifférente en soi: la maniere d'aborder les personnes de différens états, de les saluer, & de leur faire honneur, les termes dont on doit user en leur portant la parole, le style auquel il faut s'assujettir, en leur adressant ou des lettres ou des suppliques, sont toutes formalités arbitraires dans l'origine, qui n'ont pû être fixées que par l'usage.

Voilà donc deux choses constantes : l'une, qu'il est conforme au bon sens & à la droite raison, de s'assujettir à quelque sorte de civilité ; l'autre, que ni le bon sens ni la droite raison, ne décident dans quels actes on la doit faire consister.

La meilleure maniere & la moins suspecte, de témoigner aux hommes de l'amitié, de l'estime & de la considération, ce seroit de les servir ou de leur rendre de bons offices ; mais l'occasion de faire l'un ou l'autre, ne se présente pas à chaque instant. Il a donc fallu convenir de certains signes, de certaines démonstrations, par lesquelles on pût leur témoigner habituellement qu'on les aime, qu'on les estime & qu'on les honore. Chaque Nation a choisi les plus conformes à son idée & à son goût ; tous étant indifférens dans l'origine, on ne peut être déterminé sur le choix, que par les usages du pays qu'on habite. Le François, le Turc & le Persan doivent être civils ; mais l'un à la Françoise, l'autre à la Turque, l'autre à la Persanne.

Si les hommes étoient de purs esprits, qui pussent se communiquer leurs pensées & leurs sentimens, sans le secours des signes extérieurs, il ne seroit point question de civilité entre eux, elle seroit superflue. Ce qui la rend nécessaire, c'est qu'ils ne se devinent point.

En vain les Rustres & les Cyniques déclament-ils contre la civilité; en vain la traitent-ils de commerce faux & imposteur, qui ne sert qu'à masquer les véritables sentimens : qu'ils aient en effet dans le cœur, comme ils doivent, l'affection dont les gens bien nés se donnent des marques réciproques; & leur civilité ne sera point une imposture.

Il est vrai qu'il y a plus d'hommes civils, qu'il n'y en a qui soient fidéles aux devoirs de la société : mais leur civilité même, quoique fausse, est un témoignage qu'ils rendent, comme malgré eux, aux vertus sociales; car affecter aux dehors des dispositions vertueuses, c'est confesser qu'on devroit les avoir dans le cœur.

Ceux mêmes qui se déclarent contre la civilité, ne nient pas qu'on ne doive avoir pour ses semblables, de l'amitié, de la bienveillance & de la considération : par quelle bisarrerie voudroient-ils donc, qu'on fit mystere de sentimens si justes & si indispensables?

Hermodacte est néanmoins de ce caractere. Vous vivrez dix ans avec lui, avant qu'il vous favorise d'un salut, d'un regard ou d'une parole obligeante. A son air, en apparence indifférent, vous jugerez qu'il croit être le seul humain qui habite sur la terre : cependant osez braver son phlegme rebutant ; priez-le de vous rendre un service : vous serez étonné de le trouver généreux. Le service rendu, il commencera de vivre sur le même pied, toujours froid, toujours glacé, toujours seul avec lui-même. Pour vous, pénétré de reconnoissance, vous vous répandrez en témoignages d'attachement, d'estime & de gratitude : démonstrations perdues ! Il ne voit rien, n'entend rien, & ne répond à rien. Hermodacte seroit un misantrope complet, s'il n'étoit pas né bienfaisant.

§. II.

DE LA COMPLAISANCE.

Sa définition. Combien elle rend aimables ceux qui la possèdent.

La complaisance est une condescendance honnête, par laquelle nous plions notre volonté pour la rendre conforme à celle des autres. Je dis une condescendance *honnête* ; car déférer lâchement à la volonté d'autrui, quoique criminelle, ce seroit être plutôt complice que complaisant.

La complaisance dont je parle ici, consiste donc uniquement à ne contrarier le goût de qui que ce soit, dans tout ce qui est indifférent pour les mœurs, à s'y prêter même autant qu'on le peut, & à le prévenir lorsqu'on l'a sçu deviner. Ce n'est peut-être pas la plus excellente de toutes les vertus : mais c'en est une du moins bien utile & bien agréable dans la société.

Voyez comme *Alcidamas* est aimé, chéri, caressé. Est-ce à cause de sa probité? Cette qualité ne concilie que l'estime, & ne prend point les cœurs. Seroit-ce parce qu'il est bienfaisant & officieux? Tous ceux qui lui font fête, n'ont pas été dans le cas d'avoir besoin de ses bons offices. Seroit-ce parce qu'il a l'humeur gaie, comique, amusante? Il ne plairoit par cet endroit, que dans les momens où la gaieté est de saison. On l'aime, parce qu'il est d'un caractere facile & liant. Sa volonté n'est point à lui : il la plie, la tourne & la façonne au gré de tous ses amis. A-t-il pénétré ce qui vous flate : il court au devant de vos desirs, & le fait avec tant de graces & d'aisance, qu'au moment qu'il n'a d'autre objet que de vous complaire, vous croiriez que c'est son choix & son inclination qu'il suit.

On peut plaire dans le monde par des manieres caressantes, par une humeur enjouée, par des saillies ingénieuses : mais aucun de ces moyens de plaire, n'est d'un usage si universel que la complaisance. Vous ne pouvez caresser que vos égaux ou vos inférieurs; il est mille occasions où l'enjouement seroit déplacé; les pointes ou les bons mots ne se présentent pas à souhait, & ne sont pas toujours goûtés: mais ayez un caractere flexible & prévenant; sçachez vous faire un plaisir de contribuer à celui des autres; je vous réponds de l'amitié de tous ceux qui vous environnent; c'est une perfection de mise dans tous les tems, dans tous les lieux & dans toutes les circonstances.

Rhodolphe est homme de mérite; il est Poëte & Philosophe; & ne laisseroit pas d'être supporté dans les compagnies, malgré ces deux qualités, s'il pouvoit s'abaisser jusqu'à être complaisant: mais le moyen qu'il le soit? La complaisance suppose de l'estime: or, quiconque ne fait pas des vers, ou n'a pas lû Descartes ou Newton, n'est à ses yeux qu'un automate, un idiot, dont on ne peut faire tout au plus qu'un Manœuvre, un Financier ou un Moine. Il se croit d'une espece supérieure à celle des autres hommes, & fait gloire de s'en discerner par des maximes, des sentimens & des goûts particuliers. Descendre jusqu'à leur complaire, ce seroit entrer en société, ce seroit communiquer avec eux: & il les regarde comme des profanes.

Aglaure est d'une figure aimable, elle a de l'esprit, des talens & des graces naturelles : cependant on la fuit, on la déteste. Eh ! pourquoi ? Elle n'a d'elle-même ni sentiment, ni volonté ; elle attend pour se décider, que quelqu'un ait déclaré ce qu'il pense ou ce qu'il souhaite : aussi-tôt son parti est pris, elle pense tout autrement, & veut toute autre chose.

§. III.

DES ÉGARDS.

Ce qu'on entend par ce terme ; exemples qui en donnent une notion plus distincte.

J'entends ici par *égards*, des ménagemens & des considérations fondées sur les circonstances, ou sur le génie ou la qualité des personnes. N'allez point, par exemple, faire en présence d'un homme de robe, la satyre des gens de loi ; sur-tout si sa probité le met à couvert de reproches. Et quand il en mériteroit, il ne suffit pas toujours qu'un reproche soit fondé, pour justifier celui qui le fait, s'il le fait à contretems & avec une aigreur maligne.

Quoiqu'on peigne communément la vérité sans voile ; elle a néanmoins des nudités tes choquantes, qu'il est quelquefois à propos de tenir couvertes.

Vous êtes devant un Grand, à qui chacun s'empresse de faire honneur : conformez-vous à l'usage, honorez-le comme les autres ; n'allez pas comme un Quacre impudent, le tutoyer & lui parler la tête couverte. Vous ne voulez le considérer qu'à proportion de sa vertu, de ses talens & de son mérite personnel ; tout l'éclat dont il est environné, n'est pour vous que de la fumée & du vent : à la bonne heure : mais ces honneurs que je vous conseille de lui rendre, ne sont non plus que du vent, & de la fumée. Je ne vous prie pas de le louer, s'il est méprisable ; de lui trouver de l'esprit, s'il est imbécile ; de flater son goût, s'il en manque ; de vanter ses lumieres, s'il est ignorant ; vous ne risquerez pas de compromettre votre sincérité, en ne lui rendant que des hommages muets. La subordination, si nécessaire pour la police d'un Etat, seroit bientôt détruite, si le peuple, au moins en public, n'honoroit jamais les Grands, qu'à proportion de ce qu'ils valent.

Hippias est, dites-vous, un homme épais, sans génie, sans goût & sans discernement. Vêtu autrefois d'un vil froc, il rampoit dans un cloître obscur, justement confondu dans la foule des reclus,

Le gouvernement de son Monastere devènu vacant par la mort du chef, une Béate mal-avisée, dont il dirigeoit la conscience, entreprit de le faire décorer de cette mince prééminence : sa brigue échoua ; on ne jugea pas même Hippias capable d'être à la tête d'une troupe de Moines. L'humble pénitente, piquée de cet affront, sçut s'en venger d'une façon singuliere : ce fut en procurant au Directeur un Evêché. Otez à Hippias, dites-vous, sa croix & son rochet : c'est un sot achevé, qui ne mérite pas d'arrêter les regards d'un homme pensant.

J'en conviendrai, s'il le faut : mais enfin il est actuellement en possession de cette croix & de ce rochet : or, tout cela mérite au moins de votre part un salut respectueux. Ne contestez point pour si peu de chose : je vous mets assez à votre aise, en vous dispensant de l'estimer.

N'affectez point un air content devant un affligé qui pleure ses désastres ou ses pertes. Gémissez-vous vous-même de quelques revers affreux : n'allez point fatiguer de vos tristes lamentations, des favoris de la fortune, qui n'en peuvent tarir la source.

Ce seroit insulter à la douleur d'une veuve éplorée, qui regrette un époux tendrement chéri, que de venir lui annoncer d'un air satisfait, que votre amour est près d'être couronné; qu'incessamment vous serez le plus heureux des époux.

Vous courez annoncer à *Ménalque* la faveur que le Roi vous a faite de vous décorer du Cordon de ses Ordres : revenez sur vos pas, la même grace vient de lui être refusée ; il ne seroit pas d'humeur à partager votre joie.

Il faut quelque sorte d'esprit, ou du moins du jugement, pour être capable d'égards. L'usage du monde peut rendre un homme civil ; la bonté de son cœur peut le rendre complaisant : mais un sot sera toujours neuf dans la science des égards.

La mort vient d'arracher des bras de *Fanny*, un enfant aimable, gage précieux de l'amour d'un époux qui n'est plus. Une foule d'amis s'efforce de la consoler, ou de faire au moins, s'il est possible, quelque diversion à sa douleur. Alix à son tour, vient visiter son amie. Mere plus fortunée, elle amene avec elle, les fruits vivans de son heureuse fécondité, précieux objets de sa tendresse & de ses complaisances, &, par malheur pour Fanny, l'unique sujet de son entretien. Elle entame, en arrivant, le récit ennuyeux de leurs prétendues perfections, des saillies de leur imaginatton, de la pénétration de leur esprit, de la bonté de leur caractere, & de la régularité de leurs traits. Elle ne paroissoit pas prête de finir, lorsque Fanny, toute entiere à ses regrets, l'interrompt par ces mots, prononcés avec quelque émotion: » Vous seriez adorable, chere Alix, si » vous aviez pour vos amis autant d'é- » gards, que vous marquez de tendresse » pour vos enfans. Vous êtes une bonne » mere : mais vous êtes une mauvaise con- » solatrice. «

TABLE
DES CHAPITRES, ARTICLES, ET PARAGRAPHES
Contenus dans cet Ouvrage.

SECONDE PARTIE.

TROISIEME PARTIE.

Fin de la Table.

www.ingramcontent.com/pod-product-compliance
Lightning Source LLC
Chambersburg PA
CBHW071632270326
41928CB00010B/1887
9782014481044